An Exposition of Colossians and Philemon

골로새서·빌레몬서 주해

박형용

An Exposition of Colossians and Philemon

Published by Hapdong Theological Seminary Press
50 Gwanggyo Joongang-Ro, Yeongtong-Gu, Suwon, Korea

골로새서 · 빌레몬서 주해

초판 1쇄   2020년 2월 28일

발 행 인   정창균
지 은 이   박형용
펴 낸 곳   합동신학대학원출판부
주   소   16517 수원시 영통구 광교중앙로 50 (원천동)
전   화   (031)217-0629
팩   스   (031)212-6204
홈페이지   www.hapdong.ac.kr
출판등록번호   제22-1-2호
인 쇄 처   예원프린팅 (031)902-6550
총   판   (주)기독교출판유통 (031)906-9191

ISBN   978-89-97244-77-5 (93230)
값은 뒷표지에 있습니다.

「이 도서의 국립중앙도서관 출판예정도서목록(CIP)은 서지정보유통지원시스템
홈페이지(http://seoji.nl.go.kr)와 국가자료종합목록 구축시스템(http://kolis-net.
nl.go.kr)에서 이용하실 수 있습니다. (CIP제어번호 : CIP2020004561)」

골로새서
빌레몬서 주해

박형용 교수 주해 시리즈

합신대학원출판부

저자의 말

골로새서와 빌레몬서는 바울이 로마의 감옥에 제 1차로 감금되었을 때에 기록한 옥중 서신이다. 이 두 서신은 바울의 신앙의 핵심이라 할 수 있는 예수 그리스도에 대한 명백한 교리와 예수를 구주로 믿는 바울의 심중 깊이를 헤아릴 수 있는 내용을 담고 있다. 골로새서는 요즈음 이단들의 집요한 공격을 받고 있는 한국교회에 꼭 필요한 하나님의 말씀이다. 골로새서는 예수 그리스도가 진정으로 어떤 분이신지를 가르치는 바울의 기독론을 심도 있게 들여다볼 수 있는 서신이다. 바울은 이단적인 교훈에 위협을 받고 있는 골로새 교회 성도들에게 예수 그리스도는 창조주이시지만 인간의 죄 문제를 해결하신 구속주로서(골 1:15-18) 성도들의 보화가 되심을 분명하게 밝힌다(골 2:2-3). 빌레몬서는 한 사람의 영혼을 귀하게 생각하는 하나님의 마음을 닮은 바울의 사랑을 읽을 수 있다. 빌레몬서는 "죄인 한 사람이 회개하면 하늘에서는 회개할 것 없는 의인 아흔아홉으로 말미암아 기뻐하는 것보다 더하리라."(눅 15:7)라고 말씀하신 예수님의 마음을 읽을 수 있고, 또한 우리가 죄인으로 있을 때 조건 없이 우리를 사랑하신 하나님의 사랑을 읽을 수 있다(롬 5:8). 그리고 빌레몬서는 좋은 일을 하면서도 예의와 질서를 갖추어 일을 처리해 나가는 바울의 배려 깊은 모습을 엿볼 수 있게 한다.

골로새서와 빌레몬서는 에베소서와 빌립보서와 함께 바울이 로마 감옥에 제 1차로 감금되었을 때 기록한 옥중 서신이다. 바울은 이 네 서신을 통해 그리스도의 탁월성과 교회의 귀중성, 그리고 한 성도의 소중함과 겸손하면서도 당당하게 기쁨의 삶을 사는 것이 성도를 향한 하나님의 계획임을 분명하게 가르친다. 바울은 감옥 안에서 자유를 제한받고 갇혀 있으면서 오히려 감옥 밖에서 자유를 누리고 살 수 있는 성도들보다 더 자유하고 더 기쁜 삶을 이어나가고 있음을 증언하고 있다. 이는 오로지 바울이 그리스도와 함께 생활하고 있다는 이유 외에 다른 이유를 찾을 수 없다.

　본 필자는 본 주해서를 통해 모든 성도들이 그리스도와 연합된 상태로 산다는 올바른 정체성을 확신하고 그리스도가 거룩하신 것처럼 거룩한 삶을 지향하고 바울처럼 이 땅위에서의 삶을 기쁘고, 즐겁고, 유익하게 살 수 있게 되기를 소원한다. 성도들은 우리가 어떤 특별한 공로를 세웠기 때문에 성도가 된 것이 아니요, 하나님께서 그리스도의 공로로 우리를 성도로 세워 주셨기 때문에 우리가 하나님의 자녀가 되었음을 인식하고 우리의 이런 놀라운 정체성을 확인하고 바울처럼 기쁘고 유익하게 살 뿐만 아니라 세상을 향해 당당하게 살 수 있어야 한다. 마지막으로 정성스럽게 교열을 해 준 강승주 목사에게 심심한 감사의 말을 전한다.

2020년 1월
박형용

골로새서 주해

골로새서 주해

골로새서 4장 주해

빌레몬서 주해

서론

본문 주해

골로새서주해

서론

1. 골로새서의 저자와 기록연대

(1) 골로새서의 저자

바울은 자신이 골로새서의 저자임을 분명히 한다(골 1:1; 4:18). 바울은 비록 자신이 골로새 교회를 개척하지는 않았지만 에바브라를 통해 골로새 교회의 형편을 듣고 사도로서 편지를 쓸 필요를 느껴 골로새서를 쓴 것이다. 바울은 자신이 골로새 교회를 개척하지 않았다는 사실을 "에바브라에게 너희가 배웠나니"(골 1:7)라는 표현과 "무릇 내 얼굴을 보지 못한 자들을 위하여"(골 2:1)라는 표현으로 확인하고 있다.

근래에 맥나이트(McKnight)는 골로새서 저자를 바울과 디모데라고 주장한다. 맥나이트는 바울의 편지들이 동반자들과 대화와 논의를 거쳐 초안이 마련되었고 바울이 직접 쓰지 않았으며 그의 비서에게 받아쓰게 하지도 않았고 또한 한 자리에서 편지를 다 쓰지도 않았다. 이런 과정을 통해 디모데는 골로새서의 내용 형성에 기여하였기 때문에 그의 이름이 "바울과 형제 디모데"(골 1:1)라고 언급되어 있으며 따라서 골로새서의 저자는 바울과 디모데라고 주

장한다.[1]

그러나 바울은 골로새서 안에서 자신이 저자임을 명확히 밝히고 있다(골 1:23; 4:18). 그리고 바울이 골로새서와 빌레몬서에서 자신이 갇힌 자 되었다고 기술한 내용(골 4:3, 10; 몬 1:1, 9-10, 13)이나, 또한 골로새서와 빌레몬서에서 아킵보를 공통으로 언급한 사실(골 4:17; 몬 1:2)이나, 골로새서와 빌레몬서에서 아리스다고, 마가, 누가와 데마가 공통으로 언급된 사실(골 4:10-14; 몬 1:23-24)은 골로새서의 바울 저작권을 확실하게 증거하고 있다. 왜냐하면 빌레몬서는 확실한 바울의 서신으로 인정받고 있기 때문이다(참조, 몬 1:4, 8-12, 17, 19, 21).[2]

(2) 골로새서의 저작연대와 장소

골로새서의 저자를 바울 사도로 확정할 때 골로새서의 기록 장소와 저작연대는 바울의 선교일정과 상관관계에 있다. 바울이 골로새서를 어느 곳에서 기록했느냐에 따라 저작연대에 변화가 따르기 때문이다. 이미 언급한 것처럼 골로새서와 빌레몬서는 감옥 안에서 기록한 것으로 확인된 바 있다(골 4:3, 10; 몬 1:1, 9-10, 13). 그런데 바울이 감옥에 갇힌 기록은 빌립보(행 16:22-37), 가이사랴(행 24:27) 그리고 로마(행 28:16-22, 30-31)라고 성경은 증거한다.

1) Scot McKnight, *The Letter to the Colossians* (*NICNT*) (Grand Rapids: Eerdmans, 2018), p. 77.

2) C. F. D. Moule, *The Epistles to the Colossians and to Philemon* (*The Cambridge Greek Testament Commentary*) (Cambridge: Cambridge University Press, 1968), pp. 13, 14.

어떤 학자는 바울이 언급한 고난을 근거로 추정하여 에베소에서 바울이 감금되었을 것이라고 주장한다(고전 15:32; 고후 1:8). 바울이 에베소에서 감금되었다는 주장은 추정일 뿐 확실한 근거는 찾을 수 없다. 라이트(Wright)는 골로새(Colosse)와 에베소(Ephesus)의 장소적 관계를 생각하면서 오네시모가 로마의 감옥에 있는 바울에게 가는 것보다 골로새에서 훨씬 가까운 에베소의 감옥에 있는 바울에게 갔을 것으로 생각하는 것이 더 타당하다고 주장한다. 라이트는 바울이 에베소의 감옥에 있었기 때문에 빌레몬에게 오네시모를 돌려보내 달라고 말할 수 있었지, 로마 감옥에 있었다면 거리를 생각할 때 그런 말을 할 수 없었을 것으로 추정한다.[3] 라이트는 바울이 에베소 감금 기간에 골로새서를 썼다면 그 시기는 대략 AD 50년대 중반 쯤 되었을 것으로 추정한다(행 19:1; 20:17-35 참조). 빌(Beale)은 라이트의 추측이 그럴듯하기는 하지만 바울이 골로새서를 에베소에서 썼는지 로마에서 썼는지는 확신할 수 없다고 애매한 입장을 취한다.[4] 하지만 바울의 에베소 감금에 대한 확실한 성경적 근거도 없고 그 당시 로마로 향하는 도로도 잘 정비되어 있었기 때문에 오네시모가 빌레몬을 떠나 로마로 가서 바울을 만났다고 해서 큰 문제가 되는 것은 아니다.

골로새서의 저작연대는 빌레몬서와 깊은 관련을 가지고 있다. 바울이 두기고(Tychicus)를 사용하여 골로새서를 골로새 교회에 보내면서(골 4:7) "신실하고 사랑받는 형제 오네시모를 함께 보내노

3) N. T. Wright, *Colossians and Philemon* (*Tyndale New Testament Commentaries*) (Grand Rapids: Eerdmans, 1986), pp. 34-35.

4) Gregory K. Beale, *Colossians and Philemon* (*Baker Exegetical Commentary on the New Testament*) (Grand Rapids: Baker Academic, 2019), p. 8.

니"(골 4:9)라고 쓴 것은 골로새서와 빌레몬서가 같은 장소에서 기록되었고, 또한 같은 장소로 전달되었음을 알 수 있다. 또한 바울이 골로새서에서 골로새 교회에 안부를 전하는 사람들의 이름을 에바브라, 마가, 아리스다고, 데마, 그리고 누가를 언급하는데(골 4:10-14), 빌레몬서에서 빌레몬에게 안부를 전하는 사람들의 이름 역시 에바브라, 마가, 아리스다고, 데마, 그리고 누가가 언급되는 것(몬 1:23, 24)은 골로새서와 빌레몬서의 밀접성을 증거하며 따라서 골로새서와 빌레몬서는 같은 장소에서 같은 시기에 기록된 것으로 추정할 수 있다.

또한 빌레몬서와 골로새서 그리고 빌립보서에 같은 용어들이 사용된 것도 간접적으로 빌레몬서와 골로새서, 그리고 빌립보서가 같은 시기에 기록된 것임을 증거한다.[5] 골로새서와 빌레몬서가 로마의 감옥 이외에 다른 장소에서 기록되었다고 주장하는 사람은 그렇게 많지 않다. 바울은 로마의 감옥에 2차에 걸쳐 감금되었으나 2차 감금 때에 골로새서와 빌레몬서를 기록했다고 주장할 만한 근거가 전혀 없다. 그러므로 바울은 로마에 1차로 감금되었을 때에 골로새서와 빌레몬서를 기록했다고 생각할 수 있다.[6] 골로새서의 기록 장소를 바울이 1차로 투옥된 로마 감옥으로 생각하면 자연히 대략적인 기록연대가 정해진다. 일반적으로 바울이 로마 감옥에 1

---

5) συνεργός, συστρατιώτης(몬 1-2; 빌 2:25); ἐπιγνώσει (몬 6; 빌 1:9; 골 1:9-10); ἀνῆκον (몬 8; 골 3:18); συναιχμάλωτος (몬 23; 골 4:10); ἀπέχω (몬 15; 빌 4:18); ἀγαπητὸς ἀδελφὸς (몬 16; 골 4:7).

6) Bruce J. Nicholls and Brian Wintle, *Colossians and Philemon* (*Asia Bible Commentary Series*) (Singapore: Asia Theological Association, 2005), p. 16.

차로 투옥된 시기를 AD 62-64년으로 잡는다.[7] 그러므로 골로새
서의 기록 시기는 대략 AD 62-63년으로 추정할 수 있다. 골로새
서는 로마의 황제 네로(Nero)가 통치하던 기간(AD 54-68)에 기록
된 서신이다.

(3) 골로새 교회와 인접지역과의 관계

골로새서는 골로새에 위치한 교회에 보내진 서신이다. 골로새
(Colosse)는 히에라폴리스(Hierapolis)와 라오디게아(Laodicea)와
함께 브루기아(Phrygia)지방의 한 도시로 서로 간 멀지 않은 거리
에 위치하고 있다. 히에라폴리스가 가장 북쪽에 위치하고 히에라
폴리스와 골로새 사이에 라오디게아가 위치하고 있다. 흥미있는
사실은 요한(John) 사도가 계시록에서 세 지역에 있는 교회 중 라
오디게아 교회만 언급하고 있다는 것이다. 요한이 계시록을 쓸 당
시 아시아에 일곱 교회보다 더 많은 교회가 존재하고 있었다. 골로
새서가 언급하고 있는 히에라폴리스와 골로새에도 교회가 존재하
고 있었지만 요한 사도는 에베소, 서머나, 버가모, 두아디라, 사데,
빌라델비아, 라오디게아의 일곱 교회만 언급한다(계 1:11). 이는
완전수인 일곱이라는 숫자를 생각하면서 에베소 교회를 시작으로

---

7) Jerome Murphy-O'Connor, *Paul: A Critical Life* (Oxford, New York: Oxford University Press, 1997), p. 31. 참조, 박형용, 『신약개관』 (서울: 아가페출판사, 2002), p. 261. Thompson 은 바울의 1차 로마 투옥 시기를 AD 59부터 시작한 것으로 생각하여 빌레몬서의 기록시기를 AD 59년쯤으로 추정한다. Cf. G. H. P. Thompson, *The Letters of Paul to the Ephesians, to the Colossians, and to Philemon* (*The Cambridge Bible Commentary on the New English Bible*)(Cambridge: The University Press, 1967), p. 177.

해안선을 따라 북쪽으로 서머나 교회와 버가모 교회를 언급하고, 오른쪽 내륙에 위치한 두아디라 교회와 사데 교회, 빌라델비아 교회, 그리고 라오디게아 교회까지 일곱 교회를 언급한 것 같다. 그러므로 계시록의 일곱 교회는 전체 교회를 대표하는 특성을 가지고 있다. 에베소는 그 당시 정부 기구들이 위치했던 아시아 전 지역의 중심 도시였기에 에베소를 시작으로 일곱 교회를 언급한 것이다.

골로새는 땅이 비옥했고 양을 기르는 목축업으로 유명했다. 그 당시 골로새와 라오디게아는 모직물을 제조하는 공장들이 많은 것으로 유명했다. 따라서 골로새 지방은 아시아 지방에서 부유한 도시로 알려졌다.

2. 골로새 교회 내의 거짓 선생들

골로새 교회의 평화와 안정을 해치는 "이단적 교훈"이 무엇인가에 대한 논의가 계속되어 왔다. 분명한 것은 골로새 교회 안에 "사람의 전통과 세상의 초등학문"(골 2:8)을 따르는 사람들이 있었고, "천사를 숭배"(골 2:18)하는 자들이 있었으며, 어떤 날자에 특별한 의미를 부여하는 등의 잘못된 이론에 빠져있는 사람들이 있었다는 사실이다.

후커(M. D. Hooker) 박사는 골로새 교회의 신앙이 그 당시 거짓 교사의 공격을 받았다는 전통적 견해를 받아들이지 않는다. 후커 박사는 골로새교회에 그런 이단적인 거짓 교사가 있었다는 증거가 없으며 또한 그리스도를 잘못 가르치는 거짓 교사도 골로새 교회 내에 없었다고 주장한다. 후커(Hooker) 박사는 골로새 교회의 문제는 오히려 젊은 회심자들이 이교도들(pagan)과 이웃에 사는 유대인의 신앙과 관행에 동조하도록(conform) 외부적 압력을 받고 있었다고 주장한다. 그러므로 바울이 창조와 구속에서 그리스도의 유일성과 최고성을 강조하는 것은 골로새 교회 교인들이 구원의 완성을 위해 그리스도 밖으로 눈을 돌릴 필요가 없다는 것을 상기시키고 있는 것이라고 말한다.[8]

하지만 바울이 "철학과 헛된 속임수," "사람의 전통과 세상의 초등학문"(골 2:8, 참조, 골 2:20), "먹고 마시는 것과 절기나 초하루나 안식일을 이유로"(골 2:16), "꾸며낸 겸손과 천사 숭배를 이유로"(골 2:18), "붙잡지도 말고 맛보지도 말고 만지지도 말라 하는 것"(골 2:21)이라는 표현을 사용하여 교회 내에 어떤 사람을 묘사한 것으로 보아 골로새 교회 내에 이단적 교훈을 가르치는 사람이 있었음에 틀림없다.

---

8) M.D. Hooker, "Were there false teachers in Colossae?" *Christ and Spirit in the New Testament. Studies in honour of C.F.D. Moule,* ed. B. Lindars and S. S. Smalley (Cambridge: CUP, 1973), pp. 315-316.

3. 이단적 사상에 대해 단호한 처방

목회자는 결코 교회 내의 이단적 사상을 용납해서는 안 된다. 제3차 전도여행을 마치고 예루살렘에 도착한 바울은 아가보의 예언대로 붙잡힌다(행 21:10, 11). 바울은 그 후 가이사랴로 옮겨져 약 2년간 감금생활을 하게 된다(행 24:27). 하나님의 예정된 계획에 따라(행 23:11) 바울은 가이사랴에서의 감금생활을 마친 후 선편으로 로마에 도착하여 비교적 자유스럽게 감금생활을 한다(행 28:16, 23, 30-31). 바울의 1차 투옥은 상당한 자유를 누릴 수 있는 형편이었다.

바울이 로마에서 제 1차로 감옥생활을 하고 있을 때 골로새 교회의 에바브라(Epaphras)가 로마에 왔다. 골로새 교회는 에바브라에 의해 이방교회로 설립된 듯하다(골 1:7). 바울은 에바브라로부터 골로새 교회의 사정을 들었다. 골로새 교회는 "거짓된 가르침" 때문에 복음이 위태함을 받게 되었다. 바울은 비록 자신이 설립한 교회는 아니었지만(골 2:1) 사도로서 골로새 교회에 편지를 써야 한다고 생각했을 것이다. 골로새 교회내의 이단이 어떤 것이었는지는 단언하기 어렵다. 그 이유는 바울이 이단의 정체는 밝히지 않은 가운데 복음과 이단을 대립시켜 복음을 옹호하고 있기 때문이다.

골로새 교회의 이단의 성격은 다음과 같이 요약정리할 수 있다.

① 골로새 교회의 이단들은 영적세계의 세력들에 중요성을 부여했다. 바울은 골로새 교회 내의 이단들이 천사숭배를 강조하는 것으로 설명한다(골 2:18). 골로새 교회 이단들은 천사가 인간의 운

명을 관리하는 영적존재로 생각한 것이다.[9]

② 골로새 교회의 이단들은 절기와 금식, 월삭과 안식일 등 의식적인 규례를 대단히 중시하였다(골 2:11, 16-19). 골로새 교회 이단들은 교묘하게 성경에 언급된 천사들의 율법에 대한 역할을 이용하여 의식적인 규례를 지켜야 한다고 강조하였다(행 7:38, 53; 갈 3:19; 4:9-10). 골로새 교회 이단들은 금욕적인 요소도 내세운 듯하다. 그들이 "붙잡지도 말고 맛보지도 말고 만지지도 말라"(골 2:21)라고 한 말씀이 이를 증거 한다. 이는 유대의 율법주의와 연계되어 있다.

③ 골로새 교회 이단들은 자기들이 하나님으로부터 높고 심오한 신비로운 지식을 받았다고 주장했다. 바울 사도가 이단들의 "교묘한 말"에 속지 말라(골 2:4)고 권면하고, "철학과 헛된 속임수"를 경계해야 한다(골 2:8)고 말하며, "꾸며낸 겸손과 천사 숭배"를 이유로 성도들을 정죄하도록 내버려 두어서는 안 된다(골 2:18)고 말하는 것은 이단들이 자기 자신들은 골로새 교회 성도들의 문제를 해결할 지식이 있음을 드러냈다고 주장했기 때문이다.

이와 같은 이단들의 주장은 그리스도의 유일성을 부인하고 그리스도 사역의 충족성을 무너뜨리는 역할을 한다.[10] 이단들의 행태는 예나 지금이나 그리스도의 교회를 혼란에 빠트리는 역할을 한다.

바울은 골로새 교회에 스며든 이와 같은 이단적인 교훈에 대해

9) Ralph P. Martin, *Colossians: The Church's Lord and the Christian's Liberty* (Exeter: The Paternoster Press, 1972), p. 15.

10) E. F. Harrison, *Introduction to the New Testament* (Grand Rapids: Eerdmans, 1971), pp.324-326.;

단호하게 다음과 같이 대처한다.

① 그리스도는 우주와 그 안에 존재하는 모든 세력들을 주관하는 주님이시다. 그리스도 안에 신성의 모든 충만함이 있다(골 1:15-20; 2:9, 10). 그러므로 천사는 피조물 중의 하나에 지나지 않으며, 오로지 그의 부활을 통해 "살려주는 영"이 되신 예수님만이 경배의 대상임을 밝힌다.

② 하나님과 사귀고 거룩함에 이르는 길은 금욕주의나 자기중심적인 노력을 통해서가 아니라 그리스도로 옷 입고 옛 사람을 벗어버리고 새 사람을 입는 데 있다(골 2:20-23; 3:1-10).

③ 바울은 세상철학이 참된 지혜가 될 수 없다고 말한다(골 2:8). 참된 지혜는 곧 그리스도이시다. 그리스도는 그를 영접하는 모든 사람 가운데 거하시며 사람을 차별하시지 않는다(골 1:27; 3:10-11).

바울은 이처럼 골로새 교회내의 이단적인 교훈을 단호하게 지적하고 교정시켜 준다. 바울은 다른 사람들이 투기와 분쟁으로 자신을 괴롭히고 자신의 명예가 손상을 입을 때는 끝까지 인내했지만(빌 1:15-18) 그리스도의 구속 사역으로 성취된 복음이 도전을 받을 때는 단호하게 대처한 사도였다(갈 3:1-6).

골로새서 1장 주해

1. 바울의 인사(골 1:1-2)

"하나님의 뜻으로 말미암아 그리스도 예수의 사도 된 바울과 형제 디모데는 골로새에 있는 성도들 곧 그리스도 안에서 신실한 형제들에게 편지하노니 우리 아버지 하나님으로부터 은혜와 평강이 너희에게 있을지어다."(골 1:1-2, 개역개정)

^{1} Παῦλος ἀπόστολος Χριστοῦ Ἰησοῦ διὰ θελήματος θεοῦ καὶ Τιμόθεος ὁ ἀδελφὸς ^{2} τοῖς ἐν Κολοσσαῖς ἁγίοις καὶ πιστοῖς ἀδελφοῖς ἐν Χριστῷ, χάρις ὑμῖν καὶ εἰρήνη ἀπὸ θεοῦ πατρὸς ἡμῶν.

(Col. 1:1-2)

(1) 그리스도 예수의 사도된 바울(골 1:1)

바울은 자신의 사도됨을 강조하여 "그리스도 예수의 사도 된"(골 1:1)이라고 서신을 시작한다. 헨리(Henry)는 "사도는 그리스도에 의해 직접적으로 부름을 받고, 비상한 자격을 갖춘 사람으로 그리스도의 왕국에서 총리(prime-minister)이다. 그의 사역은

독특하게 기독교 교회를 설립하고 기독교 교리를 확증하는 것이
다."[11]라고 사도를 정의한다. 바울이 자신의 사도됨을 강조한 것은
갈라디아서나 고린도서에서와 같이 자신의 사도성에 대한 어떤 도
전이 있어서가 아니요, 골로새 교회에 자신이 누구인지를 모르는
사람들이 있었기 때문이라고 생각된다.[12] 골로새 교회는 바울이 개
척한 교회가 아니다. 바울은 이를 골로새서 1:7에서 "에바브라에
게 너희가 배웠나니"라고 완곡하게 자신이 골로새 교회를 설립한
사람이 아님을 표현한다. 그러므로 골로새 교회 안에는 바울 사도
를 만나지 못한 성도들이 있을 것이기 때문에 바울은 서두에서 자
신이 사도임을 밝히고 있는 것이다.[13] 예수 그리스도는 바울을 특
별하게 사용하시기 위해 바울을 사도로 세우셨다. 바울은 열두 사
도들처럼 예수님의 공생애 기간 중에 예수님을 만나지는 못했다.
그러나 부활하신 예수님이 바울에게 특별한 일을 맡기시기 위해
다메섹 도상에서 바울을 만나셨다. 부활하신 예수님은 아나니아
(Ananias)를 바울에게 보내면서 바울이 어떤 사람이 될 것인지를

---

11)   Matthew Henry, *Matthew Henry's Commentary on the Whole Bible*, Vol. VI (Acts to
      Revelation) (Old Tappan: Fleming H. Revell Co., n.d.), p. 748.

12)   A. S. Peake, "The Epistle to the Colossians," *The Expositor's Greek Testament*, Vol. III
      (Grand Rapids: Eerdmans, 1980), p. 495.

13)   바울 사도가 그의 서신의 서두에서 자신이 사도임을 밝힌 서신들은 로마서, 고린도
      전서, 고린도후서, 갈라디아서, 에베소서, 골로새서, 디모데전서, 디모데후서, 디도
      서 등 아홉 개 서신이며, 자신이 사도임을 언급하지 않고 서두를 시작한 편지는 빌립
      보서, 데살로니가전서, 데살로니가후서, 빌레몬서 등 네 개 서신이다. 빌립보서는 기
      쁨의 서신인데 자신의 사도성을 강조할 필요가 없었을 것으로 사료되며, 데살로니가
      전후서는 고난과 핍박 중에 있는 성도들을 위로하고 격려하기 위해 예수님의 강림을
      강조하는 서신인데 자신의 사도성을 강조할 이유가 없었을 것이고, 빌레몬서는 오네
      시모를 회복시키기 위해 개인 빌레몬에게 쓴 서신인데 바울이 자신의 사도성을 강조
      할 필요가 없었다고 생각된다.

분명히 밝히신다. 그리고 예수님은 바울을 가리켜 "이 사람은 내 이름을 이방인과 임금들과 이스라엘 자손들에게 전하기 위하여 택한 나의 그릇이라"(행 9:15, 개역개정)[14]라는 말씀으로 바울을 택한 이유를 분명히 밝히신다.

바울은 항상 자신이 그리스도의 사도로 부르심을 받은 것은 사람의 뜻으로 된 것이 아니요 "하나님의 뜻으로 말미암아"(골 1:1) 된 것임을 고백한다. 바울은 자신이 복음을 위해 특별하게 선택된 사도임을 알고 있었기에 필요할 때는 자신이 예수 그리스도의 사도임을 밝힌다.

신약성경에서 사도(ἀπόστολος)는 세 가지 의미로 사용된다. 첫째는 전문적이 아닌 의미(nontechnical sense)로 디도(고후 8:23)와 에바브로디도(빌 2:25)를 묘사할 때 사용한 "사자"라는 의미이며, 둘째는 반 전문적인 의미(semitechnical sense)로 바나바(행 14:14)와 안드로니고와 유니아(롬 16:7)를 묘사할 때 사용한 "특별한 사명을 부여받은 기독교인"이라는 의미이고, 셋째는 전문적인 의미(technical sense)로 열두 사도(마 10:2)와 바울(고전 9:1; 15:9)을 가리킬 때 사용하는 의미이다. 바울은 골로새서 1:1에서 세 번째 의미로 사도를 사용한 것이다.[15]

바울은 고린도후서, 빌립보서, 골로새서, 데살로니가전서, 데살로니가후서, 빌레몬서의 서두에 자신과 함께 디모데의 이름을 언급한다. 바울이 디모데의 이름을 언급한 것은 디모데가 서신 기록

---

14) Πορεύου, ὅτι ακεῦος ἐκλογῆς ἐστίν μοι οὗτος τοῦ βαστάσαι τὸ ὄνομά μου ἐνώπιον ἐθνῶν τε καὶ βασιλέων υἱῶν τε Ἰσραήλ· (행 9:15)

15) Murray J. Harris, *Colossians and Philemon* (Grand Rapids: Eerdmans, 1991), p. 7-8.

에 참여했기 때문이 아니요, 자신과 함께 있는 형제들에 대한 배려에서 그렇게 한 것이다. 램시(Ramsay)는 디모데가 이전에 골로새 도시에서 사역했기 때문에 바울이 골로새서 서두에 디모데의 이름을 언급했다고 주장한다.[16]

바울은 본서의 저자가 자신임을 일인칭 단수인 "나는"(골 1:24), "내가"(골 2:1, 4, 5; 4:8)를 본문에서 사용함으로 자신이 저자임을 확실하게 공표한다. 따라서 바울이 디모데를 서언에서 언급한 것은 복음을 위해 사역하는 형제를 배려한 그의 마음의 표현이다.

(2) 그리스도 안에 있는 신실한 성도들(골 1:2)

바울은 편지를 보내는 사람이 누구인지를 밝힌 후에 곧바로 편지를 받는 사람이 누구인지를 밝힌다. 바울은 "골로새에 있는 성도들 곧 그리스도 안에서 신실한 형제들"(골 1:2)에게 편지를 쓰고 있다. 바울은 편지의 수신자를 언급할 때 때로는 "하나님의 교회" 혹은 "교회"(고전 1:2; 고후 1:1; 갈 1:2; 살전 1:1; 살후 1:1; 몬 1:2)를 언급하고 때로는 개인 성도들을 언급한다. 바울이 골로새서의 수신자를 언급하면서 "성도들," "형제들"이라고 개인을 언급한 이유는 바울이 골로새 교회와 공적인 관계가 없기 때문이라고 설명하기도 하지만[17] 이 견해는 설득력이 약하다. 바울은 "성도들," "신실한 자

---

16) Wm. M. Ramsay, *St. Paul: The Traveller and the Roman Citizen* (Grand Rapids: Baker, 1975), p. 274.

17) A. S. Peake, "The Epistle to the Colossians," *The Expositor's Greek Testament*, p. 495.

들"(엡 1:1; 빌 1:1)이란 표현을 자연스럽게 사용한다. "성도들"은 곧 그리스도 안에서 거룩하게 된 신실한 자들을 가리킨다. "그들이 거룩한 자 혹은 성도들이라고 불리는 이유는 그들이 그들 스스로 거룩을 획득했기 때문이 아니요, 그리스도 안에서 하나님의 구원하시는 자비가 그들에게 부여되었기 때문이다."[18] 골로새 교회 성도들은 예수 그리스도를 믿음으로 그리스도와 연합되어 그리스도의 의와 거룩을 전가 받은 사람들이다. 그러므로 골로새 교회 성도들은 도덕적으로 거룩한 존재가 되었기 때문에 "거룩한 무리" 즉 성도라고 칭함을 받는 것이 아니요, 그리스도의 십자가상의 죽음과 부활을 통해 성취하신 그리스도의 공로로 성도라고 칭함 받을 수 있게 된 것이다.

바울은 골로새서에서 "예수 그리스도" 대신 "그리스도"만을 자주 사용한다(골 1:2, 24, 27, 28; 2:2, 6, 8, 11, 12, 20; 3:1, 4, 11, 15). 이는 바울이 골로새서에서 기독론을 강조하는 것과 그 맥을 같이하고 있다(골 1:15, 18). 바울은 "은혜와 평강"이란 말로 인사를 한다. 은혜는 하나님의 무조건적인 호의를 가리킨다. 하나님은 성도들이 죄인이었을 때에 그의 사랑을 보여 주셨다(롬 5:8). 이처럼 은혜는 우리 편에 있는 아무런 조건도 생각하지 않으시고 하나님께서 우리에게 호의를 베푸신 것을 뜻한다. 그리고 "평강"은 하나님의 호의를 입은 자 곧 구원 받은 자만이 누릴 수 있는 마음의 평안이다. 성경이 언급하는 "평강"은 불신자들은 누릴 수 없는 것이다.

---

18)   Edwin C. Dargan, "The Epistle to the Colossians," *An American Commentary on the New Testament* (Valley Forge: The Judson Press, 1887), p. 9.

바울은 골로새 교회 성도들에게 "은혜와 평강"으로 안부를 전한다.

그런데 골로새서의 인사는 바울의 다른 12 서신과 비교할 때 특이한 점이 발견된다. 바울의 다른 12 서신은 항상 인사의 내용에 "예수 그리스도"를 포함시켜 안부를 전한다. 그런데 골로새서의 인사는 "우리 아버지 하나님으로부터 은혜와 평강이 너희에게 있을지어다"(골 1:2)라고 예수 그리스도를 뺀 인사인데, 이것은 골로새서에서만 나타나는 표현이다. 그러면 바울이 왜 골로새서의 인사에서 예수 그리스도를 포함시키지 않았을까? 그 이유는 분명하지 않다. 하지만 바울은 곧이어 그리스도가 탁월한 분으로 창조주이실 뿐만 아니라 구속주가 되심을 확실하게 설명하고 있다(골 1:3, 1:13-20).

2. 하나님께 대한 바울의 감사(골 1:3-8)

"우리가 너희를 위하여 기도할 때마다 하나님 곧 우리 주 예수 그리스도의 아버지께 감사하노라. 이는 그리스도 예수 안에 너희의 믿음과 모든 성도에 대한 사랑을 들었음이요 너희를 위하여 하늘에 쌓아 둔 소망으로 말미암음이니 곧 너희가 전에 복음 진리의 말씀을 들은 것이라. 이 복음이 이미 너희에게 이르매 너희가 듣고 참으로 하나님의 은혜를 깨달은 날부터 너희 중에서와 같이 또한 온 천하에서도 열매를 맺어 자라는도다. 이와 같이 우리와 함께 종

된 사랑하는 에바브라에게 너희가 배웠나니 그는 너희를 위한 그리스도의 신실한 일꾼이요 성령 안에서 너희 사랑을 우리에게 알린 자니라."(골 1:3-8, 개역개정)

³ Εὐχαριστοῦμεν τῷ θεῷ πατρὶ τοῦ κυρίου ἡμῶν Ἰησοῦ Χριστοῦ πάντοτε περὶ ὑμῶν προσευχόμενοι, ⁴ ἀκούσαντες τὴν πίστιν ὑμῶν ἐν Χριστῷ Ἰησοῦ καὶ τὴν ἀγάπην ἣν ἔχετε εἰς πάντας τοὺς ἁγίους ⁵ διὰ τὴν ἐλπίδα τὴν ἀποκειμένην ὑμῖν ἐν τοῖς οὐρανοῖς, ἣν προηκούσατε ἐν τῷ λόγῳ τῆς ἀληθείας τοῦ εὐαγγελίου ⁶ τοῦ παρόντος εἰς ὑμᾶς, καθὼς καὶ ἐν παντὶ τῷ κόσμῳ ἐστὶν καρποφορούμενον καὶ αὐξανόμενον καθὼς καὶ ἐν ὑμῖν, ἀφ᾽ ἧς ἡμέρας ἠκούσατε καὶ ἐπέγνωτε τὴν χάριν τοῦ θεοῦ ἐν ἀληθείᾳ· ⁷ καθὼς ἐμάθετε ἀπὸ Ἐπαφρᾶ τοῦ ἀγαπητοῦ συνδούλου ἡμῶν, ὅς ἐστιν πιστὸς ὑπὲρ ὑμῶν διάκονος τοῦ Χριστοῦ, ⁸ ὁ καὶ δηλώσας ἡμῖν τὴν ὑμῶν ἀγάπην ἐν πνεύματι.(Col. 1:3-8)

(1) 믿음, 사랑, 소망의 3중 진리(골 1:3-5)

바울은 그가 늘 하던대로 "하나님 곧 우리 주 예수 그리스도의 아버지"(골 1:3)께 감사하는 것으로 서신을 시작한다. 이 말씀은 하나님은 예수 그리스도의 아버지이심을 명백히 한다. 물론 하나님과 예수님의 관계는 인간의 부자(父子)관계와 같은 것은 아니다. 본문의 하나님은 인간의 구속을 계획하시고 진행하시는 제 1위되신 하나님을 가리키며, 예수 그리스도는 인간의 구속 성취를 위해 십자가에서 죽으시고 사흘 만에 부활하신 제 2위되신 유일하신 독생자를 가리킨다(참조, 엡 1:3-12). 바울은 여기서 삼위일체 하나님의 1위와 2위에 대해 설명하려는 것이 아니요 그의 기도의 대상이 하나님 아버지이심을 밝히기 원하는 것이다. 성도들도 기도할 때 그리스도 예수의 이름으로 아버지 하나님께 기도해야 하는 것이다. 바울은 골로새 교회 성도들을 기억하며 그들을 위해 기도할 때마다 하나님께 감사의 기도를 드린다. 바울이 하나님께 감사의 기도를 드리는 이유는 골로새 교회 성도들의 믿음과 사랑을 들었기 때문인데 바로 그 믿음과 사랑이 골로새 교회 성도들의 소망에 근거하고 있기 때문이다(골 1:3-5). 바울이 그의 서신에서 "소망"이나 "소망하다"를 사용할 때는 "소망하는 행위"를 설명하거나 "소망의 객관적 내용"을 가리킬 때이다. 소망은 미래에 있는 보이지 않는 것을 내다본다. 바울 서신 내에서 소망의 내용으로 정의된 것은 구원(살전 5:8), 칭의(갈 5:5), 썩지 않는 부활체를 입고 부활하는 것(고전 15:52-55), 영원한 생명(딛 1:2; 3:7), 그리고 하나님의 영광(롬 5:2) 등으로 다양하게 표현된다.[19] 바울은 골로새 교회 성도들에게 "전에 복음 진리의 말씀을 들은 것이라"(골 1:5)라고 말함으로 자신이 지금 쓰고 있는 내용은 어떤 새로운 교훈이 아니요, 이미 에바브라를 통해 전해들은 내용임을 분명하게 밝힌다. 우리는 바울 사도가 다른 사역자를 인정하는 모습에서 그의 겸손을 배운다.

---

19) Peter T. O'Brien, "Colossians, Philemon," *Word Biblical Commentary*, Vol. 44 (Waco: Word Books, 1982), p. 11.

　　바울은 골로새서 1:4-5에서 믿음, 소망, 사랑을 언급한다. 이 세 용어는 진정한 기독교인의 모습을 묘사하는데 적절한 표현이다. 진정한 성도는 그리스도를 구세주로 믿는 믿음으로 그리스도 안에서 완전하게 성취될 하나님 나라를 소망하면서 사랑을 실천하고 사는 사람이다. 그런데 본 문맥의 세 용어는 그 순서가 고린도전서의 믿음, 소망, 사랑의 순서가 아니요, 오히려 데살로니가전서처럼 믿음, 사랑, 소망의 순서로 기록되어 있다(고전 13:13; 살전 1:3; 골 1:4-5). 바울은 고린도전서에서는 고린도 교회의 형편을 생각하고 사랑을 강조하기 위해 사랑을 가장 마지막에 언급하여 강조하고 있다. 고린도 교회의 여러 가지 문제들을 해결하기 위해서는 사랑이 필요했기 때문이다. 그러나 데살로니가전서와 골로새서에서 바울이 이렇게 세 용어의 순서를 달리한 것은 그리스도 안에서의 소망을 강조하기 원해서이다. 바울이 골로새서에서 소망을 강조한 이유는 골로새 교회 성도들이 복음 진리의 말씀을 듣고 소유하게 된 소망이 명명백백하게 확실하기 때문이다(골 1:5). 바울은 골로새서 1:13-23에서 그리스도의 사역, 특히 부활을 설명하고, 골로새서 1:23에서 "복음의 소망에서 흔들리지 아니하면 그리하리라"라고 그리스도 안에서의 소망을 확인하고 있다. 바울은 그리스도를 전폭적으로 의존하지 않고 세상의 초등학문에 빠져있는 골로새 교회 성도들에게 그리스도 안에서만 진정한 소망을 이룰 수 있음을 강조하고 있는 것이다. 바울은 골로새 교회 성도들이 확고하게 붙들어야 할 소망은 거짓 선생들이 가르치는 교훈이 아니요 예수 그리스도임을 확실히 하기 원한 것이다.

(2) 복음의 효능(골 1:6)

그래서 바울은 곧이어 "너희가 전에 복음 진리의 말씀을 들은 것이라"(골 1:5)라고 말하고 있다. 여기서 언급된 "복음 진리의 말씀"(τῷ λόγῳ τῆς ἀληθείας τοῦ εὐαγγελίου)은 "복음의"가 동격적 소유격으로 "복음"과 "진리의 말씀"이 같은 내용임을 증거 한다.[20] 복음의 핵심은 예수님의 죽음과 부활을 통해 구속이 성취되었다는 좋은 소식이다(롬 10:9-10). 바울이 "하나님의 은혜"를 강조한 것은 거짓 교사들의 잘못된 교리와 지나친 금욕주의의 잘못을 지적하기 위해서이다. 거짓 교사들이 가르친 교훈은 거짓 복음으로 가혹한 금지의 규약인 반면, 에바브라가 가르친 교훈은 하나님의 메시지로 은혜로 구원받을 수 있다는 진정한 복음이다. 이 복음은 골로새 교인들이 처음 들은 날로부터 계속해서 전파되고 있다. 그래서 바울 사도는 "너희 중에서와 같이 또한 온 천하에서도 열매를 맺어 자라는도다"(골 1:6, 개역개정)라고 설명한다.[21] 하나님의 구속 성취는 예루살렘으로부터 시작하여 온 유대와 사마리아와 땅 끝까지 전파되어야 한다(행 1:8). 바울은 여기서 복음의 보편성에 관심을 두고 있다. 복음은 "너희 중에서와 같이" "온 천하에서도" 열매를 맺어 자라야 한다(골 1:6).[22] 골로새 교회는 바로 이 사역의 한 몫

---

20) John Calvin, *The Epistles of Paul the Apostle to the Galatians, Ephesians, Philippians and Colossians* (Grand Rapids: Eerdmans, 1974), p. 302.; A. S. Peake, "The Epistle to the Colossians," *The Expositor's Greek Testament,* Vol. III, p. 497.

21) 헬라어 본문은 "열매 맺고"(καρποφορούμενον) "자라남"(αὐξανόμενον)을 같은 분사로 취급하여 대칭을 이루고 있다. 이는 성도들의 영적 성숙뿐만 아니라 복음이 광범위하게 전파되고 있음을 암시하고 있다.

22) Scot McKnight, *The Letter to the Colossians* (*NICNT*) (Grand Rapids: Eerdmans,

을 감당하고 있는 것이다. 아담이 범죄하자 하나님이 죄 문제를 해결하시기 위해 구속의 역사를 진행하심에 있어서 중요한 것은 예수 그리스도의 죽음과 부활을 통해 구속성취를 이루시는 것뿐만 아니라 구속의 복음, 화목의 복음, 생명의 복음이 모든 민족에게 전파되는 것까지이다(눅 24:46-48; 사 42:6; 49:6). 골로새서 1:6에 "이 복음이 이미 너희에게 이르매"라고 언급되어 있는 것은 바울 사도가 자신 이외의 복음 사역자들의 노력을 인정하는 말씀이다. 왜냐하면 골로새 교회는 바울에 의해 복음을 받은 것이 아니요, 에바브라(Epaphras)에 의해 복음을 전달 받았기 때문이다. 그래서 곧이어 바울은 "우리와 함께 종 된 사랑하는 에바브라에게 너희가 배웠나니 그는 너희를 위하여 그리스도의 신실한 일꾼이요 성령 안에서 너희 사랑을 우리에게 고한 자니라"(골 1:7-8)라고 에바브라의 이름을 언급한다.

(3) 그리스도의 신실한 일꾼 에바브라(골 1:7-8)

에바브라는 골로새 교회를 설립한 사람이다(골 1:7; 4:12 참조).[23] 그리고 골로새서 1:7의 "이와 같이"는 앞 절의 내용이 함의하고 있는 것처럼 에바브라는 복음이 예루살렘으로부터 시작하여 온 천하에 전파되어 열매 맺고 자라야 함을 골로새 교회 성도들에

2018), p. 99.

23) 에바브라(Epaphras)와 에바브로디도(Epaphroditus)는 혼동하기 쉬운 두 이름인데 에바브로디도는 빌립보 교회와 관계있는 인물이며, 에바브라는 골로새 교회를 개척한 인물이다.

게 가르친 것이다. 에바브라는 그리스도께서 신약교회를 세우신 목적이 무엇인지를 잘 알고 있었다. 부활하신 예수님은 신약교회의 설립을 내다보시면서 "오직 성령이 너희에게 임하시면 너희가 권능을 받고 예루살렘과 온 유대와 사마리아와 땅 끝까지 이르러 내 증인이 되리라"(행 1:8)라고 신약교회가 마땅히 해야 할 일을 가르치신다.

에바브라가 골로새서 교회의 설립자임은 바울이 "내 육신의 얼굴을 보지 못한 자들을 위하여"(골 2:1)라고 쓴 내용에서도 확인된다. 그리고 골로새서 1:6에서 골로새 교인들이 복음을 듣고 깨달았다(ἠκούσατε καὶ ἐπέγνωτε)는 시점과 골로새서 1:7의 에바브라에게 너희가 배웠다(ἐμάθετε)는 시점이 같은 시상으로 처리된 것은 에바브라가 골로새 교회의 설립자임을 간접적으로 증거 한다.

에바브라는 그리스도의 신실한 일꾼으로 골로새 교회가 사랑의 실천을 한 사실을 바울 일행에게 알린 사람이다. 바울은 에바브라를 통해 골로새 교회의 믿음과 사랑의 실천을 들었다(골 1:4). 아가페 사랑은 성령 안에서만 가능하다. 그래서 바울은 성령의 열매는 "사랑과 희락과 화평과 오래 참음과 자비와 양선과 충성과 온유와 절제니 이같은 것을 금지할 법이 없느니라"(갈 5:22-23)고 설명한다. 사랑은 성령의 열매이지 성령의 은사는 아니다. 성령의 은사는 교회 공동체에 속해 있는 구성원들의 차이점을 통해 공동체의 풍요함을 드러내는 역할을 한다. 하지만 성령의 열매는 교회 공동체의 같은 점을 강조하여 공동체가 하나가 되는데 기여를 한다. 교회 공동체가 하나가 되고 연합되는 일은 인간의 사랑에서가 아니요 "성령 안에서" 생성된 사랑을 통해서만 가능하다.

골로새서의 주제는 간략하게 표현하면 예수 그리스도의 탁월성이다. 예수님은 그의 죽음과 부활을 통해 구속을 성취하시고 하나님 나라 질서를 회복시킨 탁월하신 분이다. 그런데 골로새 교회에 침입한 거짓 교사들은 예수 그리스도를 그의 탁월한 위치에서 제거하려고 노력한다. 만약 이들이 그렇게 하도록 내버려두면 결국 구속의 복음은 변질을 가져올 수밖에 없다. 예수 그리스도는 우리를 위해 죽으시고 사흘 만에 부활하셔서 아무도 해결할 수 없는 인간의 죄 문제를 해결하신 탁월하신 메시아이시다.[24]

3. 바울의 6중 기도와 소원(골 1:9-14)

"이로써 우리도 듣던 날부터 너희를 위하여 기도하기를 그치지 아니하고 구하노니 너희로 하여금 모든 신령한 지혜와 총명에 하나님의 뜻을 아는 것으로 채우게 하시고 주께 합당하게 행하여 범사에 기쁘시게 하고 모든 선한 일에 열매를 맺게 하시며 하나님을 아는 것에 자라게 하시고 그의 영광의 힘을 따라 모든 능력으로 능하게 하시며 기쁨으로 모든 견딤과 오래 참음에 이르게 하시고 우리로 하여금 빛 가운데서 성도의 기업의 부분을 얻기에 합당하게 하신 아버지께 감사하게 하시기를 원하노라. 그가 우리를 흑암의 권세에서 건져내사 그의 사랑의 아들의 나라로 옮기셨으니 그 아

24) Warren W. Wiersbe, *Be Complete* (Colorado Springs: David C. Cook, 1981), p. 30.

들 안에서 우리가 속량 곧 죄 사함을 얻었도다."(골 1:9-14, 개역개정)

^{9} Διὰ τοῦτο καὶ ἡμεῖς, ἀφ᾽ ἧς ἡμέρας ἠκούσαμεν, οὐ παυόμεθα ὑπὲρ ὑμῶν προσευχόμενοι καὶ αἰτούμενοι, ἵνα πληρωθῆτε τὴν ἐπίγνωσιν τοῦ θελήματος αὐτοῦ ἐν πάσῃ σοφίᾳ καὶ συνέσει πνευματικῇ, ^{10} περιπατῆσαι ἀξίως τοῦ κυρίου εἰς πᾶσαν ἀρεσκείαν, ἐν παντὶ ἔργῳ ἀγαθῷ καρποφοροῦντες καὶ αὐξανόμενοι τῇ ἐπιγνώσει τοῦ θεοῦ, ^{11} ἐν πάσῃ δυνάμει δυναμούμενοι κατὰ τὸ κράτος τῆς δόξης αὐτοῦ εἰς πᾶσαν ὑπομονὴν καὶ μακροθυμίαν. Μετὰ χαρᾶς ^{12} εὐχαριστοῦντες τῷ πατρὶ τῷ ἱκανώσαντι ὑμᾶς εἰς τὴν μερίδα τοῦ κλήρου τῶν ἁγίων ἐν τῷ φωτί· ^{13} ὃς ἐρρύσατο ἡμᾶς ἐκ τῆς ἐξουσίας τοῦ σκότους καὶ μετέστησεν εἰς τὴν βασιλείαν τοῦ υἱοῦ τῆς ἀγάπης αὐτοῦ, ^{14} ἐν ᾧ ἔχομεν τὴν ἀπολύτρωσιν, τὴν ἄφεσιν τῶν ἁμαρτιῶν·(Col. 1:9-14)

(1) 하나님의 뜻을 아는 것(골 1:9)

본 구절을 자세히 관찰하면 바울의 여섯 가지의 기도내용과 소원을 찾을 수 있다. 우선 바울의 기도는 그 차원이 우리의 기도와 다르다. 우리 성도들의 기도는 그 시작이 자신과 자신의 가까운 사람들로부터 시작하여 조금씩 그 원이 넓어지는 경향을 나타낸다. 많은 경우 우리 성도들의 기도는 자신과 자신의 가족의 필요를 언급하고 멈추게 된다.

그러나 바울의 기도는 하나님 중심적인 기도요, 교회 중심적인 기도이다. 바울은 하나님께 영광을 돌리고, 그리스도의 구속 사역을 찬양하며, 그리고 교회가 건강하게 되기를 위해 기도한다. 본 절에 언급된 바울의 여섯 가지의 기도내용은 다음과 같이 정리할 수 있다. 첫째, 성도들이 모든 지혜와 총명으로 하나님의 뜻을 아는 지식으로 충만하게 되기를 기도한다(골 1:9). 둘째, 성도들의 삶이 범사에 주님을 기쁘시게 하도록 기도한다(골 1:10). 셋째, 모든 선한 일에 열매를 맺고 하나님을 아는 지식이 점점 증가되도록 기도한다(골 1:10). 넷째, 성도들이 주님의 영광의 능력을 힘입어 모든 일에 능하게 되도록 기도한다(골 1:11). 다섯째, 성도들이 모든 견딤과 오래 참음으로 넉넉하게 되도록 기도한다(골 1:11). 여섯째, 성도들이 빛 가운데서 성도의 기업의 한 부분을 얻도록 인정해 주신 하나님께 감사하도록 기도한다(골 1:12). 이제 바울의 기도의 내용을 좀 더 자세하게 들여다보자.

바울의 첫 번째 기도의 내용은 성도들이 모든 지혜와 총명으로 하나님의 뜻을 아는 지식으로 충만해지는 것이다(골 1:9). 어쩌면 골로새 성도들은 잘못된 교리를 전파하는 사람들로부터 영적인 복을 더 충만히 누릴 수 있다는 상당히 매력적인 제안을 받았을 수 있다. 바울이 이 편지를 쓸 때 "영지주의"(Gnosticism)[25]의 영향을

---

25) "영지주의"라는 용어는 헬라어 "지식"(γνῶσις)에서 기인된 것이다. 영지주의는 창조된 세계는 악하고 영적인 세상과는 완전하게 구별된 것이라고 주장한다. 영지주의는 영과 물질을 이원론적으로 구분시키고, 물질은 저급한 존재인 데미얼즈(Demiurge)가 그의 보조자인 알콘스(archons)와 함께 창조한 것으로 인류를 육체적 존재 안에 감금시켰다고 주장한다. 이 감금 상태에서 벗어나기 위해서는 그들이 주장하는 "지식"(γνῶσις)을 소유해야만 가능하다고 가르친다. 영지주의는 전통적인 기독교 교훈과는 거리가 멀다. 영지주의는 예수님의 역사적 사건들을 폄훼하고 예수님이 그의 십자가 죽음과 부활을 통해 인간을 죄로부터 구원하셨다는 사실을 부인한다.

받은 리더들이 있었을 것이다. 바울은 이 사실을 간파하고 진정으로 충만한 영적인 복은 신령한 지혜와 총명으로 하나님의 뜻을 아는 것이라고 분명히 하고 있다(골 1:9). 골로새 교회 성도들은 이미 그리스도 안에서 하나님의 뜻이 무엇인지를 잘 알고 있다. 바울은 여기서 골로새 교회 성도들에게 "새로운 지식"을 충만히 가지라고 말하지 않는다. 바울은 골로새 교회 성도들이 이미 알고 있는 하나님의 뜻에 관한 지식을 충만히 가지라고 말하고 있다. 바울은 본 구절에서 "아는 것"을 뜻하는 용어로 "에피그노시스"(ἐπίγνωσις)를 사용하고 있지만 사실상 이 용어는 "그노시스"(γνῶσις)의 뜻과 큰 차이 없이 사용되고 있다.[26] 이 두 용어는 단순히 지적인 이해만을 가리키지 않고 실존적인 승인이 뒤따를 때 사용할 수 있는 용어이다. 즉 하나님을 아는 지식은 하나님에 대한 지적인 이해와 함께 바른 행동으로 그 지식을 실천해야 한다(골 1:9-10).[27] 하나님을 아는 지식은 이론에만 그치는 것이 아니요 그 이론을 실천하는 삶이 반드시 뒤따라야만 한다.

---

26) R. Bultmann, "γινώσκω, γνῶσις, ἐπίγνωσις," *Theological Dictionary of the New Testament (TDNT),* Vol. 1 (Grand Rapids: Eerdmans, 1972), p. 707. : "It is just as hard to find any strict distinction between γνῶσις and ἐπίγνωσις in the NT as it is in the LXX and Philo."

27) W. Hackenberg, "ἐπίγνωσις" *Exegetical Dictionary of the New Testament*, Vol. 2 (Grand Rapids: Eerdmans, 1991), p. 25. : "Intellectual understanding and existential recognition belong together."

(2) 범사에 기쁨을 누리는 것(골 1:10)

바울의 두 번째 기도의 내용은 성도들의 삶이 범사에 주님을 기쁘시게 하는 것이었다(골 1:10). 바울 사도는 성도들의 삶이 항상 모든 일에 올바른 방법으로 주님을 기쁘게 해야 한다고 말하고 있다. 피크(Peake)는 "이 고상한 지혜와 총명은 그 자체로 목적이 아니다. 그것은 마땅히 옳은 실천이 뒤따라야 한다. 바울에게 있어서 교리와 도덕은 분리할 수 없다. 옳은 행동은 반드시 옳은 생각에 근거되어야 하지만, 옳은 생각 역시 반드시 옳은 행동으로 인도되어야 한다."[28]라고 하나님의 뜻을 아는 것과 그 실천이 뗄 수 없는 관계임을 분명히 한다. 하나님의 뜻을 알고 실천하는 삶은 하나님을 기쁘시게 하는 삶이다. 성도들의 삶은 주인이신 주님의 뜻에 합당하게 사는 것이다. 성도들의 삶은 세상을 향해 주님의 모습을 반영하는 삶이어야 한다(골 3:1-3). 바울은 성도들을 향한 하나님의 뜻을 설명하면서 "항상 기뻐하라, 쉬지 말고 기도하라, 범사에 감사하라"(살전 5:16-18)라고 구체적으로 가르친다. 주님이 기뻐하시는 것은 성도들의 삶과 직결되어 있음을 알 수 있다.

(3) 모든 선한 일에 열매를 맺는 것(골 1:10)

바울의 세 번째 기도의 내용은 성도들이 모든 선한 일에 열매를

---

28) A. S. Peake, "The Epistle to the Colossians," *The Expositor's Greek Testament*, Vol. III, p. 499.

맺고 하나님을 아는 일에 진보가 있는 것이다(골 1:10). 바울은 "열
매를 맺는 것"(καρποφοροῦντες)과 "자라게 하는 것"(αὐξανόμενοι)을
그리고(καὶ)로 연결하여 함께 다루도록 안내한다. 성도들은 하나님
을 아는 지식이 증가할수록 선한 일에 더 많은 열매를 맺는 삶을
살아야 한다. 하나님을 아는 지식은 성도들이 열매 맺는 삶을 살고
성장하는데 뿌리 역할을 한다. 예수님은 "못된 열매 맺는 좋은 나
무가 없고 또 좋은 열매 맺는 못된 나무가 없느니라 나무는 각각
그 열매로 아나니 가시나무에서 무화과를, 또는 찔레에서 포도를
따지 못하느니라"(눅 6:43-44, 개역개정: 참조, 마 7:16)라고 말씀하
셨다. 루카스(Lucas)는 본 구절의 "강조는 바른 믿음과 의로운 행
위 사이의 본질적인 연결에 있다."[29]라고 믿음과 행위는 뗄 수 없
는 관계임을 분명히 한다. 성도들은 선에 속한 사람들이며 악에 속
하지 않았다. 그러므로 성도들은 선한 일에 선한 열매를 맺어야 한
다. 하나님은 성도들이 실제적으로 선한 행위를 열매로 맺는 삶을
살 것을 기대하신다. 루카스는 계속해서 "하나님이 찾고 있는 증거
는 '영적'(spiritual)인 것이 아니요, '실제적'(practical)인 것이다."
…… "특별한 지식(그노시스)은 일반적으로 자만심(conceit)으로
인도하지만, 하나님의 지식(에피그노시스)은 마땅히 자신을 사랑하
는 것보다 다른 사람들을 사랑하도록 인도한다."[30]라고 해석한다.
바울은 여기서 성도들이 "하나님이 기뻐하시는 거룩한 산 제물"(롬
12:1)로 드려지기를 위해 기도하고 있다.

---

29) R. C. Lucas, *The Message of Colossians and Philemon* (Downers Grove: Inter-Varsity
     Press, 1980), p. 38.

30) Lucas, *The Message of Colossians and Philemon*, p. 39.

(4) 주님의 능력으로 무장되는 것(골 1:11)

바울의 네 번째 기도의 내용은 성도들이 주님의 영광의 능력을 힘입어 모든 일에 능하게 되는 것이다(골 1:11). 성도들이 주님의 영광의 능력에 따라 모든 일에 능하게 되는 것은 그렇게 쉬운 일이 아니다. 바울은 인간이 인간 자신의 능력으로 모든 일에 능할 수 없는 것을 잘 알고 있었다. 하나님의 능력만이 인간의 연약함을 돕고 채울 수 있다. 인간의 삶 속에 하나님의 능력이 보이도록 표명되어야 한다. 피크(Peake)는 하나님의 영광이 사람의 눈에 보이도록 나타나야함을 강조하면서 "하나님의 영광은 여기에 능력으로 표명된 것처럼 그의 명시된 본성이다."[31]라고 정리한다. 성도들은 주님의 능력이 자신에게 적용될 때 일반적으로 자신이 원하는 것이 성취되거나, 이적으로 병을 고치거나, 자신에게 긍정적으로 나타날 때 하나님의 능력을 체험하는 것으로 생각한다. 하지만 바울은 "내게 능력 주시는 자 안에서 내가 모든 것을 할 수 있느니라"(빌 4:13)라고 고백한다. 바울이 여기서 언급한 모든 것은 바로 전절에 나오는 "비천에 처하는 것," "배고픔을 경험하는 것," "궁핍에 처하는 것"도 포함되었음을 성도들은 숙지해야 한다. 바울은 자신의 몸에 있는 "육체의 가시"인 사탄의 사자를 떠나게 해 달라고 기도했으나 하나님은 "내 은혜가 네게 족하도다 이는 내 능력이 약한 데서 온전하여짐이라"(고후 12:8-9)라고 답하신다. 주님의 능력은 성도가 평안하게 생활하는 데서도 나타나지만 성도가 고통과

---

31) A. S. Peake, "The Epistle to the Colossians," *The Expositor's Greek Testament*, Vol. III, p. 499.

괴로움의 과정을 어떻게 받아들이느냐에 따라서도 나타난다. 하나
님의 능력이 구체적으로 표명되는 것은 다섯 번째의 기도 내용을
통해서이다.

(5) 기쁨으로 오래 참는 것(골 1:11)

바울의 다섯 번째 기도의 내용은 성도들이 모든 견딤과 오래 참
음으로 넉넉하게 되는 것이다(골 1:11). 하나님의 영광이 성도들의
삶을 통해 표명되는 것은 "성도들의 모든 견딤과 오래 참음"을 통
해서이다. "모든 견딤"(πᾶσαν ὑπομονήν)은 모든 종류의 재난이나 고
통이 닥쳐와도 참아야 하고, 심지어 다양한 고문까지도 참아야 한
다는 뜻이다.[32] 세상은 성도들의 삶의 이런 표명들을 보고 성도들
과 교회를 경외하는 것이다. 예수님은 "너희가 내 이름으로 말미암
아 모든 사람에게 미움을 받을 것이나 끝까지 견디는 자는 구원을
얻으리라"(마 10:22; 24:13; 막 13:13)라고 말씀하신다. 바울은 "견
딤" 혹은 "인내"를 소망과 연계시킨다. 바울은 "믿음의 역사"(τοῦ
ἔργου τῆς πίστεως: work of faith), "사랑의 수고"(τοῦ κόπου τῆς
ἀγάπης: labor of love)와 함께 "소망의 인내"(τῆς ὑπομονῆς τῆς
ἐλπίδος: steadfastness of hope)를 언급한다(살전 1:3). 성도가 인내
하는 것은 그 결과가 보장되기 때문이다. 바울은 성도가 참고 선을

---

32) 참조, 4 Macc. 5:23; 6:9; 7:22; 9:6; 15:32; 16:21; 17:10. Cf. Ceslas Spicq, *Theological Lexicon of the New Testament*, Vol. 3 (Peabody: Hendrickson Publishers, 1996), p. 416.

행하면서 영광과 존귀와 썩지 아니함을 구하면 하나님이 영생을 보장하신다고 가르친다(롬 2:7). 성도는 영생을 소망하면서 모든 일에 인내하여야 한다. 그리하면 성도들은 몸의 부활을 거쳐 영원한 생명을 보장받게 될 것이다. 예수님은 "그 앞에 있는 기쁨을 위하여 십자가를 참으셨다"(히 12:2). 하나님은 십자가의 고난과 고통을 참으신 예수님을 부활시키심으로 구속의 완성을 확증하셨다. 마찬가지로 예수 그리스도와 연합된 성도들은 이 세상에서의 고난을 성실하게 견디는 삶 이후에는 부활이 기다리고 있음을 확신하는 것이다.

바울은 "견딤"과 비슷한 뜻을 가지고 있는 "오래 참음"(μακροθυμίαν)이란 단어를 사용하여 견딤을 강조하고 있다. 홀란더(Hollander)는 "참음은 쉽게 끓어오를 수 있는 분노를 조절하는 성도들의 대표적인 속성이다. 그래서 이 용어는 자비(χρηστότης)와 온유(πραΰτης)와 사랑(ἀγάπη) 그리고 때로는 인내(ὑπομονή)와 함께 덕목들(virtues)의 목록에서 발견되며 그리고 기독교인들의 다른 덕목의 목록에서도 발견된다(고후 6:6; 갈 5:22; 엡 4:2; 골 1:11; 3:12; 살전 5:14; 딤후 3:10). 더욱이 복음의 선포는 견딤과 오래 참음으로 실행되어야 한다.(딤후 4:2)"[33]라고 정리한다. 이처럼 "견딤"과 "오래 참음"은 성도들의 삶에 반드시 필요한 덕목이며 이를 통해 하나님의 영광이 표명되게 된다.

그런데 본문의 "기쁨으로"(μετὰ χαρᾶς)를 골로새서 1:11과 연결하여 "기쁨으로 모든 견딤과 오래 참음에 이르게 하시고"로 읽어야

---

33) H. W. Hollander, "μακροθυμέω, μακροθυμία, μακροθύμως" *Exegetical Dictionary of the New Testament*, Vol. 2 (Grand Rapids: Eerdmans, 1991), p. 381.

하느냐, 아니면 12절과 연결하여 "기쁨으로 우리로 하여금 빛 가운
데서 성도의 기업의 부분을 얻기에 합당하게 하신"으로 읽어야 하
느냐의 문제가 있다. 전자(11절)와 연결하면 성도들이 기쁨으로 견
디고 오래 참는 삶을 살도록 기도하는 것이요, 후자(12절)와 연결
하면 성도들이 기쁨으로 기업을 주신 하나님께 감사하는 삶을 살
도록 기도하는 것이 된다.[34] 던(Dunn)은 "기쁨으로"를 골로새서
1:12과 연결시켜야 한다고 주장하면서 골로새서 1:12의 주어는
바울과 디모데가 기도하는 대상이라고 밝힌다. 그리고 던은 "이 기
도는 지식과 지혜를 위해, 선한 일에 열매를 맺게 하도록 하기 위
해, 그리고 괴롭고 시련을 겪는 삶의 상황에서 인내의 용기를 갖도
록 하기 위해 기도할 뿐만 아니라, 또한 하나님께 감사함으로 기쁨
의 경험들로 가득 차게 되도록 하기 위해 기도하는 것이다."[35]라고
해석한다.

　반대로 칼빈(Calvin)은 "기쁨으로"를 골로새서 1:11과 연결시켜
"이 문장을 '기쁨으로'의 구절과 연결하는 것이 더 낫다. 왜냐하면
비록 달리 읽는 독법이 라틴 번역본들에는 더 흔하지만 이 견해는
헬라의 사본과 더 일치되기 때문이다. 의심할 여지없이 인내는 기
쁨으로만 유지될 수 있고, 아무도 그의 몫을 기뻐하지 않는다면 누
구도 확고하고 용감한 마음을 가질 수 없을 것이다."[36]라고 해석한

34)　"기쁨으로"를 골 1:11과 연결시키는 번역본들은 개역, 개역개정, 표준새번역, 표준
새번역개정, 바른성경, KJV, NKJV, NIV, ESV 등이며, 골 1:12과 연결시키는 번역
본은 NRSV이다.

35)　James D. G. Dunn, *The Epistles to the Colossians and to Philemon* (*NIGTC*) (Grand
Rapids: Eerdmans, 1996), p. 75.

36)　John Calvin, *The Epistles of Paul the Apostle to the Galatians, Ephesians, Philippians
and Colossians* (Grand Rapids: Eerdmans, 1974), p. 305.

다. 본 저자는 "기쁨으로"를 칼빈이 읽는 것처럼 골로새서 1:11과 연결하는 것이 더 자연스럽다고 생각한다. 성도들은 어떤 고난과 어려움에 직면할지라도 기쁨으로 견디고 오래 참는 삶을 이어나가야 한다. 히브리서 저자는 "그는 그 앞에 있는 기쁨을 위하여 십자가를 참으사"(히 12:2)라고 기쁨으로 고난을 참으신 예수님의 본을 제시한다.

(6) 하나님께 감사하는 것(골 1:12)

　　바울의 여섯 번째 기도의 내용은 성도들이 빛 가운데서 기업의 한 부분을 얻도록 인정해 주신 하나님께 감사하는 것이다(골 1:12). 바울은 성도들이 하나님께 감사하는 삶을 살아야 할 것을 강조한다. 왜냐하면 성도들은 원래 하나님 나라에 들어갈 자격이 없는 존재인데 하나님께서 그리스도의 죽음과 부활을 통해 하나님 나라의 기업을 받을 자로 만들어 주셨기 때문이다. 그래서 바울은 "빛 가운데서 기업의 한 부분을 얻도록 인정해 주신 하나님께 감사의 기도"를 드리고 있다. 바울은 다른 곳에서 "항상 기뻐하라, 쉬지 말고 기도하라, 범사에 감사하라"(살전 5:16-18)라고 가르치고 이렇게 하는 것이 성도들을 향한 하나님의 뜻이라고 밝힌다.

　　칼빈(Calvin)은 "무슨 친절을 위해 그가 하나님께 감사를 드려야 하는가? 그것은 하나님께서 그와 다른 사람들을 성도들의 기업의 참여자가 되도록 충족시켜 주셨기 때문이다. 왜냐하면 우리는 원래 진노의 자녀로 태어났고 하나님 나라로부터 추방되었다. 하나님의 수양(adoption)만이 우리에게 충족한 자격을 주신다. 이제 수양은 (하나님의) 자유로운 선택에 의존한다. 중생의 성령은 수양의 인침이다. 그가 '빛 가운데서'를 첨가한 것은 사탄의 나라의 어두움에 반해 하나님 나라에는 빛이 나라를 밝게 하기 때문이다."[37]라고 설명한다.

예수님은 하늘의 보좌의 주인이시지만 성도들을 하늘로 옮기기 위해 성육신하시고(빌 2:6-8), 성도들에게 영생을 주시기 위해 (요 5:24) 십자가의 죽음을 택하셨다(빌 2:8). 예수님은 그의 십자가의 죽음과 부활을 통해 죄 문제를 해결하시고 구속을 완성하셨다. 그러므로 누구든지 예수님을 구주로 믿으면 그는 예수님과 연합되어 예수님이 성취하신 모든 축복을 유업으로 받을 수 있게 된다. 그래서 바울은 "자녀이면 또한 상속자 곧 하나님의 상속자요 그리스도와 함께 한 상속자니 우리가 그와 함께 영광을 받기 위하여 고난도 함께 받아야 할 것이니라"(롬 8:17)라고 천명한다. 따라서 바울은 그리스도 때문에 성도들이 기업의 한 부분을 얻게 되었으니 하나님께 감사하는 기도를 드리는 것이다.

(7) 하나님께 감사해야 할 이유(골 1:13-14)

바울은 골로새 교회 성도들을 위해 기도를 마치고 이제 하나님께서 골로새 성도들을 포함하여 구속받은 성도들을 위해 그리스도

---

37) John Calvin, *The Epistles of Paul the Apostle to the Galatians, Ephesians, Philippians and Colossians* (Grand Rapids: Eerdmans, 1974), p. 307.

안에서 성취하신 내용을 중요한 용어들을 동원하여 정리한다. 바
울은 "흑암의 권세"(τῆς ἐξουσίας τοῦ σκότους), "그의 사랑의 아들의
나라"(τὴν βασιλείαν τοῦ υἱοῦ τῆς ἀγάπης αὐτοῦ), 그리고 "속량 곧 죄
사함"(τὴν ἀπολύτρωσιν, τὴν ἄφεσιν τῶν ἁμαρτιῶν)등의 표현을 사용하
여 성도들이 받은 축복의 내용을 설명한다. 성도들은 원래 "흑암의
권세" 아래 살고 있었는데 예수 그리스도의 십자가상의 죽음으로
"속량 곧 죄 사함"을 얻어 "그의 사랑의 아들의 나라"의 백성이 된
것이다. "그의 사랑의 아들의 나라"는 하나님 나라의 현재면과 미
래면의 관점에서 관찰할 때 하나님 나라의 현재면을 생각하고 사
용한 표현이라고 할 수 있다.[38] "그의 사랑의 아들의 나라"는 바로
예수님께서 그의 죽음과 부활을 통해 이 땅위에 실현시키신 "하나
님 나라"를 가리킨다(마 4:17; 막 1:17; 눅 6:20; 10:9). 이 말은 성도
들이 이미 하나님 나라에 속한 하나님의 백성이라는 뜻이다.

　인간은 원래 세상의 풍조를 따르고 공중의 권세 잡은 자를 따랐
으며 육체의 욕심을 따라 지내는 본질상 진노의 자녀였다(엡 2:1-
3). 이렇게 흑암의 권세 아래 허덕이며 살고 있는 사람을 하나님께
서 그리스도와 함께 살리시고, 함께 일으키시고, 함께 하늘에 앉히
심으로(엡 2:4-6) 구원해 내셨다. 본 절(골 1:13)에서 사용된 "건져
내사"(ῥύομαι)는 대적으로 부터나, 육체적 위험에서 부터나, 핍박
으로 부터나, 하나님의 능력에 저항하는 세력으로부터나, 시험으
로부터나, 심판으로부터 구원하신다는 뜻이다.[39] 하나님은 사탄의

38)　Peter T. O'Brien, "Colossians, Philemon," *Word Biblical Commentary*, Vol. 44 (Waco: Word Books, 1982), p. 28.

39)　H. Lichtenberger, *Exegetical Dictionary of the New Testament,* Vol. 3 (Grand Rapids: Eerdmans, 1993), pp. 214-215.

권세에서부터 성도들을 구원해 내신 것이다. 하나님은 성도들을
사탄의 권세에서부터 구원해 내시어 "그의 사랑의 아들의 나라로
옮기셨다."(골 1:13). 바울은 성도들을 하나님의 나라로 옮기는데
전투적인 배경이 있었음을 확실히 한다. 하나님은 우리가 흑암의
권세 아래 있을 때 모든 대적을 물리치시고 우리를 건져 내어 평화
롭고 안정된 하나님의 나라로 옮기신 것이다(골 1:13; 고전 15:24-
25). 성도들은 예수를 믿는 순간 이미 사탄의 권세에서부터 구원되
었고 하나님의 나라로 옮겨졌다. 그러므로 바울은 자신 있게 예수
그리스도 안에서 성도들은 속량 곧 죄 사함을 이미 받았다(골
1:14)고 천명할 수 있는 것이다.[40] 스탠리(Stanley)는 "그 아들 안에
서 우리가 속량 곧 죄 사함을 얻었도다."(골 1:14)를 해석하면서
"부활하신 그리스도는 그의 영화롭게 되신 인성 안에서 구속의 충
만함을 소유하신다. 그리고 우리들은 몸의 영광스러운 부활로 말
미암아 그 구속의 충만함을 우리 안에 소유하게 될 것이지만, 우리
들은 그리스도와 초자연적인 연합으로 감추어진 상태이긴 하지만
이미 그 구속의 충만함을 소유하고 있다."[41]라고 설명한다. 성도들
은 흑암의 권세에서 벗어나 하나님 나라에 속한 존재들이다(골
1:13).

---

40) 바울이 "건져냈다"(ἐρρύσατο /ῥύομαι의 aorist, mid. ind. 3인칭), "옮기셨
다"(μετέστησεν /μεθίστημι의 aorist, act. ind. 3인칭)를 모두 과거 시상(aorist)으로 사
용한 반면, 속량 곧 죄사함을 "얻었다"를 설명할 때는 현재시상(ἔξομεν)을 사용했음
을 주목할 필요가 있다. 성도들의 정체는 사탄의 권세에서 벗어났고, 하나님의 나라
안에서 살고 있으며 죄 사함을 이미 받은 상태이다.

41) David Michael Stanley, *Christ's Resurrection in Pauline Soteriology* (Romae: E Pontif-
icio Instituto Biblico, 1961), p. 204.

4. 예수 그리스도의 탁월하심 (골 1:15-20)

"그는 보이지 아니하는 하나님의 형상이시요 모든 피조물보다 먼저 나신 이시니 만물이 그에게서 창조되되 하늘과 땅에서 보이는 것들과 보이지 않는 것들과 혹은 왕권들이나 주권들이나 통치자들이나 권세들이나 만물이 다 그로 말미암고 그를 위하여 창조되었고 또한 그가 만물보다 먼저 계시고 만물이 그 안에 함께 섰느니라. 그는 몸인 교회의 머리시라 그가 근본이시오 죽은 자들 가운데서 먼저 나신 이시니 이는 친히 만물의 으뜸이 되려 하심이요 아버지께서는 모든 충만으로 예수 안에 거하게 하시고 그의 십자가의 피로 화평을 이루사 만물 곧 땅에 있는 것들이나 하늘에 있는 것들이 그로 말미암아 자기와 화목하게 되기를 기뻐하심이라."(골 1:15-20, 개역개정)

^{15} ὅς ἐστιν εἰκὼν τοῦ θεοῦ τοῦ ἀοράτου, πρωτότοκος πάσης κτίσεως, ^{16} ὅτι ἐν αὐτῷ ἐκτίσθη τὰ πάντα ἐν τοῖς οὐρανοῖς καὶ ἐπὶ τῆς γῆς, τὰ ὁρατὰ καὶ τὰ ἀόρατα, εἴτε θρόνοι εἴτε κυριότητες εἴτε ἀρχαὶ εἴτε ἐξουσίαι· τὰ πάντα δι' αὐτοῦ καὶ εἰς αὐτὸν ἔκτισται· ^{17} καὶ αὐτός ἐστιν πρὸ πάντων καὶ τὰ πάντα ἐν αὐτῷ συνέστηκεν, ^{18} καὶ αὐτός ἐστιν ἡ κεφαλὴ τοῦ σώματος τῆς ἐκκλησίας· ὅς ἐστιν ἀρχή, πρωτότοκος ἐκ τῶν νεκρῶν, ἵνα γένηται ἐν πᾶσιν αὐτὸς πρωτεύων, ^{19} ὅτι ἐν αὐτῷ εὐδόκησεν πᾶν τὸ πλήρωμα κατοικῆσαι ^{20} καὶ δι' αὐτοῦ ἀποκαταλλάξαι τὰ πάντα εἰς αὐτόν, εἰρηνοποιήσας διὰ τοῦ αἵματος τοῦ σταυροῦ αὐτοῦ, [δι᾿ αὐτοῦ] εἴτε τὰ ἐπὶ τῆς γῆς εἴτε τὰ ἐν τοῖς οὐρανοῖς. (Col. 1:15-20)

(1) 만물의 창조자 예수 그리스도(골 1:15-17)

본 구절을 해석함에 있어 그 기원이 바울의 것이냐 바울 이전의 것이냐 혹은 기독교 이전의 것이냐 등으로 논란이 계속되어 왔다.[42] 본서에서는 바울이 직접 썼다는 결론을 그대로 받고[43] 바울 사도가 본 구절에서 전하고자 하는 내용을 설명하기로 한다. 본 구절은 두 부분으로 나누어져서 창조 때의 예수 그리스도에 대한 설명(골 1:15-17)과 부활 때의 예수 그리스도에 대한 설명(골 18-20)으로 구성되어 있다. 본 구절은 예수 그리스도가 누구이신지 그리고 왜 예수님이 십자가에서 죽으시고 사흘 만에 부활하셔야 했는지에 대한 바울의 전체 이해를 깨닫게 하는 역할을 한다. 바울은

---

42) πρωτότοκος(15,18절) 사용의 배경은 구약으로 거슬러 올라간다. W. Michaelis, "πρωτότοκος," *Theological Dictionary of the New Testament* (이후 TDNT) Vol. VI (Grand Rapids: Eerdmans, 1971), pp.879f.] 는 "골로새서에 나오는 본 용어의 사용을 노스틱 사상(영지주의)으로 설명하는 것은 적당치 않다"라고 말했다. 참고 E.K. Simpson and F.F. Bruce, *Commentary on the Epistles to the Ephesians and Colossians* [*New International Commentary on the New Testament* (이후 NICNT) Grand Rapids: Eerdmans, 1957), pp.202f.]

43) 이 구절을 바울이 썼다는 주장에 대한 근거와 다른 견해들에 대해 자세한 연구를 원하는 분은 Hendriksen의 주해를 참고하기 바란다(W. Hendriksen, *Exposition of Colossians and Philemon* [*New Testament Commentary* (Grand Rapids: Baker Book House, 1975), pp. 66-71] ; N.T. Wright, *The Climax of the Covenant* (Minneapolis: Fortress Press, 1992), pp. 99-119.; W. D. Davies, *Paul and Rabbinic Judaism* (New York and Evanston: Harper & Row, Publishers, 1948), p. 151. "We therefore accept these verses as being Pauline."

성도들이 예수님과 연합된 존재들이기 때문에 성도들은 자유와 평강과 기쁨을 누리면서 살 수 있는 복된 사람들임을 확실하게 밝히고 있다.

골로새서 1:15의 "그는"은 관계대명사(ὅς)로 "그의 사랑의 아들"(골 1:13), 즉 예수 그리스도를 가리킨다. 바울 사도는 골로새서 1:15-20의 문단에서 창조 때와 부활 때의 예수 그리스도의 역할을 분명하게 설명한다.[44] 골로새 교회의 교인 중에 어떤 이들이 천사 숭배와 같은 잘못된 교리에 빠져있을 때 바울은 그리스도의 탁월성과 주님 되심을 강조하고 있다. 바울은 본 문단에서 예수 그리스도가 누구이신지를 명백히 밝힌다. 위조지폐를 잘 감별하려면 진짜지폐를 속속들이 잘 알아야 한다는 말이 있다. 바울은 잘못된 교리에 도전받고 있는 골로새 교회 성도들에게 그리스도의 진짜 모습을 소개하고 있다. 바울은 예수 그리스도가 창조 때에도 만물을 창조하신 "먼저 나신 이"(πρωτότοκος)였고, 부활 때에도 "먼저 나신 이"로 왜곡된 세상을 회복시키신 하나님이심을 대칭적으로 설명한다. 예수님은 창조 때에도 계셨고, 부활 때에도 죽은 자들의 첫 열매로 부활 생명을 시작하셨다(고전 15:20). 바울은 예수 그리스도의 죽음과 부활을 통해 구속 역사의 시작과 마지막을 잇는 큰 드라마를 보고 있는 것이다.

골로새서 1:15-20은 첫째로 그리스도와 하나님과의 관계, 둘째로 그리스도와 우주와의 관계, 그리고 셋째로 그리스도와 교회

---

44) 골로새서 1:15에서 "그는"(ὅς ἐστιν)을 창조와 연관하여 사용하고, 골로새서 1:18에서 역시 "그는"(ὅς ἐστιν)을 부활과 연관하여 사용한 것은 바울이 예수 그리스도의 창조 때의 역할과 부활 때의 역할을 대칭적으로 설명하고 있음을 증거 한다.

와의 관계를 제시하고 있다. "형상"(εἰκών)이라는 용어는 그리스도
와 하나님과의 관계를 설명하고, "먼저 나신 이"(πρωτότοκος)라는
용어는 그리스도와 우주와의 관계를 설명하며(골 1:15), 그리고
"머리"(κεφαλή)라는 용어는 그리스도와 교회와의 관계를 설명한다
(골 1:18). 핫지(Hodge)는 골로새서 1:15-20은 "육체 없는 말씀
이 보이지 않는 하나님의 형상이심과 만물의 창조자이심을 선포하
고, 육체를 입으신 말씀이 교회의 머리이심을 선포하는 것이다."[45]
라고 설명한다. 예수님은 영원 전에 계신 창조주이셨다. 예수님은
무(無)에서 모든 것을 창조하셨다. 그는 하늘의 천사를 창조하시고
해와 별과 달을 창조하셨다. 그는 지상의 인간을 창조하셨고 모든
생물을 창조하셨다. 핫지는 계속해서 "그리스도와 우주와의 관계
는 첫째 그리스도는 만물의 창조주이시며, 둘째 그리스도는 창조
물의 저자도 되시지만 목적도 되신다. 왜냐하면 만물이 그에 의해
창조되었을 뿐만 아니라 그를 위해 창조되었기 때문이다. 셋째로
그는 만물을 유지하고 계신다. 만물이 그에 의해 그 존재와 생명과
질서가 보존되고 있다."[46]라고 해석한다.

창조 때에 하나님은 "우리의 형상을 따라 우리의 모양대로 우리
가 사람을 만들고"(창 1:26)라고 말씀하시고, 첫 사람 아담(Adam)
을 하나님의 형상으로 창조하셨다. 그런데 바울은 예수님을 "첫 사
람 아담"과 대칭시켜 "마지막 아담"이라고 칭한다(고전 15:45). 그

---

45) Charles Hodge, *Systematic Theology*, Vol. 1 (London: James Clarke and Co. LTD, 1960), p. 515.: "It was the Λόγος ἄσαρκος who is declared to be the image of the invisible God and creator of all things; and it is the Λόγος ἔνσαρκος who is declared to be the head of the Church."

46) Charles Hodge, *Systematic Theology*, Vol. 1, p. 516.

렇다면 첫 사람 아담이 하나님의 형상으로 창조된 것처럼 마지막
아담이신 예수님도 하나님의 형상임에 틀림이 없는 것이다.[47] 그러
나 바울이 예수님을 가리켜 "그는 보이지 아니하는 하나님의 형
상"(골 1:15)이라고 묘사한 것은 더 깊은 뜻을 가지고 있다. 바울은
그리스도만을 통해 보이지 아니하시는 하나님이 우리에게 나타나
셨기 때문에 예수님을 가리켜 "하나님의 형상"이라고 칭한 것이다.
하나님을 "보이지 아니하는(ἀοράτου) 하나님"으로 묘사하는 것은
신약성경 다른 곳에서도 나타나는 표현이다(롬 1:20; 딤전 1:17; 히
11:27). 그런데 보이지 아니하는 하나님이 예수님을 통해 나타나셨
다. 예수님이 "보이지 아니하는 하나님의 형상"(골 1:15)이라는 말
은 예수님 안에 하나님의 진정한 본질과 특성이 완전하게 계시되
었다는 뜻이다. 예수님 안에서 보이지 아니하는 하나님이 보이게
되었다. 신약과 구약의 분명한 교훈은 아무도 하나님을 보지 못했
다는 것이다. 그런데 요한복음은 "본래 하나님을 본 사람이 없으되
아버지 품속에 있는 독생하신 하나님이 나타내셨느니라."(요 1:18)
라고 예수님이 하나님이심과 예수님을 통해 보이지 아니하는 하나
님이 드러나 보이게 되었다고 진술한다.[48] 바울은 골로새서 1:15-
18에서 창세기 1:26-31의 내용을 그리스도 중심적으로 해석하고
있는 것이다.[49] "모든 것이 그에게 집중되고, 그에게 향하고 있다;
그는 처음일 뿐만 아니라 마지막이다. 모든 것의 시작일 뿐만 아니

---

47) W. D. Davies, *Paul and Rabbinic Judaism,* p. 151.

48) Peter T. O'Brien, "Colossians, Philemon," *Word Biblical Commentary*, p. 43.

49) Herman Ridderbos, *Paul: An Outline of His Theology* (Grand Rapids: Eerdmans, 1975), p. 71.

라 그것들의 끝도 된다. (계 22:13)"[50]

　예수님은 하나님과 동등하신 하나님으로서(빌 2:6) 우리에게 완벽한 지혜, 완벽한 선하심, 완벽한 의, 그리고 하나님의 권능을 보여주신 분이다. "예수 그리스도는 특별한 의미에서 하나님의 형상으로 묘사된다(고후 4:4; 골 1:15). 영원한 아들로서 또는 하나님의 말씀으로서 그리스도는 보이지 않는 하나님의 영광을 보이는 방법으로 신실하고 온전하게 나타내셨다(참조, 요 1:1이하; 빌 2:6이하; 히 1:1이하)."[51] 예수님을 하나님의 형상이라고 묘사한 것은 외형적으로 나타나는 예수님의 모습을 뜻하는 것은 아니다. 여기서 사용된 "형상"을 그런 의미로 이해한다면, 창세기의 "우리의 형상을 따라 우리의 모양대로 우리가 사람을 만들고"(창 1:26)를 이해할 수 없게 된다. 창조된 인간의 외형적 모습이 하나님의 모습과 같을 수 없기 때문이다. 또한 인간의 몸을 입고 성육신하신 예수님이 하나님의 원래 모습이라고 할 수 없기 때문이다. 그러므로 바울이 예수님을 하나님의 형상이라고 한 이유는 인간이 예수님을 통해 하나님의 권능, 지혜, 선하심, 의로움, 의지, 사랑을 볼 수 있기 때문이다.

　칼빈은 바울이 예수님을 하나님의 형상으로 묘사한 이유를 다음과 같이 요약한다. "요점은 하나님 자신 즉 있는 그대로의 하나님의 존엄은 보이지 않는다. 인간의 육안뿐만 아니라 인간의 이해를 통해서도 보이지 않는다. 그런데 하나님은 그리스도를 통해서만 우리가 거울로 보듯 그를 바라볼 수 있는 방법으로 우리에게 드

50)　Maximillian Zerwick, *Biblical Greek* (Roma: Editrice Pontificio Istituto Biblico, 1963), p. 36(section 109).

51)　Derek Williams(ed.), "Image," *New Concise Bible Dictionary* (Wheaton: Tyndale House Publishers, 1990), p. 236.

러나셨다. 왜냐하면 하나님은 그리스도 안에서 우리에게 그의 의
로움, 선하심, 지혜, 권능을 보이셨기 때문이다. 요약하면, 하나님
은 그리스도 안에서 그의 온전한 자신(His entire self)을 우리에게
보이셨다. 그러므로 우리는 다른 곳에서 그를 찾아서는 안 된다.
그리스도 밖에서는 하나님을 대표한다고 주장하는 모든 것은 우상
이 될 것이다."[52] 헨드릭센은 "아들 안에서 보이지 않는 하나님이
보이게 되었기 때문에 사람은 보이지 않는 하나님을 보게 되었다
(참조, 딤전 1:17; 6:16)."[53]라고 설명한다. 그러므로 예수 그리스도
가 "하나님의 형상"(골 1:15)이라는 말은 성육신하신 예수님의 외형
적 모습이 하나님의 형상이라는 뜻이 아니요, 예수님을 통해 하나
님의 권능과 지혜와 선하심과 의지와 사랑이 나타났기 때문이다.

그런데 바울은 이어서 특이한 대칭을 사용한다. 바울은 예수님
이 "모든 피조물 보다 먼저 나신 이"(πρωτότοκος πάσης κτίσεως, 골
1:15)[54]라고 창조 때에 있었던 일을 말한 후 "죽은 자들 가운데서
먼저 나신 이"(πρωτότοκος ἐκ τῶν νεκρῶν, 골 1:18)라고 부활 때의 일
로 그의 논리를 발전시킨다. 스탠리(Stanley)는 이 대칭을 "창조주
로서 그는 모든 피조물 공동체 위에 탁월하심을 유지하고 계시고
(골 1:15-17), 구속주로서 그는 기독교 교회 공동체의 머리가 되신
다(골 1:18-20). 성경적인 견해로 볼 때, 이와 같은 대조는 초자연

---

52) John Calvin, *The Epistles of Paul the Apostle to the Galatians, Ephesians, Philippians and Colossians*, p. 308.

53) Hendriksen, *Exposition of Colossians and Philemon*, p. 72.

54) C.F. Burney ("Christ as the APXH of Creation," *Journal of Theological Studies*, 27, pp. 173ff.)는 골 1:15의 πρωτότοκος πάσης κτίσεως가 잠언 8:22을 직접적으로 암시하고 있다고 주장한다.

적인 것과 그에 반대되는 자연적인 것이라는 두 개의 다른 질서를
가리키는 것으로 생각되지 않고, 오히려 사람이 하나님과 관계를
갖는 두 개의 길을 가리키는 것이다."[55]라고 해석한다. 그리스도는
첫 창조 때에 하나님의 형상이었던 것처럼 새로운 창조의 시작도
되신다.[56] 골로새서 1:18의 "죽은 자들 가운데서 먼저 나신 이"라
는 예수님의 신분은 곧바로 골로새서 1:15의 "모든 피조물보다 먼
저 나신 이"라는 사실을 떠올리게 한다. 예수님은 하나님의 아들로
죽은 자들 가운데서 부활하심으로 많은 죽은 자들 중에 처음 부활
하신 분이 되는 것이다. 그러므로 "죽은 자들 가운데서 먼저 나신
이"라는 표현은 개념적으로 "잠자는 자들의 첫 열매"(고전 15:20-
23)와 맥을 같이하는 교훈이다. 바울은 "죽은 자들 가운데서 먼저
나신 이"라는 표현을 통해 부활에 있어서 예수님과 그를 따르는 성
도들의 연합을 강조하기 원한 것이다.[57] 인접된 문맥에서 "먼저 나
신 이"(πρωτότοκος)가 2회 사용되고 동일하게 그리스도를 지칭하고
있는 점에 주목하지 않을 수 없다.

본 구절의 문맥에서 "모든 피조물보다 먼저 나신 이"는 그리스
도와 피조물과의 관계를 보여주고 있다. 그렇다면 그 관계란 어떠
한 것일까? 바울이 이 구절에서 그리스도가 모든 피조물보다 "먼

55) David M. Stanley, *Christ's Resurrection in Pauline Soteriology* (Romae: E Pontificio Instituto Biblico, 1961), p. 204.

56) James D.G. Dunn, *The Theology of Paul the Apostle* (Edinburgh: T & T Clark. 1998), p. 275.

57) Lane G. Tipton, "Christology in Colossians 1:15-20 and Hebrews 1:1-4: An Exercise in Biblico-Systematic Theology," *Resurrection and Eschatology* (Essays in Honor of Richard B. Gaffin, Jr.) (Phillipsburg: P & R Publishing Co., 2008), pp. 189-190. Cf. 박형용, 『바울신학』 (수원: 합신대학원출판부, 2016), p. 58.

저 나신 이"라고 표현한 의미는 무엇이겠는가? "모든 피조물보다 먼저 나신 이"는 단순히 그리스도가 "시간적으로 먼저 나셨다"는 뜻은 아니다. 이 사실은 바로 다음에 나오는 호티(ὅτι)가 이끄는 구절에서 "만물이 그에게서 창조되되 하늘과 땅에서 보이는 것들과 보이지 않는 것들과 혹은 왕권들이나 주권들이나 통치자들이나 권세들이나 만물이 다 그로 말미암고 그를 위하여 창조되었고"(골 1:16, 개역개정)라고 말한 내용이 이를 확인하고 있다. 또한 바울은 "그가 만물보다 먼저 계시고 만물이 그 안에 함께 섰느니라."(골 1:17)의 말씀을 통해 그리스도가 첫 번째 창조된 피조물이 아님을 확실시 하고 있다. 바울 사도가 "그가 만물보다 먼저 계시고"(골 1:17)라고 말한 이유는 "그리스도의 선재가 사색적으로 신학 작업을 통해 만들어 낸 표현이 아니요, 그리스도의 제한 없는 세계 통치에 대한 역동적 표현으로 교회가 전 세상을 향해 이 사명을 실천할 선택된 그의 백성이라는 뜻이다."[58] 골로새서 1:16-17의 내용은 그리스도가 결코 첫 창조물이 될 수 없다는 사실을 설명하고 있다. 우리는 바울이 같은 가치로 접근할 수 없는 "출생"(birth)과 "창조"(creation)의 개념을 함께 쓰고 있음을 주목하여야 한다. 그리스도는 태어나셨고, 우주는 창조되었다. 그리스도는 우주가 창조되기 전에 존재하고 계셨다. 브루스(Bruce)는 "그리스도 자신이 마치 모든 창조된 존재들 가운데 첫째로 창조된 것처럼 이 명칭이 그에게 주어진 것이 아니라는 사실을 문맥에서 명시하고 있다. 곧 이어서 강조하기를 그리스도는 창조물이 아니며 모든 창조물이 그에

---

58)   Bo Reicke, "πρό," *Theological Dictionary of the New Testament*, Vol. VI (Grand Rapids: Eerdmans, 1971), p. 687.

의해 존재할 수 있도록 되었다고 설명한다. 그 명칭이 의미하는 바는 모든 창조물 이전에 존재하신 그리스도가 모든 창조물의 주로서 그리고 하나님으로부터 임명받은 '만유의 주로서'(히 1:2) 상속자의 특권을 행사하신 것을 의미한다."[59]라고 해석한다. 바울은 그리스도의 선재와 우주적 의의를 재확인하고 있다(골 1:15-16).[60] 여기서 바울은 모든 창조물 이전에 존재하신 선재적 창조자로서 그리스도가 받아야 마땅할 탁월성을 가리키고 있는 것이다.[61]

우리는 "먼저 나신 이"(πρωτότοκος)라는 용어의 배경을 구약에서 찾아야 한다. 창세기 49:3(LXX)은 "르우벤아 너는 내 장자요 내 능력이요 내 기력의 시작이라"라고 첫째 아들 장자를 프로토토코스로 묘사한다. 시편 89(88):27은 "내가 또 그를 장자로 삼고 세상 왕들에게 지존자가 되게 하며"[62] 라고 말한다. 여기서 하나님께서는 다윗을 장자로 만들고 세계 많은 왕들보다 높이시겠다고 약속하신다. 시편 89:27(LXX)의 "장자"가 "먼저 나신 이"와 같은 헬라어 단어이다. 같은 용어가 출애굽기 4:22에도 사용되는데 그 구절에서는 여호와께서 "이스라엘은 내 아들 내 장자라"(출 4:22)라

---

59) Simpson and Bruce, *op. cit.*, p. 194.

60) F. F. Bruce, *The Epistles to the Colossians, to Philemon, and to the Ephesians* (NIC-NT) (Grand Rapids: Eerdmans, 1984), p. 65.: "For he is 'before all things' -- a phrase which not only declares his temporal priority to the universe but also suggests his superiority over it."

61) Michaelis, *op.cit.*, pp. 877-880; cf. Edward Lohse, *Colossians and Philemon*, trans. by W.R. Poehlmann and R.J. Karris (Philadelphia: Fortress Press, 1971) pp. 48f.; Cf. Margaret Y. MacDonald, *Colossians and Ephesians* (Sacra Pagina Series, Vol. 17) (Collegeville, Minn.: Liturgical Press, 2008), p. 59. cf. Wayne Grudem, *Systematic Theology* (Grand Rapids: Zondervan, 1994), pp. 243-244.

62) κἀγὼ πρωτότοκον θήσομαι αὐτόν, ὑψηλὸν παρὰ τοῖς βασιλεῦσι τῆς γῆς.(시 89:27).

고 선언하신다. 이스라엘이 여호와의 장자(먼저 나신 이)라는 표현
은 출생의 순서를 뜻하지 않고 이스라엘이 여호와께 특별하고 귀
한 존재라는 것을 뜻한다. 이상의 연구에서 우리는 골로새서 1:15
에 나온 "모든 피조물보다 먼저 나신 이"는 그리스도가 모든 창조
물보다 지존하며 유일하다는 의미로 이해되어야 한다고 결론지을
수 있다. 그리스도는 모든 피조물 이전에, 모든 피조물과 구별되
어, 모든 피조물 위에 높아지신 분이시다. 먼저 나신 이로서 그는
모든 피조물의 통치자이시다.[63] 그리스도가 모든 창조물보다 지존
하심은 "만물이 그에게서 창조되되 하늘과 땅에서 보이는 것들과
보이지 않는 것들과 혹은 왕권들이나 주권들이나 통치자들이나 권
세들이나 만물이 다 그로 말미암고 그를 위하여 창조되었고"(골
1:16, 개역개정)라는 표현에서 잘 설명되어 있다. 바울은 만물이 창
조된 사실을 설명하면서 과거시상(aorist)을 사용하여 창조 사건의
역사성을 강조하고 있다(골 1:16). 여기서 우리는 바울이 창조의 역
사성을 근거로 그의 논리를 전개하고 있다는 것을 알 수 있을 뿐만
아니라 그의 전망(展望)이 전 창조를 포함할 만큼 넓다는 사실을
확인할 수 있다(롬 8:18-25 참조).

(2) 죽은 자들 가운데서 먼저 나신 이(골 1:18-20)

바울은 이제 창조에서 그리스도의 부활로 그의 시선을 옮긴다.
바울은 "죽은 자들 가운데서 먼저 나신 이"(골 1:18)라는 표현을

---

63)   Hendriksen, *Colossians and Philemon*, pp. 72.

"죽은 자 가운데서 다시 살아나사 잠자는 자들의 첫 열매"(고전
15:20)가 되셨다는 뜻으로 사용했음에 틀림없다. 바울은 자기를 낮
추시고 죽기까지 복종하신 예수님을 "하나님이 그를 지극히 높여
모든 이름 위에 뛰어난 이름을"(빌 2:9) 주셨다고 설명한다. 하나님
은 예수님을 부활시키심으로 그를 지극히 높이신 것이다. 그러므
로 "죽은 자들 가운데서 먼저 나신 이"는 예수님이 부활하심으로
특별한 존엄과 높이 여김을 받으신 지존의 위치를 받으셨다고 이
해해야 한다.[64]

　"죽은 자들 가운데서 먼저 나신 이"(골 1:18)는 "죽은 자들"이
있고, "먼저 나신 이"가 있다는 뜻이다. 본문은 부활에 있어서 그리
스도와 앞으로 일으키심을 받을 성도들 간의 견고한 연합을 보여
준다(롬 8:29 참조). 일으키심을 받을 죽은 자들의 그룹이 있고, 예
수님께서 바로 이 그룹으로부터(ἐκ τῶν) 먼저나신 자로 나타나셨다
는 것이다. 오브라이언(O'Brien)은 본 구절(골 1:18)을 "부활의 시
대가 시작되었고 죽은 자들 가운데서(ἐκ τῶν νεκρῶν) 살아나신 먼저
나신 이로서 그는 다른 사람들의 부활을 보증하는 첫 열매이시
다."[65]라고 설명한다. 바울은 "먼저 나신 이"(πρωτότοκος)를 "근
본"(ἀρχή)과 함께 사용한다. "근본"은 "시간적으로 먼저"라는 뜻도
있지만 사실상 그 이상의 의미를 가지고 있다.[66] 칼빈(Calvin)은
"그가 근본이시요"(He is the beginning)를 해석하면서 "알케(ἀρχή)

64)　시간적 "우선"의 개념을 완전히 제거하는 것은 잘못이다. 그러나 근본적인 사상은
　　그리스도의 권위와 지존성을 나타내고 있다.

65)　Peter T. O'Brien, "Colossians, Philemon," *Word Biblical Commentary*, p. 51.

66)　한글 개역은 "근본"으로 번역했다. 이는 ἀρχή에 "시작" 이상의 뜻이 있음을 암시해
　　주는 번역이다.

가 헬라어에서 때때로 모든 것들이 가리키는 목적의 의미로 사용
되기 때문에 우리는 이런 의미에서 그리스도가 알케(목적)라고 이
해할 수 있다. 그러나 나는 바울의 말을 다음과 같이 설명하는 것
을 더 낫게 여긴다. 그가 시작인 것은 그가 죽은 자들로부터 먼저
나신 이 이시기 때문이다. 왜냐하면 부활로 모든 것들의 회복이 있
게 되었고, 그래서 그 회복은 두 번째 창조 즉 새 창조의 시작이다.
왜냐하면 이전 창조는 첫 사람의 타락으로 황폐되었기 때문이다.
그리스도가 다시 일어나심으로 하나님 나라를 시작하셨기 때문에
그는 마땅히 시작으로 불리셔야 한다. 왜냐하면 우리들이 새롭게
되고 새로운 피조물이 될 때 우리는 진정으로 하나님 면전에서 존
재하기 시작하기 때문이다."[67]라고 설명한다. 빌(Beale)은 바울이
"근본(ἀρχή)과 먼저 나신 이(πρωτότοκος)를 함께 사용한 이유는 그
리스도가 새롭게 구속받은 인류와 전반적인 새로운 창조를 시작한
권위 있는 설립자인 그리스도를 가리키고 있음을 뜻한다."[68]라고
바르게 설명한다. 바울은 이 두 용어를 함께 사용함으로 그리스도가
성취한 구속의 범위와 내용을 명확히 드러내고 있다. 하나님은 예수
그리스도의 죽음과 부활을 통해 인류의 죄 문제를 해결하여 그의 백
성을 "그의 사랑의 아들의 나라"(골 1:13)로 옮겨 주신 것이다.

바울이 예수님을 가리켜 "그는 몸인 교회의 머리시라"(골 1:18)
라고 묘사할 수 있는 근거는 예수님이 창조주요 구속주(Creator
and Redeemer)로서 하나님의 나라를 통치하시는 이시기 때문이다.

---

67) John Calvin, *The Epistles of Paul the Apostle to the Galatians, Ephesians, Philippians and Colossians*, p. 311.

68) Gregory K. Beale, *Colossians and Philemon (Baker Exegetical Commentary on the New Testament)*, pp. 104-105.

예수님은 하나님 나라를 다스리시는 이실 뿐만 아니라 교회의 머리로서(고전 12:27) 교회 역시 통치하고 계신다. 그런 의미에서 교회는 하나님 나라의 통치가 실현되는 이 지상에 존재하는 예수님의 보이는 통치의 표명이라고 할 수 있다. 교회가 예수님의 통치에서 벗어나면 교회는 더 이상 하나님 나라의 보이는 표명이라고 할 수 없다.

"그가 근본이시요"는 먼저 되심과 탁월하심의 두 가지 뜻을 모두 포함한다. 이와 같은 해석이 올바른 이유는 그리스도께서 머리로서 교회뿐만 아니라 온 우주를 유지(維持)하시는 창조적인 능력의 본체가 되시기 때문이다.[69] 특히 "근본"이 "먼저 나신 이"와 함께 사용될 때에는 그리스도의 부활의 중요성을 명백히 설명한다. 이는 세기적 사건의 시작을 말하며 그리스도께서 교회의 머리로서 이 세기적인 사건의 시작을 성취하신 것이다. 라이트푸트는 "그리스도께서 죽은 자들 가운데서 부활하심으로 교회의 머리됨의 자격을 획득하신 것이다. 왜냐하면 '그의 부활의 능력'(빌 3:10)은 교회의 생명이기 때문이다."[70]라고 해석한다. 우리는 본문에서 "근본"과 "먼저 나신 이"의 용법을 통해 예수님의 재림 때에 있을 성도들의 일반부활(The General Resurrection)이 예수님의 부활에서 이미 시작된 것을 보게 된다. 그리스도의 부활은 그의 백성을 수확하는 위대한 일반부활의 첫 열매가 된다(고전 15:20).[71] 본 구절(골

---

69) Lewis B. Smedes, *All Things Made New* (Grand Rapids: Eerdmans, 1970), p. 227.

70) J. B. Lightfoot, *St. Paul's Epistles to the Colossians and to Philemon* (Lynn, MA: Hendrickson Publishers, Inc., 1981), p. 157.; Cf. Murray J. Harris, *Colossians and Philemon*, p. 48.

71) 첫 열매의 개념을 여기서 철저히 연구하는 것이 우리의 목적이 아니다. 그러나

1:18)은 그리스도의 부활이 새로운 창조의 시작으로 더 많은 사람이 부활하게 될 것을 설명하고 있다.

그러므로 "먼저 나신 이"는 그리스도의 명예와 존엄과 탁월성을 표시한다. 예수님은 창조의 질서에서 최초의 탁월성을 소유하신 분이요(골 1:15) 죽음과 관련하여 부활의 질서에서도 최초의 탁월성을 소유하신 분인데 그 이유는 예수님이 단순히 무덤에서 최초로 나오셨다는 의미에서가 아니요, 인류의 왕자로(계 1:5) 모든 능력의 주권을 가지시고 무덤에서 나오셨기 때문이다(골 1:18).[72]

바울 사도는 예수님의 부활이 성도들의 부활의 첫 열매가 되었다고 설명하고 "아버지께서는 모든 충만으로 예수 안에 거하게 하시고"(골 1:19, 개역개정)라고 하나님 아버지가 무엇을 기뻐하셨는지 밝힌다. 한글 번역은 하나님께서 기뻐하신 것이 무엇인지가 분명히 드러나지 않는다. 직역하면 "하나님께서는 그의 모든 충만이 그리스도 안에 거하시는 것을 기뻐하셨다."[73]라고 할 수 있다. 이

άπαρχή는 그리스도의 부활과 성도의 부활이 분리될 수 없이 연합된 사실을 잘 설명한다. άπαρχή τῶν κεκοιμημένων(고전 15:20)의 표현에 유의하라. cf. K.H. Bartels, "First-born," *The New International Dictionary of New Testament Theology* (이후 *NIDNTT*), Vol. I, ed., Colin Brown (Grand Rapids: Zondervan, 1975), p. 669: "Creator and Redeemer are one and the same, the all-powerful God in Jesus Christ 'the first and the last,' 'the beginning and the end,' who binds his own to himself from all eternity, and is their surety for salvation, if they abide in him."

72) Ceslas Spicq, "προτότοκος," *Theological Lexicon of the New Testament*, Vol. 3 (Pea-body, MA.: Hendrickson, 1994), p. 212.

73) 헬라어 본문은 ὅτι ἐν αὐτῷ εὐδόκησεν πᾶν τὸ πλήρωμα κατοικῆσαι로 되어 있다. 한글 개역은 "아버지께서는 모든 충만으로 예수 안에 거하게 하시고"로 번역했고, 바른성경은 "이것은 아버지께서 모든 충만이 아들 안에 있게 하기를 기뻐하시고"로 번역했고, 표준새번역은 "하나님께서는 그리스도 안에 모든 충만함을 머물게 하시기를 기뻐하시고"로 번역했고, NASB는 "For it was the Father's good pleasure for all the fulness to dwell in Him."으로 번역했고, NIV는 "For God was pleased to have all his fullness

말씀은 하나님 아버지와 예수 그리스도가 본질적으로 동등하심을 증거하고 있으며, 예수님이 성취하신 것은 바로 하나님께서 원하시는 것이요 기뻐하시는 것임을 밝히는 것이다.

바울은 이어서 하나님이 원하시는 것은 "만물 곧 땅에 있는 것들이나 하늘에 있는 것들"(골 1:20)이 그리스도로 말미암아 자기와 화목하게 되기를 기뻐하시는 것이라고 설명한다. 바울은 골로새서 1:20에서 "화목"(ἀποκαταλλάσσω)과 "화평"(εἰρηνοποιέω)의 개념을 등장시킨다. 바울은 그의 서신은 물론 신약성경에서 오로지 세 번만 사용되는 "화목"이라는 용어를 사용하고(엡 2:16; 골 1:20, 22), 그리고 단지 한 번만 나타나는 "화평"이라는 용어를 특별히 사용한다(골 1:20).

"화목"(reconciliation)이 필요한 것은 그 이전 어느 시점에 불목의 관계가 형성되었기 때문이다. 그러면 언제 하나님과 만물과의 사이에 불목의 관계가 형성되었는가? 성경은 하나님과 만물이 불목하게 된 것은 아담(Adam)의 범죄로 시작되었다고 증언한다(창 3:15-21). "아담은 죄와 죽음과 썩어짐으로 멸망할 수밖에 없는 옛 질서의 시작이었고, 그리스도는 두 번째 아담으로 세상 역사의 새로운 시작이며 새로운 백성의 창조를 시작하신 분이다."[74] 바울은

---

dwell in him."으로 번역했으며, NKJV은 "For it pleased the Father that in Him all the fullness should dwell."로 번역했고, ESV와 NRSV는 "For in him all the fullness of God was pleased to dwell."로 번역했다. 각 번역의 성향을 분석하면 문장의 주어를 εὐδόκησεν 동사에 함축된 하나님으로 보느냐, 아니면 πᾶν τὸ πλήρωμα를 문장의 주어로 생각하느냐에 따라 달라진다. 본 절의 주어를 "하나님"으로 보는 것이 바울의 뜻에 더 부합하는 것 같다.

74) Ralph P. Martin, *Interpretation: Ephesians, Colossians, and Philemon* (Louisville: John Knox Press, 1991), p. 109.

고린도후서 5장에서 예수 그리스도의 죽음과 부활을 언급하고 "그런즉 누구든지 그리스도 안에 있으면 새로운 피조물이라 이전 것은 지나갔으니 보라 새것이 되었도다."(고후 5:17, 개역개정)라고 선언한다. 여기 "새로운 피조물"(καινὴ κτίσις)은 "새로운 창조물"(new creation)로 번역하는 것이 더 본문의 뜻을 잘 전달하는 것이다. 왜냐하면 바울은 곧 이어서 "세상을 자기와 화목하게 하시고"(고후 5:19)라고 말하고, "우리를 자기와 화목하게 하시고"(고후 5:18)라고 설명한다. 바울은 계속해서 "우리에게 화목하게 하는 직분을 주셨으니"(고후 5:18)라고 말하고, "화목하게 하는 말씀을 우리에게 부탁하셨느니라."(고후 5:19)라고 설명한 후 "너희는 하나님과 화목하라"(고후 5:20)라고 권면하고 있기 때문이다. 우리는 바울이 고린도후서 5장의 인접된 문맥에서 예수 그리스도의 죽음과 부활을 언급하고 다섯 번에 걸쳐 "화목"을 언급하고 있음을 주목해야 한다. 일반적으로 성경은 같은 용어를 여러 번 반복 사용함으로 용어의 개념을 강조하곤 한다. 바울은 고린도후서 1:3-7 사이에서 "위로"(παράκλησις)를 10회 반복 사용함으로 "위로"를 강조하고 있다. 바울은 골로새서에서 그리스도의 "십자가의 피"(골 1:20)가 불목의 관계에 빠져있는 세상을 하나님과 화목할 수 있게 만들었음을 강조하고 있는 것이다. 예수님의 십자가상의 죽음은 하나님의 계획이요 세상을 자기와 화목하게 하는 구속 성취 사건이 되는 것이다.

바울의 마음속에 그려진 그리스도의 죽음과 부활로 말미암아 성취된 구속의 영향이 그 범위에 있어서 온 창조의 범위만큼 넓다는 사실이 확실하다. 창조 세계가 그리스도에 의해 창조되었고(골

1:16) 온 우주의 화목이 그리스도를 통해 회복되었다(골 1:20)는 의미는 화목의 범위가 전 우주적임을 증언한다. 이 말은 그리스도께서 온 창조물을 위해서 죽었다가 다시 살아나셨다는 뜻이 아니다. 오히려 그 뜻은 그리스도의 부활로 말미암아 인간들뿐만 아니라 다른 모든 창조물들도 영향을 받았다는 의미이다(참조, 롬 8:18-25).[75]

그리고 "화평"(peace-making)은 화목의 결과로 얻어진 회복된 관계를 뜻한다. 예수님의 십자가의 피로 하나님과 인간과의 관계가 화평하게 되었고, 인간과 인간과의 관계가 화평한 관계로 회복되었으며, 인간과 자연과의 관계도 회복되었다(롬 5:1; 엡 2:14-15). 아담의 범죄로 인해 훼손된 하나님과 인간, 인간과 인간, 그리고 인간과 자연과의 관계가 그리스도의 역사적인 십자가 사건으로 온전하게 회복된 것이다.

본문의 말씀은 죄인을 구원하신 하나님의 구원계획의 요약이라고 할 수 있다. 이상근 박사는 이 구절을 "하나님의 창조에 있어 하나님과 사람과 만물의 교제는 건전하였고, 그러므로 그 조화는 아름다웠다. 그러나 하나님과 만물의 중보자격인 사람이 범죄하고 타락하므로 만물의 조화는 잃어버리게 되고 신음하게 되었다(롬 8:18-23). 여기에 그리스도는 오셔서 인류의 죄를 십자가에서 대속하심으로 말미암아 만물을 다시 옛 모습으로, 오히려 그 이상의 아름다운 조화로 회복시키셨던 것이다."[76]라고 해석한다. 예수 그리

---

75) E. F. Scott, *The Epistles of Paul to the Colossians, to Philemon and to the Ephesians* (*The Moffett New Testament Commentary*, New York: Richard R. Smith Inc. 1930), pp. 23f.

76) 이상근,「신약성서 주해 옥중서신」(서울: 대한예수교장로회 총회 교육부, 1986), p. 273.

스도의 죽음으로 이루신 만물의 완벽한 조화는 예수님 재림 때에 우리들의 눈앞에 드러나게 될 것이다(빌 3:20-21; 요일 3:2).

5. 그리스도의 복음의 효능(골 1:21-23)

"전에 악한 행실로 멀리 떠나 마음으로 원수가 되었던 너희를 이제는 그의 육체의 죽음으로 말미암아 화목하게 하사 너희를 거룩하고 흠 없고 책망할 것이 없는 자로 그 앞에 세우고자 하셨으니 만일 너희가 믿음에 거하고 터 위에 굳게 서서 너희 들은 바 복음의 소망에서 흔들리지 아니하면 그리하리라. 이 복음은 천하 만민에게 전파된 바요 나 바울은 이 복음의 일꾼이 되었노라."(골 1:21-23, 개역개정)

²¹ Καὶ ὑμᾶς ποτε ὄντας ἀπηλλοτριωμένους καὶ ἐχθροὺς τῇ διανοίᾳ ἐν τοῖς ἔργοις τοῖς πονηροῖς, ²² νυνὶ δὲ ἀποκατήλλαξεν ἐν τῷ σώματι τῆς σαρκὸς αὐτοῦ διὰ τοῦ θανάτου παραστῆσαι ὑμᾶς ἁγίους καὶ ἀμώμους καὶ ἀνεγκλήτους κατενώπιον αὐτοῦ, ²³ εἴ γε ἐπιμένετε τῇ πίστει τεθεμελιωμένοι καὶ ἑδραῖοι καὶ μὴ μετακινούμενοι ἀπὸ τῆς ἐλπίδος τοῦ εὐαγγελίου οὗ ἠκούσατε, τοῦ κηρυχθέντος ἐν πάσῃ κτίσει τῇ ὑπὸ τὸν οὐρανόν, οὗ ἐγενόμην ἐγὼ Παῦλος διάκονος. (Col 1:21-23)

(1) 하나님과 원수 되었던 상태(골 1:21)

바울은 이 짧은 구절에서 성도들이 구원 받기 전과 구원 받은 후에 성도의 정체성에 큰 변화가 있었음을 설명하고 있다. 인간은 태어날 때부터 죄인으로 태어났기 때문에 거룩하신 하나님과 화목하며 살 수 있는 상황이 아니었다. "의인은 없나니 하나도 없는데"(롬 3:10) 구속을 성취하신 예수 그리스도를 믿음으로 성도들은 그리스도의 의를 전가 받을 수 있게 되었다(롬 3:22-24). 그래서 바울은 "전에"(ποτε)와 "이제는"(νυνὶ)을 대칭시켜 예수 믿기 전과 예수 믿은 후를 대조하고 있다(골 1:21-22; 3:7-8). 성도가 예수 믿기 전에는 하나님과 "마음으로 원수가 되었던"(골 1:21) 삶을 살고 있었지만 예수 믿은 이후는 하나님과 화목하는(ἀποκατήλλαξεν) 삶을 살게 되었음을 천명한다. 예수 믿기 전의 불신 상태의 삶은 "악한 행실"로 규정지어지며, 예수 믿은 이후의 삶은 "거룩하고 흠 없고 책망할 것이 없는" 삶으로 규정지어진다. 바울은 한 사람이 예수 믿기 전 불신의 상태를 "세상 풍조를 따르고 공중의 권세 잡은 자를 따른"(엡 2:2) "본질상 진노의 자녀"(엡 2:3)라고 묘사하고, 예수 믿은 이후의 성도의 모습을 "선한 일을 위하여 지으심을 받은 자"(엡 2:10)로 하나님의 걸작품이라고 묘사한다. 골로새 성도들은 예수를 믿기 전에 하나님을 "멀리 떠나," "원수가 되었던"(골 1:21) 상태에서 예수 그리스도의 죽음과 부활로 말미암아 이제는 하나님과 화목하게 되고, 거룩하고 흠이 없게 되고, 책망할 것이 없는 자가 된 것이다(골 1:22).

(2) 하나님과 화목하게 된 상태(골 1:22)

바울은 골로새 교회 성도들에게 이런 철저한 변화가 있었음을 증언하고 있는 것이다. 이런 철저한 변화가 있었음에도 불구하고 골로새 교회 성도들은 완벽한 삶을 이어가지 못한다. 골로새 교회 성도들은 실제로 거룩하고 흠 없고 책망할 것이 없는 삶을 살고 있는 것이 아니다. 골로새 교회 성도들 자체로는 온전하게 거룩한 삶을 살아갈 수 없다. 세상에 사는 누구도 그 사람이 성도일지라도 온전하게 거룩하고 흠 없는 삶을 살 수는 없다. 그래서 바울은 성도들의 삶의 특징을 규정하기 전 "그의 육체의 죽음으로 말미암아 화목하게 하사"(골 1:22)를 조건으로 제시하고 있는 것이다. 인류의 조상 아담(Adam)의 범죄로 인해 인간은 스스로 거룩해질 수 있는 능력을 상실했다. 여기서 인간 대신 인간의 죄 문제를 해결하기 위해 하나님의 아들이신 메시아가 오셔야 했다. 바울은 바로 그 메시아가 오셔서 십자가의 피로 인간의 죄 문제를 해결했기 때문에 예수님을 구주로 믿으면(골 1:23) 하나님과 화목의 관계를 이룰 수 있다고 선포한다.[77] 달간(Dargan)은 "'지금'(이제)이 과거 시상(aorist)과 함께 사용되고 있다. 왜냐하면 화목의 행위가 하나님의 단회적인 사역을 통해 발생한 것으로 설명되지만, 화목을 받은 사

---

77) H. Merkel, "καταλλάσσω, ἀποκαταλλάσσω, καταλλαγή," *Exegetical Dictionary of the New Testament,* Vol. 2 (Grand Rapids: Eerdmans, 1991), p. 263. "In vv. 21-23 the author finally applies the hymn directly to the readers, who were once 'alienated' and 'hostile,' but through the death of Christ have been once for all reconciled to him. Now they must hold firm to this indicative of salvation 'in faith' and in the 'hope of the gospel.'"

람들에게 적용되는 효과는 현재 존재하는 사실이기 때문이다."[78]라
고 설명한다. 화목을 이루시는 분은 하나님이심이 분명하다. 그래
서 바울은 하나님이 "그리스도로 말미암아 우리를 자기와 화목하
게 하시고"(고후 5:18)라고 말하고, "하나님께서 그리스도 안에 계
시사 세상을 자기와 화목하게 하시며"(고후 5:19)라고 가르친다.
화목을 이루는 주체는 하나님이시다. 하나님은 그리스도의 구속
사역을 통해 죄인들에게 "화목하게 하는 직분"(고후 5:16-19)을 주
셔서 화목의 복음을 전파하게 하셨다.

(3) 천하 만민에게 전파된 복음(골 1:23)

골로새 교회 성도들은 예수 그리스도가 그의 십자가의 죽음과
부활을 통해 그들이 하나님과 화목할 수 있게 해 주시고 화평을 누
릴 수 있게 해 주셨다는 복음을 받았기 때문에 이제는 "터 위에 굳
게 서서," "복음의 소망에서 흔들리지"(골 1:23) 말아야 한다. 그리
스도의 복음은 세상을 바꾸고 인간의 정체성을 바꾸는 역할을 한
다. 그래서 이 복음은 천하 만민에게 전파되어야 하고 바울은 이
복음의 일꾼이 된 것을 자랑스럽게 확인하고 있는 것이다(골
1:23). 바울은 자신을 가리켜 "복음의 일꾼"($\delta\iota\acute{\alpha}\kappa o\nu o\varsigma$)이라고 당당
하게 말한다. "디아코노스"는 원래 그 당시 헬라 사회에서는 "식탁
에서 봉사하다"(wait on tables)의 의미가 기초적인 뜻이었는데 신
약에서 "수종들다"(막 1:31)는 의미로 사용되기도 하고, 사도들의

78)   Edwin C. Dargan, "The Epistle to the Colossians," p. 20.

말씀 선포의 사역을 가리킬 때도 사용되었다(행 1:17, 25; 6:4;
20:24; 롬 11:13; 고전 3:5).[79] 바울은 이 용어를 에베소서에서 2회
(엡 3:7; 6:21), 골로새서에서 4회(골 1:7, 23, 25; 4:7) 사용한다.[80]
바울은 골로새서에서 이 용어를 사용할 때 항상 복음 선포와 연계
된 "일꾼"임을 분명히 한다. 바울이 그리스도로부터 사도로 선택받
은 이유가 바로 "내(그리스도의) 이름을 이방인과 임금들과 이스라
엘 자손들에게 전하기 위하여 택한 나의 그릇"(행 9:15, 개역개정)
이었기 때문이다. 예수 그리스도의 십자가의 구속과 부활을 통해
성취하신 화목의 복음, 구속의 복음, 생명의 복음은 모든 족속에게
전파되어야 한다(눅 24:46-48).

79)   A. Weiser, "διάκονος," *Exegetical Dictionary of the New Testament,* Vol. 1 (Grand
      Rapids: Eerdmans, 1990), pp. 302-304.

80)   한글 개역개정은 여섯 차례 모두 "일꾼"(엡 3:7; 6:21; 골 1:7, 23, 25; 4:7)으로 번역
      했다.

6. 하나님의 비밀이신 그리스도(골 1:24-29)

"나는 이제 너희를 위하여 받는 괴로움을 기뻐하고 그리스도의 남은 고난을 그의 몸된 교회를 위하여 내 육체에 채우노라. 내가 교회의 일꾼 된 것은 하나님이 너희를 위하여 내게 주신 직분을 따라 하나님의 말씀을 이루려 함이니라. 이 비밀은 만세와 만대로부터 감추어졌던 것인데 이제는 그의 성도들에게 나타났고 하나님이 그들로 하여금 이 비밀의 영광이 이방인 가운데 얼마나 풍성한지를 알게 하려 하심이라. 이 비밀은 너희 안에 계신 그리스도시니 곧 영광의 소망이니라. 우리가 그를 전파하여 각 사람을 권하고 모든 지혜로 각 사람을 가르침은 각 사람을 그리스도 안에서 완전한 자로 세우려 함이니 이를 위하여 나도 내 속에서 능력으로 역사하시는 이의 역사를 따라 힘을 다하여 수고하노라."(골 1:24-29, 개역개정)

^{24} Νῦν χαίρω ἐν τοῖς παθήμασιν ὑπὲρ ὑμῶν καὶ ἀνταναπληρῶ τὰ ὑστερήματα τῶν θλίψεων τοῦ Χριστοῦ ἐν τῇ σαρκί μου ὑπὲρ τοῦ σώματος αὐτοῦ, ὅ ἐστιν ἡ ἐκκλησία, ^{25} ἧς ἐγενόμην ἐγὼ διάκονος κατὰ τὴν οἰκονομίαν τοῦ θεοῦ τὴν δοθεῖσάν μοι εἰς ὑμᾶς πληρῶσαι τὸν λόγον τοῦ θεοῦ, ^{26} τὸ μυστήριον τὸ ἀποκεκρυμμένον ἀπὸ τῶν αἰώνων καὶ ἀπὸ τῶν γενεῶν- νῦν δὲ ἐφανερώθη τοῖς ἁγίοις αὐτοῦ, ^{27} οἷς ἠθέλησεν ὁ θεὸς γνωρίσαι τί τὸ πλοῦτος τῆς δόξης τοῦ μυστηρίου τούτου ἐν τοῖς ἔθνεσιν, ὅ ἐστιν Χριστὸς ἐν ὑμῖν, ἡ ἐλπὶς τῆς δόξης· ^{28} ὃν ἡμεῖς καταγγέλλομεν νουθετοῦντες πάντα ἄνθρωπον καὶ

δίδάσκοντες πάντα ἄνθρωπον ἐν πάσῃ σοφίᾳ, ἵνα
παραστήσωμεν πάντα ἄνθρωπον τέλειον ἐν Χριστῷ· ²⁹ εἰς ὃ
καὶ κοπιῶ ἀγωνιζόμενος κατὰ τὴν ἐνέργειαν αὐτοῦ τὴν
ἐνεργουμένην ἐν ἐμοὶ ἐν δυνάμει. (Col 1:24-29)

(1) 그리스도의 남은 고난을 채우는 일(골 1:24)

바울은 먼저 그가 받는 고난이 그리스도의 몸된 교회를 위한 것이기 때문에 기뻐한다고 밝힌다(참조, 고후 7:9; 갈 6:17; 딤전 1:12). 바울의 고난은 구속을 완성하기 위한 고난이 아니다. 세상의 어떤 성도도 구속 성취를 위한 그리스도의 고난에 참여할 수 없다. 구속 성취의 몫은 그리스도에게만 속한다. 그리스도의 고난만이 구속 성취에 효력이 있다. 그러므로 성도들은 그리스도의 십자가의 고난은 본 받을 수가 없다. 성도들은 그리스도가 성취하신 구속을 선포하는 과정에서 고난을 받을 수 있다. 바울은 본 절에서 바로 이런 의미의 고난을 말하고 있는 것이다.

바울 사도가 본문에서 "그리스도의 남은 고난을 그의 몸된 교회를 위하여 내 육체에 채우노라"(골 1:24)라고 말했는데 "그리스도의 남은 고난"을 자신의 육체에 채운다는 뜻이 무엇인가? 그리스도의 십자가 고난이 불완전하여 그 남은 부분을 자신이 채운다는 뜻인가? 이와 같은 주장은 그리스도의 구속의 완전성을 부인하는 것이다. 그리스도의 구속은 완전하다. 바울은 그리스도의 고난과 죽음이 완전하고 효과 있는 유일한 대속적 가치를 소유한 사건으로 설명한다. 본문에서 "그리스도의 남은 고난"[81]을 자신의 육체에 채운다는 뜻은 그리스도가 성취하신 완전한 구속의 복음, 생명의 복음을 땅 끝까지 전파한다는 뜻이다. 바울 사도는 복음 선포의 일이 그리스도의 남은 고난을 자신의 몸에 채우는 것이라고 말하고 있다. 이상근 박사는 본 구절을 해석하면서 "그리스도의 고난이란 그의 몸 되신 교회의 고난이며, 그러므로 바울은 교회를 위해 고난을 당한다는 것"이라는 해석을 소개하고 이 해석을 본문의 뜻으로 지지한다.[82]

(2) 교회일꾼의 사명(골 1:25)

바울은 계속해서 "내가 교회의 일꾼된 것은 하나님이 너희를 위하여 내게 주신 직분을 따라 하나님의 말씀을 이루려함이니라"(골 1:25, 개역개정)라고 말한다. 여기 "이루려 한다"는 말은 "충만하게 한다"는 뜻이다. 하나님의 말씀을 충만하게 하는 것은 말씀의 효능이 열매를 맺게 하는 것이다. 바울은 자신이 하나님의 말씀을 충만하게 하기 위해(πληρῶσαι) 하나님의 경륜을 따라 교회의 일꾼이 되

---

81) 본문에서 사용한 "고난"(θλῖψις)이란 용어는 신약성경에서 45회 사용되고, 바울서신에서 24회 사용되는데 골로새서 1:24의 "고난"만 유일하게 그리스도의 고난에 연계한 고난으로 사용되고, 나머지 모든 예는 일반적인 고난을 묘사할 때 사용하는 경우이다. 하지만 골로새서 1:24의 경우도 성도들이 그리스도의 복음전파를 위해 겪는 고난을 뜻한다. Cf. J. B. Smith, *Greek-English Concordance to the New Testament* (Scottdale: Herald Press, 1974), p. 175 (word serial number 2347).

82) 이상근,『신약성서 주해 옥중서신』(서울: 대한예수교장로회 총회 교육부, 1986), pp. 277-278.

었다고 말한다. 본문의 "하나님의 직분" 혹은 "하나님의 경륜"(οἰκονομίαν τοῦ θεοῦ)이란 말은 복음 선포와 관련되어 사용되었다. 이 말씀은 교회의 직책과 그 기능을 은유적인 방법으로 표현한 것이다.[83] 교회의 일꾼의 사명은 하나님의 말씀을 선포함으로 사람들이 구원의 반열에 참여하게 된다는 것이다. 바울은 예수 그리스도가 그를 선택한 것은 복음을 전하게 하기 위해서임을 확실하게 천명한다. 바울은 "그리스도께서 나를 보내심은 세례를 베풀게 하려 하심이 아니요, 오직 복음을 전하게 하려 하심이로되 말의 지혜로 하지 아니함은 그리스도의 십자가가 헛되지 않게 하려 함이라"(고전 1:17, 개역개정)라고 선언하고 자신의 책임의 막중함을 "내가 복음을 전할지라도 자랑할 것이 없음은 내가 부득불 할 일임이라 만일 복음을 전하지 아니하면 내게 화가 있을 것이로다"(고전 9:16)라고 천명한다. 바울은 자신이 사도로 부르심을 받은 것은 그리스도의 복음을 전파하기 위한 것임을 확신하고 있다(행 9:15).

그래서 바울은 자신이 "교회의 일꾼"이 되었음을 강조하고 있다. 본문의 "내가 교회의 일꾼"(ἐγὼ διάκονος)이라는 표현은 "내가"를 강조한 구절이며, "교회의"는 앞 절의 "교회"를 이어받아 표현한 것이다.[84] 우리는 바울이 "그리스도의 남은 고난을 그의 몸된

---

83) 오이코노미안(οἰκονομίαν)은 골 1:25은 "직분"(stewardship)으로, 고전 4:1은 "맡은 자"(stewards)로, 그리고 고전 9:17은 "사명"(stewardship)으로 각각 번역했다(영어는 ESV 참조). Cf. Horst Kuhli, "οἰκονομία, οἰκονομέω, οἰκονόμος," *Exegetical Dictionary of the New Testament*, Vol. 2 (Grand Rapids: Eerdmans, 1991), p. 499.

84) 한글 개역은 "내가 교회 일꾼 된 것은"으로, 개역개정은 "내가 교회의 일꾼 된 것은"으로, 바른 성경은 "교회의 일꾼이 되었다"로, ESV는 "of which I became a minister"로, AV는 "Whereof I am made a minister"로, NIV는 "I have become its servant"로 각각 번역했다. 모든 번역들에서는 "내가"의 강조가 헬라어 원문의 강조만큼 나타나지 않는다.

교회를 위하여 내 육체에 채우노라"(골 1:24)라고 자신의 육체적
고난이 교회를 위한 것임을 확실히 하고 있음을 주목하여야 한다.
바울이 언급한 "그리스도의 남은 고난"은 구속 성취를 위해 남은
고난이 아니요, 복음 전파를 통해 교회를 설립하고 그 교회를 튼실
하게 성장시키는데 필요한 고난인 것이다.

　　바울은 자신이 "교회의 일꾼"이 되는 직분을 받은 것은 하나님
의 말씀을 성취하는 것이라고 설명한다(골 1:25). 교회의 일꾼은 하
나님의 말씀을 이루는 사람이라는 뜻이다. 이 말씀처럼 루터, 칼
빈, 낙스(Knox)와 같은 많은 종교개혁자들은 말씀선포를 중요하게
생각했다. 중세 때에는 말씀선포보다는 성례(sacrament)가 예배의
중심적 위치를 차지했다. 그래서 성찬상이 예배당의 중심위치를
차지했고, 강대상이 옆으로 밀려나게 되었다. 인류역사의 흐름에
따라 때때로 이런 현상이 벌어지곤 한다. 오늘날도 자유주의가 팽
창해 가면서 말씀의 중요성이 희석되어져서 목사들은 주변적인 것
에만 신경을 쓰는 세태가 되었다. 자유주의적인 교회는 하나님의
말씀의 규범성을 인정하지 않기 때문에 그럴 만도 하지만, 보수주
의적인 교회에서까지도 말씀선포보다는 테크닉으로 목회를 하려는
경향이 많아지고 있다. "꿩 잡는 것이 매"라는 생각으로 교회의 숫
자만 증가하면 무슨 방법도 가리지 않고 쓰려하고 있다. 그러나 하
나님께서 교회의 유익을 위해 중요하게 생각하는 것은 말씀선포를
통해 교회를 양육하는 것이다. 그래서 바울은 믿음의 아들 디모데
에게 "너는 말씀을 전파하라 때를 얻든지 못 얻든지 항상 힘쓰
라"(딤후 4:2)라고 권면하고 있다.

　　루카스(Lucas)는 이 구절을 해석하면서 바울이 골로새 교회와

우리들에게 교회 내의 진정한 영적인 지도자는 "하나님의 말씀을" 전파 하느냐 전파하지 않느냐에 따라 그 자격이 규정된다고 설명 하고, "이 위대한 구절의 영원한 가치는 이 구절이 모든 세대에 존 재하는 교회를 위해 바로 그와 같은 기준을 마련해 주었다는 것이 다."[85]라고 강조한다. 교회의 영적 지도자는 말씀 선포를 가장 우 선순위에 놓고 교회를 섬겨야 한다. 우리는 초대교회 당시 일곱 집 사를 택할 때 사도들이 "우리는 오로지 기도하는 일과 말씀 사역에 힘쓰리라"(행 6:4)라고 다짐한 사실을 주목하여야 한다.

(3) 성도에게 나타난 비밀(골 1:26-27)

바울은 그가 전파해야할 위임받은 메시지를 여러 가지 표현으 로 설명한다. 바울은 "하나님의 진리"(롬 1:25), "신비의 계시"(롬 16:26), "하나님의 비밀"(고전 4:1), "그리스도의 복음"(갈 1:7), "이 전에는 감추어졌지만 지금은 계시된 비밀"(골 1:26)등의 표현을 쓰 고, "이 비밀은 너희 안에 계신 그리스도"(골 1:27)라고 분명히 밝 힌다. 바울은 이미 골로새서 1:15-20까지에서 그리스도가 어떤 분인지를 설명했다. 예수 그리스도는 "하나님의 형상이시요 모든 피조물보다 먼저 나신 이"(골 1:15)이시다. 예수님은 피조물이 아 니요 창조주이시다(골 1:16-17). 그리고 예수님은 교회의 머리이시 며 죽은 자들 가운데서 먼저 나신 자이시다(골 1:18). 바로 그리스 도가 감추어졌다가 나타내신 바 된 비밀이다.

---

85)　R. C. Lucas, *The Message of Colossians and Philemon*, p. 67.

비밀(τὸ μυστήριον)이란 용어는 신약에서 27회 사용되었고 그
중에 바울서신에서 20회나 사용되었다(롬 2회; 고전 5회; 엡 6회, 골
4회, 살후 1회; 딤전 2회; 총 20회). 비밀은 이전에는 감추어져 있었
던 신적인 진리이지만 이제는 초자연적으로 사람들에게 나타난 신
적인 진리이다. 비밀은 더 이상 감추어진 비밀이 아니요, 그리스도
안에서 공표된 진리요 사람들에게 알려진 진리이다. 바울은 이 비
밀이 예수 그리스도라고 설명한다(골 1:27). 그리스도는 구약예언
의 성취요 신구약의 중심이시다. 그리스도는 이스라엘에게 약속하
신 것을 성취하시기 위해 성육신하셨지만 또한 모든 족속으로부터
그의 백성을 불러내시기 위해 오셨다. 이 비밀은 그리스도의 성육
신과 수난의 생애, 그리고 죽음과 부활을 포함한다. 성경의 중심
주제가 그리스도께서 십자가에 못 박히시고, 사흘 만에 부활하셨
으며 또 하나님의 정하신 때에 다시 오신다는 진리이다. 바울 사도
가 언급하는 비밀은 일반 대중에게는 알려지지 않고 소수의 몇 사
람에게만 나타난 비밀이 아니요, 만세와 만대에 걸쳐 역사적으로
실현되지 않은 비밀로 이제는 모든 성도들에게와 전체 교회에 알
려진 그리스도 자신이시다(딤전 3:16).[86] 좀 더 확대하여 설명하면
비밀은 이전에는 감추어져 있었으나 종말의 때에 하나님이 그리스
도의 십자가상의 죽음을 통해 인간의 죄 문제를 해결하시고, 그리
스도의 부활을 통해 영생의 문제와 신천 신지를 유업으로 주시기
위해 계획하시고 실현시키신 전모를 뜻한다고 말할 수 있다.

칼빈(Calvin)은 복음의 비밀을 하나님이 어떻게 공표하셨는지를
세 가지 이유로 설명한다. "첫째 이유는 예수님의 초림 전에는 하

---

86) William Hendriksen, *Exposition of Colossians and Philemon,* pp. 88-89.

나님께서 말씀과 의식의 어두운 덮개를 사용하여 그의 교회를 다
스렸지만 그는 갑자기 복음의 교훈으로 밝게 나타내 보여 주셨다.
둘째 이유는 이전에는 외형적인 모습으로만 보였던 반면 그리스도
가 나타나심으로 감추어진 온전한 진리를 그리스도와 함께 가져오
셨다. 셋째 이유는 지금까지 하나님으로부터 소원하게 된 전체 세
계가 구원의 소망으로 부름을 받았고 영생의 유업이 모든 사람들
에게 제공되었다. 이 일들에 대한 세심한 고려는 바울이 선포한 이
비밀을 비록 세상은 경멸하고 조롱할지라도 우리로 하여금 경외하
고 찬양하도록 만든다."[87]라고 정리한다.

(4) 그리스도 안에서 완전한 성도(골 1:28-29)

바울은 자신의 말씀 선포 사역의 목표는 "각 사람을 그리스도
안에서 완전한 자"(골 1:28)로 세우는 것이라고 분명히 한다. 그리
고 바울은 자신의 사역의 목표를 달성하기 위해 어떻게 했는지 몇
가지 방법을 제시한다.

첫째, 바울은 "우리가 그를 전파하여"(골 1:28)라고 표현한다.
여기 사용된 용어는 "전파하여"($\kappa\alpha\tau\alpha\gamma\gamma\epsilon\lambda\lambda\omega\mu\epsilon\nu$)이다. 이는 현재시
상으로 계속적으로 전파한다는 의미가 있으며 또 공개적인 선포를
뜻한다. 이 말씀은 왕의 메시지를 왕의 신하가 공개적으로 선포하
는 것과 같다. 예수 그리스도는 왕이요, 바울은 예수님의 신하요

---

87) John Calvin, *The Epistles of Paul the Apostle to the Galatians, Ephesians, Philippians and Colossians*, p. 321.

대사인 것이다. 바울은 디모데에게 "너는 말씀을 전파하라 때를 얻든지 못 얻든지 항상 힘쓰라"(딤후 4:2, 개역개정)라고 권면한다. 바울은 공개적으로 계속해서 그리스도를 선포했다. 기독교의 복음은 떳떳한 복음이다. 기독교의 복음은 중심인물 몇몇 사람들만 알고 있는 비밀이 아니요, 이전에는 감추어졌었지만 이제는 모든 사람에게 공개된 구속의 복음, 생명의 복음을 가리킨다.

둘째, 바울은 "각 사람을 권하고"(골 1:28)라고 표현한다. "권하다"라는 말은 "권면하다" "권고하다"는 뜻을 가지고 있다. 아담스 (Jay Adams)는 바울이 사용한 이 용어(νουθετοῦντες)를 근거로 "권면적 상담"(nouthetic counselling)이란 상담 방법론을 만들어 냈다.[88] 그 뜻은 성경의 내용을 근거로 삼고 권면하고 가르친다는 의미를 포함하고 있다. 바울은 성도들이 하나님의 말씀의 기준에 따라 변화할 수 있도록 성도들을 권면하고 가르쳤다. 그렇게 하기 위해서는 목사가 먼저 말씀에 순종하고 말씀대로 살려고 노력해야 한다.

말씀선포는 고통 받는 사람을 위로하고 안일한 사람을 자극하는 것이다. 성경적 말씀선포는 항상 변화를 촉구한다. 우리는 죄인들이다. 복음은 죄로부터의 회개와 그리스도 안에서의 믿음을 요구한다. 예수 그리스도와 함께 행하는 것은 그리스도 안에서 성장하는 것이며 그리스도를 모방하기 위해 변화의 삶을 사는 것이다. 주님께서는 말씀선포의 방법으로 그의 백성을 변화시키고 성장시키셨다. 말씀 선포자는 사람의 마음과 생각을 그리스도의 요청과

---

88)   Jay E. Adams, *Competent to Counsel* (Philadelphia: Presbyterian and Reformed Publishing Co., 1973), pp. 78-104.

하나님의 말씀의 기준에 부딪히게 하는 것이다. 그래서 말씀 선포자는 하나님의 성령으로 하여금 성도들을 책망하고 동기를 부여하여 성도들이 성경의 기준에 알맞게 변화하도록 도와야 한다. 하나님은 성도들이 말씀의 순종을 통해 그의 아들 예수 그리스도를 닮게 되기를 원하신다.

셋째, 바울은 "각 사람을 가르침은"(골 1:28)이라고 표현한다. 바울은 기회 있는 대로 하나님의 계시의 말씀을 가르쳤다. 에베소서 4:11의 은사 목록 가운데 "목사와 교사"가 나오는데 이는 목사는 가르칠 수 있어야 한다는 뜻을 포함하고 있다. 예수님은 최고의 선생이셨다. 예수님은 어려운 교훈을 쉽게 가르치셨다. 예수님은 비유와 실물 교육을 통해 하나님의 진리를 생동감 있게 가르치셨다.

바울 사도가 본문에서 "각 사람을 그리스도 안에서 완전한 자로"라고 말할 때 "완전"이란 용어는 텔레이온($\tau \acute{\epsilon} \lambda \epsilon \iota o \nu$)이다. 이 뜻은 "완전한," "성숙한"의 의미를 가지고 있다. 말씀선포의 목적은 성도들을 그리스도 안에서 "성숙한 신앙인"으로 키우는 것이다. 하나님께서 교회에 목사와 교사를 세우신 이유는 "성도를 온전하게 하여 봉사의 일을 하게 하며 그리스도의 몸을 세우려 하심이다"(엡 4:12).

바울은 교회의 일꾼의 역할을 충실히 감당하기 위해 자신은 "힘을 다하여 수고 하노라"(골 1:29)라고 고백한다. 바울이 여기서 "수고 한다"($\varkappa o \pi \iota \tilde{\omega}$)라는 용어를 사용한 것은 예수 그리스도를 전파하는 그의 노력을 마치 운동선수가 맹렬하게 훈련 받는 것에 비추어 은유적으로 사용한 것이다. "바울은 '수고'($\varkappa \acute{o} \pi o \varsigma$)라는 단어를 사용하여 그리스도를 위한 자신의 사역이 가혹하고 기진맥진하게 만드는 짐이었음을 보여주고 있다. 그러나 '수고'는 그의 자랑이요 기쁨이기도 하다(고후 11:23; 고전 15:10).[89] "수고"는 선교사들의 복음 전도 사역을 묘사할 때도 사용되는 용어이다(고전 3:8; 고후 10:15; 살전 3:5). 하나님은 사람을 사용하여 복음을 전파하신다. 하지만 하나님의 말씀 선포는 성령의 도움이 없이는 불가능한 일이다. 그래서 바울은 "내 속에서 능력으로 역사하시는 이의 역사를 따라"(골 1:29, 개역개정)라고 고백하고 있다. 바울은 성도들이 완숙한 신앙인이 되도록 하기 위해 있는 힘을 다 쏟아 붓고 있는 것이다. 말씀 선포를 위해 준비하는 것은 중노동이나 다름없다. 올바른 말씀선포는 하나님의 말씀을 깊이 있게 연구하여 말씀의 전모를 선포하는 것이다. 하나님의 말씀 선포자는 하나님의 전체의 뜻(the whole counsel of God)을 선포해야 한다.

---

89) Friedrich Hauck, "κόπος," *Theological Dictionary of the New Testament*, Vol. III (Grand Rapids: Eerdmans, 1972), p. 829.

골로새서 2장
주해

1. 그리스도 안에 감추어진 보화(골 2:1-5)

"내가 너희와 라오디게아에 있는 자들과 무릇 내 육신의 얼굴
을 보지 못한 자들을 위하여 얼마나 힘쓰는지를 너희가 알기를 원
하노니 이는 그들로 마음에 위안을 받고 사랑 안에서 연합하여 확
실한 이해의 모든 풍성함과 하나님의 비밀인 그리스도를 깨닫게
하려 함이니 그 안에는 지혜와 지식의 모든 보화가 감추어져 있느
니라. 내가 이것을 말함은 아무도 교묘한 말로 너희를 속이지 못하
게 하려 함이니 이는 내가 육신으로는 떠나 있으나 심령으로는 너
희와 함께 있어 너희가 질서 있게 행함과 그리스도를 믿는 너희 믿
음이 굳건한 것을 기쁘게 봄이라."(골 2:1-5, 개역개정)

¹ Θέλω γὰρ ὑμᾶς εἰδέναι ἡλίκον ἀγῶνα ἔχω ὑπὲρ ὑμῶν
καὶ τῶν ἐν Λαοδικείᾳ καὶ ὅσοι οὐχ ἑόρακαν τὸ πρόσωπόν μου
ἐν σαρκί, ² ἵνα παρακληθῶσιν αἱ καρδίαι αὐτῶν
συμβιβασθέντες ἐν ἀγάπῃ καὶ εἰς πᾶν πλοῦτος τῆς
πληροφορίας τῆς συνέσεως, εἰς ἐπίγνωσιν τοῦ μυστηρίου τοῦ
θεοῦ, Χριστοῦ, ³ ἐν ᾧ εἰσιν πάντες οἱ θησαυροὶ τῆς σοφίας καὶ
γνώσεως ἀπόκρυφοι. ⁴ Τοῦτο λέγω, ἵνα μηδεὶς ὑμᾶς
παραλογίζηται ἐν πιθανολογίᾳ. ⁵ εἰ γὰρ καὶ τῇ σαρκὶ ἄπειμι,

ἀλλὰ τῷ πνεύματι σὺν ὑμῖν εἰμι, χαίρων καὶ βλέπων ὑμῶν
τὴν τάξιν καὶ τὸ στερέωμα τῆς εἰς Χριστὸν πίστεως ὑμῶν.
(Col 2:1-5)

(1) 골로새 교회 성도들이 알아야 할 것(골 2:1)

바울은 본 구절에서 골로새 교회와 라오디게아 교회에 대해 자신이 특별한 관심을 가지고 있는 것을 전하기 원하고(골 2:1), 거짓교사들에 대한 경고와 함께 바른 답을 제시하고(골 2:2-4), 그리고 골로새 교회가 믿음에 굳게 서 있음을 알고 기뻐하고 있음을 전하기 원한다(골 2:5).

골로새서 2:1은 바울 자신이 골로새 교회를 설립하지 않은 사실을 증거 한다. 바울은 "무릇 내 육신의 얼굴을 보지 못한 자들을 위하여"라고 말하고 있다. 골로새 교회는 바울이 개척하지 않았고 에바브라가 개척한 것으로 추정된다(골 1:7). 바울이 골로새서 2:1에서 라오디게아(Laodicea)를 언급한 것은 라오디게아 지역의 성도들도 골로새 교회가 처한 것과 같은 위험에 빠져있기 때문이다. 바울은 골로새 교회는 물론 라오디게아 교회도 개척하지 않았다.

바울은 자주 쓰는 표현인 "얼마나 힘쓰는지를[90] 너희가 알기를 원하노니"(골 2:1; 참조, 고전 11:3; 빌 1:12)라고 말함으로 자신이 골

---

90) 바울은 여기서 ἀγῶνα(struggle, agony)를 사용함으로 골로새 교회에 대한 그의 관심과 고뇌와 애정의 마음을 밝히고 있다. 영어의 "고통, 고뇌"를 뜻하는 agony가 헬라어에 그 뿌리를 두고 있다.

로새 교회가 처한 위험에 대해 얼마나 진지한 관심을 가지고 있는 지를 알리고 또 그 해결책을 제시할 것임을 함축하고 있다. 바울은 골로새 교회가 잘못된 교리의 위험에서 벗어날 수 있도록 골로새 교회를 위해 많은 노력과 고통을 감내해야 했다.[91]

(2) 모든 보화의 보고인 그리스도(골 2:2-4)

바울은 하나님의 비밀이 그리스도임을 이미 밝힌 바 있다(골 1:26-27). 그런데 바울이 골로새 교회를 향해 경고하는 것은 거짓 교사들의 교묘한 유혹에 관한 것이다. 거짓 교사들은 감언이설로 골로새 교회 성도들을 혼란에 빠뜨리고 있다.[92] 바울은 거짓 교사들의 유혹을 물리칠 수 있는 방법은 "하나님의 비밀인 그리스도를 깨닫는 것"(골 2:2)이라고 가르친다. 하나님의 비밀은 오랫동안 감추어진 하나님의 계획이 그리스도 안에서 드러난 것이다. 곧 하나님의 비밀은 바로 그리스도 자신이시다. "하나님의 비밀"이 그리스도 자신이라는 동등성은 하나님이 그리스도 안에서 알려지는 방법

---

91) G. Dautzenberg, "ἀγών, ἀγωνίζομαι," *Exegetical Dictionary of the New Testament*, Vol. 1 (Grand Rapids: Eerdmans, 1990), p. 26.: "In Colossians ἀγωνίζομαι in conjunction with κοπιάω(1:29; cf. Phil. 2:16) is intended to characterize the labor, effort, and sufferings (cf. 1:24) of the apostle which he takes upon himself for the sake of the proclamation of Christ and the winning of all humanity for Christ (1:28)."

92) 루카스(Lycas)는 골로새 교회의 거짓 교사들이 설득의 귀재들이었다고 설명한다. Cf. R. C. Lucas, *The Message of Colossians and Philemon,* p. 83.: "It is not so much what they say as how they say it that reveals them to Paul. For what is noticeable about them is that they are skilled in the arts of persuasion."

이외의 다른 방법으로는 바로 알려질 수 없다는 의미이다.[93] 바울
은 하나님과 그리스도를 소유격으로 표현하여 "비밀"(mystery)에
연결시킴으로 하나님의 비밀이 곧 그리스도를 통해 나타났음을 가
르치고 있는 것이다. 하나님은 그리스도를 통해 인간의 죄로 왜곡
된 세상의 질서를 회복하시기 원하신다. 그래서 그리스도는 "죄 있
는 육신의 모양"으로 오셔야 했고(롬 8:3), 십자가의 죽음을 감당하
셔야 했고(엡 1:7; 빌 2:8), 사흘 만에 부활하사 구속을 완성하셨다
(엡 2:4-6; 골 1:18). 바울은 거짓 선생들이 교묘한 말로 성도들을
속이지 못하게 하기 위하여 하나님의 지혜와 지식의 모든 보화가
그리스도 안에 감추어져 있음을 분명하게 천명한다(골 2:3-4). 성
도들은 그리스도를 통해서만 자신의 죄가 얼마나 심각한 죄인지를
깨닫게 되며, 그리스도를 통해서만 구원받은 자가 어떻게 살아야
하는지를 알 수 있게 되며, 그리스도를 통해서만 왜 그리스도의 부
활이 필요함을 알 수 있고, 그리스도를 통해서만 하나님이 계획하
신 대로 성도들에게 부활체를 입히셔서 영원히 죄 없는 세상에서
성도들의 찬송을 받으시는 것이 하나님의 궁극적 계획인지를 알
수 있다. 그리스도는 성도들이 반드시 깨달아야 할 하나님의 비밀
이다.

---

93) Calvin, *The Epistles of Paul the Apostle to the Galatians, Ephesians, Philippians and
    Colossians*, p. 325.: "εἰς ἐπίγνωσιν τοῦ μυστηρίου τοῦ θεοῦ, Χριστοῦ"(골 2:2)라고 표현
    한 바울의 의도에 주목할 필요가 있다.

(3) 바울의 신실한 사역(골 2:5)

바울 사도는 이 편지를 쓰고 있을 때 로마의 감옥에 갇혀 있었다. 그러므로 바울은 "내가 육신으로는 떠나 있으나 심령으로는 너희와 함께 있어"(골 2:5)라고 말하고 있다. 바울이 "심령으로" 골로새 교회 성도들과 함께 있다고 표현한 것은 비록 육체는 떨어져 있으나 그의 마음은 항상 골로새 교회 성도들과 함께 있음을 표현하고 있는 것이다. 비록 몸은 떨어져 있지만 바울은 골로새 교회에 대해 관심을 가지고 있었기 때문에 골로새 교회가 어떤 신앙생활을 하고 있는지 잘 알고 있었다. 골로새 교회 성도들의 삶의 모습은 바울에게 기쁨을 가져다주는 통로이다. 골로새 교회 성도들은 질서 있게 행하고 그리스도를 믿는 믿음이 굳건한 상태에 있었다. 한 마디로 표현하면 골로새 교회 성도들은 믿음과 행위가 바른 궤도 위에 있었고 바로 이런 사실이 바울을 기쁘게 만든 것이다. 그래서 바울은 "기뻐하면서"(χαίρων)와 "바라보면서"(βλέπων)를 "그리고"(καὶ)로 연결하여 자신의 마음 상태를 묘사하고 있다. 바울은 골로새 교회가 올바른 질서를 지키면서 그리스도 안에 있는 믿음을 굳건하게 유지하고 있는 것을 기쁨으로 바라보고 있는 것이다. 본 절의 "올바른 질서"는 사랑(love)으로 행하는 질서를 뜻하고, "그리스도 안에서의 굳건한 믿음"은 어떤 도전이나 공격도 튼튼한 방벽으로 잘 보호받고 있다는 것을 뜻한다.[94] 바울은 골로새 교회 성도들을 생각하면서 마음속에 기쁨이 충만하다는 사실을 골로새

---

94)   John A. Bengel, *Bengel's New Testament Commentary* (*Gnomon of New Testament*), Vol. 2 (Grand Rapids: Kregel Publications, 1981), p. 459.

교회 성도들에게 전하기 원한 것이다. 바울은 골로새 교회 성도들의 상태를 칭찬함으로 골로새 교회 성도들에게 그들이 이미 소유한 복을 잃지 말라고 권면하고 있다.

2. 그리스도 안에서의 삶(골 2:6-10)

"그러므로 너희가 그리스도 예수를 주로 받았으니 그 안에서 행하되 그 안에 뿌리를 박으며 세움을 받아 교훈을 받은 대로 믿음에 굳게 서서 감사함을 넘치게 하라 누가 철학과 헛된 속임수로 너희를 사로잡을까 주의하라 이것은 사람의 전통과 세상의 초등학문을 따름이요 그리스도를 따름이 아니니라 그 안에는 신성의 모든 충만이 육체로 거하시고 너희도 그 안에서 충만하여졌으니 그는 모든 통치자와 권세의 머리시라."(골 2:6-10, 개역개정)

⁶ Ὡς οὖν παρελάβετε τὸν Χριστὸν Ἰησοῦν τὸν κύριον, ἐν αὐτῷ περιπατεῖτε, ⁷ ἐρριζωμένοι καὶ ἐποικοδομούμενοι ἐν αὐτῷ καὶ βεβαιούμενοι τῇ πίστει καθὼς ἐδιδάχθητε, περισσεύοντες ἐν εὐχαριστίᾳ. ⁸ Βλέπετε μή τις ὑμᾶς ἔσται ὁ συλαγωγῶν διὰ τῆς φιλοσοφίας καὶ κενῆς ἀπάτης κατὰ τὴν παράδοσιν τῶν ἀνθρώπων, κατὰ τὰ στοιχεῖα τοῦ κόσμου καὶ οὐ κατὰ Χριστόν· ⁹ ὅτι ἐν αὐτῷ κατοικεῖ πᾶν τὸ πλήρωμα τῆς θεότητος σωματικῶς, ¹⁰ καὶ ἐστὲ ἐν αὐτῷ πεπληρωμένοι, ὅς

$$ἐστιν\ ἡ\ κεφαλὴ\ πάσης\ ἀρχῆς\ καὶ\ ἐξουσίας. (Col.\ 2:6-10)$$

(1) 예수를 주로 모신 삶(골 2:6)

바울은 계속해서 골로새 교회 내의 거짓 교사들의 교훈을 경고하면서 바른 믿음의 길을 안내한다. 바울은 예수를 주로 받은 골로새 교회 성도들은 그리스도를 떠나서 다른 길을 갈 수가 없다고 말한다. 사람이 예수를 주로 믿는 즉시 믿는 자에게는 예수 그리스도와 연합되어 떼려야 뗄 수 없는 관계가 형성된다. 성도는 예수님이 십자가의 죽음과 부활을 통해 성취하신 모든 축복과 그가 구주로서 성취하신 모든 축복을 함께 누릴 수 있게 되는 것이다. 성도가 누리는 복은 미래에 성취될 것이 아니요 믿는 즉시 누리기 시작한 것이다. 그래서 성도는 믿는 즉시 "하나님의 자녀"(요 1:12)로, 하늘의 시민권을 소유한 자(빌 3:20)로, 하나님의 씨를 마음속에 소유한 자(요일 3:9)로 이 땅 위에서 살면서 하나님의 대사 역할을 하는 사람들이다(고후 5:20). 요한 사도가 "사랑하는 자들아 우리가 지금은 하나님의 자녀라 장래에 어떻게 될지는 아직 나타나지 아니하였으나 그가 나타나시면 우리가 그와 같을 줄을 아는 것은 그의 참모습 그대로 볼 것이기 때문이니"(요일 3:2, 개역개정)라고 말한 이유가 바로 여기에 있었다. 성도는 지금 예수 그리스도가 이루신 모든 축복을 누리는 사람이요, 예수님이 재림하실 때 성도들의 복된 상태가 볼 수 있게 극명하게 드러날 것이다(골 3:4 참조). 그래서 바울은 골로새 교회 성도들에게 "그 안에서 행하되 그 안에 뿌리를 박으며 세움을 받아 교훈을 받은 대로 믿음에 굳게 서서 감사함을 넘치게 하라"(골 2:6-7)라고 가르치고 있다.

(2) 그리스도의 교훈이 가르친 삶(골 2:7-8)

바울은 믿음에 굳게 서서 감사하는 삶을 사는 것이 그리스도의 교훈이라고 가르친다. 바울은 이제 왜 성도들이 복음의 순수한 교훈을 따라 그리스도 안에 머물러 있어야 하는지에 대한 이유를 설명한다(골 2:7). 골로새 교회 성도들은 지금 위험에 노출되어 있다. 거짓 교사들 곧 강탈자들은 골로새 교회 성도들을 그리스도 밖으로 유인하려고 호시탐탐 기회를 엿보고 노리고 있다. 거짓 교사들은 "철학과 헛된 속임수"(골 2:8)로 골로새 교회 성도들을 그들의 포로로 만들 것이다. 바울은 여기서 철학 자체를 정죄한 것이 아니다. 바울이 여기서 정죄하고 있는 철학은 거짓 지혜를 사용하여 사람들의 마음을 현혹하는 감언이설을 지칭한다. 여기서 언급하고 있는 철학은 거짓 교사들이 성경의 교훈이라고 말하면서 자신의 생각을 혼합시키거나 첨가하여 순수한 하나님의 말씀을 왜곡시키는 것을 뜻한다.[95] 바울은 두 가지 이유로 거짓 교사들의 잘못을 지적한다.

---

95) F. F. Bruce, *The Epistles to the Colossians, to Philemon, and to the Ephesians* (NICNT), p. 98.: "Their teaching was rather a blend of the highest elements of religion known to Judaism and paganism; it was, in fact, a philosophy. Paul does not condemn philosophy as such, but a philosophy of this kind--one which seduces believers from the simplicity of their faith in Christ."

첫째로 거짓 교사들의 잘못은 사람의 전통과 세상의 초등학문을 따르는 것이다(골 2:8). "사람의 전통"은 인간이 기발한 방법으로 만들어 사용한 관행으로 이것이 마치 성경의 교훈과 합치하는 것처럼 후대에 전해지는 것이다. 바울은 여기서 "전통" 자체를 부인하는 것은 아니다. 기독교 안에 "전통"을 바르게 사용한 예는 얼마든지 있다. 바울 사도는 예수 그리스도의 역사적 부활에 관한 초대교회의 전통을 인정하여 "내가 받은 것을 먼저 너희에게 전하였노니"(고전 15:3)라고 말한다. 하지만 거짓 교사들은 진실되고 살아있는 종교를 순전히 인간적인 차원에서 일련의 사상이나 규칙으로 변형시켜 전하고 있는 것이다.[96] 그러나 "사람의 전통"은 성경의 교훈과는 일치하지 않는 것이다. 그리고 "세상의 초등학문"은 할례(circumcision)와 같은 의식을 뜻하는데 이는 완전한 교리를 이해하지도 못하고 결국 교회의 믿음을 파괴하는 역할을 한다. 구약의 할례 의식은 예수 그리스도께서 이미 성취한 의식이다. 우리는 예수님이 율법아래 태어나셔서(갈 4:4) 율법의 요구인 할례도 받으셨지만(눅 2:21) 모든 의를 이루기 위해 세례 요한으로부터 세례도 받으신 사실(마 3:11-17)을 주목하여야 한다.

우리는 여기서 예수님의 구속 성취로 구약의 필수적인 의식(rite)들이 신약시대에는 더 이상 지켜지지 않음을 주목해야 한다. 하나님은 하나님의 백성인 이스라엘을 애굽 백성들로부터 구별하여 그의 백성을 보존하고 구원하기 위해 유월절(passover)을 지키도록 명령하신다(출 12:1-14). 이스라엘 백성은 유월절을 지키기

---

96) N. T. Wright, *Colossians and Philemon* (*Tyndale New Testament Commentaries*) (Grand Rapids: Eerdmans, 1986), p. 101.

위해 어린양의 피를 사용해야 했다. 어린양의 피를 문설주에 바른 이스라엘 백성의 집은 죽음의 사자가 건너 뛰어 넘어갔기 때문에 그 집 안의 사람들에게 생명이 보존될 수 있었다(출 12:1-28). 예수님은 어린양으로서 십자가에서 피를 흘려 구약의 유월절을 성취하시고 신약교회를 위해 성만찬을 제정해 주셨다(눅 22:14-23). 예수님은 구약의 유월절을 지키시면서 신약의 성만찬을 제정해 주신다. 따라서 구약의 유월절은 신약의 성만찬으로 대치된 것이다. 성만찬에 참여한 사람은 예수님의 십자가의 피로 죄 문제를 해결 받고 새로운 생명을 소유할 수 있게 된 것이다.

마찬가지로 구약의 할례는 하나님께서 그의 백성과 맺은 언약의 증표이다. 할례를 받은 자만이 하나님의 백성이라 할 수 있다(창 17:9-14). 따라서 이방인이 하나님의 백성으로 허입되는 외적인 표증이 바로 할례이다. 따라서 할례를 받았느냐 혹은 받지 않았느냐에 따라 하나님의 백성이냐 백성이 아니냐가 결정되는 것이다. 그런데 구약의 할례제도는 예수님의 생애와 사역을 통해 세례제도로 대치된 것이다. 신약교회 성도들은 더 이상 할례를 받을 필요가 없다(행 15:1-21). 신약교회에서는 예수님이 주님이시라는 신앙고백을 한 후 물세례를 받아야만 교회의 일원이 될 수 있다. 즉, 물세례를 받은 사람만이 보이는 교회의 회원이 될 수 있으며 따라서 하나님의 백성이라고 할 수 있다. 그러므로 신약교회에서는 세례를 받은 교회의 회원만이 성만찬에 참여할 수 있는 것이다. 예수님이 구약의 의식대로 할례도 받으셨지만 또한 세례도 받으신 이유가 바로 구속역사의 진행상 신약교회의 시대에 어떤 의식이 지켜져야 할 것을 예수님이 친히 정해주신 것이다.

둘째로 거짓 교사들은 그리스도를 따르지 아니한 것이다(골 2:8). 바울은 "사람의 전통을 따라," "세상의 초등학문을 따라"(κατὰ + 대격)와 "그리스도를 따름이 아니니라"(οὐ κατὰ + 대격)를 대칭적으로 사용하여 거짓 교사들은 그리스도를 추종하고 있지 않음을 분명히 한다. 거짓 교사들의 치명적인 약점은 그들이 가르치는 교훈을 잘 포장하여 그럴듯하게 보이게 하지만 사실상 그들의 교훈은 그리스도와는 거리가 먼 교훈인 것이다. 그들이 보통 날에 특별한 의미를 부여하고 천사를 숭배해야 한다고 주장하는 것은 그리스도에게서 발견되는 부족한 것을 보완하기 위한 것이라고 말한다(골 2:16-18 참조).

(3) 모든 신성이 충만한 삶(골 2:9-10)

바울은 그리스도는 완전하기 때문에 어느 것도 부족하지 않고 그리스도 안에 "신성의 모든 충만이 육체로 거하시고"(골 2:9)라고 설명하고 있다. "신성의 모든 충만"이란 표현은 바로 그리스도 자신이 하나님이란 뜻이다.[97] 거짓 교사들은 그리스도 안에 결핍이 있다고 주장하지만 "그리스도 안에는 아무것도 첨가될 수 없는 완전함이 있다. 그래서 사람이 스스로 첨가하는 모든 것은 그리스도

---

97) 바울은 골 2:9에서 "신성의 모든 충만"의 "신성"을 묘사하면서 ἡ θειότης (divine nature, godlikeness)를 사용하지 않고 τῆς θεότητος; θεότης (divine essence, Godhead, deity)를 사용한다. 이는 그리스도 안에 신적인 특성만 있다는 뜻이 아니요, 하나님의 본질이 그리스도 안에 있다는 뜻이다. Cf. G. Schneider, "θεότης," *Exegetical Dictionary of the New Testament*, Vol. 2 (Grand Rapids: Eerdmans, 1991), p. 143.: "θεότης means (in contrast to θειότης, 'divinity, divine quality') 'deity, the rank of God'."

의 성품을 공격하는 것이다. 왜냐하면 그것은 그리스도를 불완전
하다고 비난하는 것이기 때문이다."[98] 바울이 "신성의 모든 충만이
육체로 거하시고"(골 2:9)라고 말한 표현은 "아버지께서는 모든 충
만으로 예수 안에 거하게 하시고"(골 1:19)와 연계하여 이해하여야
한다. 바울은 골로새서 1:19에서 "거하게 하시고"를 과거시상
(κατοικῆσαι)으로 사용하고, 골로새서 2:9에서는 "거하시고"를 현
재시상(κατοικεῖ)으로 사용한다. 이는 과거에 몸의 형체를 입으시고
성육신하신 예수님이 부활하신 이후에도 확실한 실재(reality)이신
부활체로 계속 거하고 계신다는 뜻이다. 예수님은 언제나 "신성의
모든 충만"을 소유하신 분이다. "신성의 모든 충만이 육체로 거하
시고"의 뜻은 그리스도 안에 신성의 모든 충만이 상징적으로 존재
한다는 뜻이 아니요 실제로 존재한다는 뜻이다. 왜냐하면 그리스
도는 완전한 하나님이시면서 완전한 사람이시기 때문이다.[99] 성육
신하신 예수님은 "신성의 모든 충만"을 소유하신 온전한 하나님이
시다. "신성의 모든 충만"이 예수님 안에 있다는 말은 "하나님 되심
의 모든 것"이 예수님 안에 있다는 뜻이다.[100] 하나님은 예수님을

98) John Calvin, *The Epistles of Paul the Apostle to the Galatians, Ephesians, Philippians and Colossians*, p. 330.

99) Matthew Henry, *Matthew Henry's Commentary on the Whole Bible*, Vol. VI (Acts to Revelation), p. 758.

100) 바울이 사용한 "신성"(θεότης)이란 용어는 신약성경 골 2:9에서 한 번만 나타나는 용어이다. 한글 번역은 "신성"(神性)과 "신성"(神聖)으로 이해될 수 있다. "신성"(神性)은 "신의 본질 혹은 신의 성품"으로 이해할 수 있고, "신성"(神聖)은 "신과 같이 성스러움"으로 이해할 수 있다. 골 2:9의 "신성"은 "신성"(神性)으로 이해하는 것이 더 바르다. 영어로는 divinity보다는 Deity로 번역하는 것이 헬라어 원문의 뜻을 더 잘 반영하는 것이다. 참고로 KJV과 NKJV는 Godhead로 번역했고, NIV, ESV, NRSV는 Deity로 번역했음을 주목할 필요가 있다.

통해 그 자신을 인간에게 나타내 보여주신 것이다. 헨드릭센 (Hendriksen)은 "그 안에는 신성의 모든 충만이 육체로 거하시고"(골 2:9)의 구절을 해석하면서 "그는(바울) 아들이 비슷할 정도가 아니라 똑같다는 의미(동질)로서 아버지와 성령과 그 본질에 있어서 완전하게 동등하신 아들을 가리키고 있다."[101]고 해석한다. 그래서 예수님은 빌립(Philip)에게 "나를 본 자는 아버지를 보았거늘 어찌하여 아버지를 보이라 하느냐"(요 14:9; 요 17:21-22 참조)라고 말씀하신다. 바울은 골로새서 2:9에서 바로 육체로 오신 예수님이 지금도 "신성의 모든 충만"을 소유하신 영광스러운 몸체를 입으시고 계속 거하고 계심을 설명하고 있다.[102] 바울은 부활 후의 관점에서 예수님의 성육신과 영화로운 상태를 함께 제시하고 있다.

바울은 그리스도가 "신성의 모든 충만"(골 2:9)을 소유한 하나님이시기에 예수 그리스도를 믿는 성도들은 예수님과 연합되어 온전하게 충만해졌음을 천명한다. 예수님이 그의 죽음과 부활을 통해 성취하신 모든 것은 바로 성도들의 것이다. 그런데 바울은 그리스도가 "모든 통치자와 권세의 머리"(골 2:10)라고 선포한다. 흥미 있는 사실은 거짓 교사들이 천사 숭배와 같은 잘못된 교훈을 가르치고 있는데 바울이 그리스도는 "모든 통치자와 권세의 머리"라고 말함으로 우리가 그리스도를 믿으면 천사들도 우리의 소유라고 말

---

101) William Hendriksen, *Exposition of Colossians and Philemon*, p. 111.: "He is refer-ring to the Son's complete equality of essence with the Father and the Holy Spirit, his *consubstantiality*, not his *similarity*."(The italics are original.)

102) N. T. Wright, *Colossians and Philemon* (*Tyndale New Testament Commentaries*), p. 103.: "This is probably to be taken simply as an expansion of 1:19; the tense is past there, present here, but in both the referent is the same, the glorified man Christ Jesus."

할 수 있게 된다는 것이다.[103] 히브리서 저자는 "모든 천사들은 섬기는 영으로서 구원받을 상속자들을 위하여 섬기라고 보내심이 아니냐"(히 1:14)라고 천사들이 성도들을 섬길 것이라고 분명히 가르친다. 예수 그리스도는 천사들을 위하여 죽지 않으시고 부활하시지 않으셨다. 예수님은 오로지 성도들을 위하여 죽고 부활하셨다. 이처럼 구원받은 성도는 그리스도 때문에 특별한 존재의 정체성을 소유하게 된 것이다.

바울은 그리스도의 신성이 성도들의 존재론적인 질서를 완성시키셨음을 확인한다. 그러므로 바울은 그리스도 안에 "신성의 모든 충만이 육체로 거하시고 너희도 그 안에서 충만하여졌으니 그는 모든 통치자와 권세의 머리시라"(골 2:9-10)고 설명한다. 브루스(Bruce)는 "육체로 거하시고"를 예수님의 성육신으로 해석한다.[104] 하지만 바울은 골로새서를 그리스도의 부활 이후의 관점에서 쓰고 있고, 골로새 교회 내에 발생한 문제들을 그리스도의 부활 이후의 관점으로 해결하기 원한다. 그래서 바울은 그리스도가 "죽은 자들 가운데서 먼저 나신 이"(골 1:18)이심을 강조했고, 골로새서 2:9의 말씀을 한 직후에 성도들이 "그리스도와 함께 장사되고," "그리스도와 함께 일으킴을 받았고"(골 2:12), "무할례로 죽었던 너희를 하나님이 그와 함께 살리시고"(골 2:13)라고 강조하고 있는 것이다. 그러므로 골로새서 2:9의 "육체로 거하시고"는 당연히 성육신하신

---

103)   John Calvin, *The Epistles of Paul the Apostle to the Galatians, Ephesians, Philippians and Colossians,* p. 331.

104)   F. F. Bruce, *The Epistles to the Colossians, to Philemon, and to the Ephesians* (NIC-NT) (Grand Rapids: Eerdmans, 1988), p. 101. "The adverb (meaning 'corporeally') at the end of v. 9 no doubt implies his incarnation."

예수님을 염두에 둔 것은 확실하지만 예수 그리스도께서 육체로 부활하셔서 지금도 살아 계시다는 관점에서 기록한 것이다. 스탠리(Stanley)는 골로새서 2:9의 "육체로"를 예수님의 부활 후에 영화롭게 되신 인성을 가리킨다고 해석한다.[105] 바울은 본문에서 "거하시고"(κατοικεῖ)를 현재시상으로 사용함으로 그리스도의 성육신 사건을 제외하는 것은 아니지만 그리스도의 부활 사건 이후의 관점에서 설명하고 있음을 알 수 있다. 예수 그리스도는 성육신 기간 동안 하나님의 아들이셨고 부활하심으로 능력으로 하나님의 아들로 선포 되셨다(롬 1:4). 바울은 성육신하신 예수님이 지금은 부활하여 사람의 눈에 잘 보이지 않지만 부활하신 후 부활체를 입으시고 계속해서 "신성의 모든 충만"을 드러내고 계신다고 가르친다.

3. 예수 그리스도와 연합된 성도(골 2:11-15)

"또 그 안에서 너희가 손으로 하지 아니한 할례를 받았으니 곧 육의 몸을 벗는 것이요 그리스도의 할례니라. 너희가 세례로 그리스도와 함께 장사되고 또 죽은 자들 가운데서 그를 일으키신 하나님의 역사를 믿음으로 말미암아 그 안에서 함께 일으키심을 받았느니라. 또 범죄와 육체의 무할례로 죽었던 너희를 하나님이 그와

---

105)   David Michael Stanley, *Christ's Resurrection in Pauline Soteriology* (Romae: E Pontificio Instituto Biblico, 1961), p. 212.

함께 살리시고 우리의 모든 죄를 사하시고 우리를 거스르고 불리하
게 하는 법조문으로 쓴 증서를 지우시고 제하여 버리사 십자가에 못
박으시고 통치자들과 권세들을 무력화하여 드러내어 구경거리로
삼으시고 십자가로 그들을 이기셨느니라."(골 2:11-15, 개역개정)

¹¹ Ἐν ᾧ καὶ περιετμήθητε περιτομῇ ἀχειροποιήτῳ ἐν τῇ
ἀπεκδύσει τοῦ σώματος τῆς σαρκός, ἐν τῇ περιτομῇ τοῦ
Χριστοῦ, ¹² συνταφέντες αὐτῷ ἐν τῷ βαπτισμῷ, ἐν ᾧ καὶ
συνηγέρθητε διὰ τῆς πίστεως τῆς ἐνεργείας τοῦ θεοῦ τοῦ
ἐγείραντος αὐτὸν ἐκ νεκρῶν· ¹³ καὶ ὑμᾶς νεκροὺς ὄντας [ἐν]
τοῖς παραπτώμασιν καὶ τῇ ἀκροβυστίᾳ τῆς σαρκὸς ὑμῶν,
συνεζωοποίησεν ὑμᾶς σὺν αὐτῷ, χαρισάμενος ἡμῖν πάντα τὰ
παραπτώματα. ¹⁴ ἐξαλείψας τὸ καθ' ἡμῶν χειρόγραφον τοῖς
δόγμασιν ὃ ἦν ὑπεναντίον ἡμῖν, καὶ αὐτὸ ἦρκεν ἐκ τοῦ μέσου
προσηλώσας αὐτὸ τῷ σταυρῷ· ¹⁵ ἀπεκδυσάμενος τὰς ἀρχὰς
καὶ τὰς ἐξουσίας ἐδειγμάτισεν ἐν παρρησίᾳ, θριαμβεύσας
αὐτοὺς ἐν αὐτῷ.(Col 2:11-15)

(1) 손으로 아니한 할례를 받은 성도(골 2:11)

바울이 본 단락에서 할례를 언급한 것(골 2:11)은 조금 갑작스
럽게 보인다. 하지만 거짓 교사들이 구약의 할례에 높은 가치를 부
여하여 할례가 비록 구원을 보장하는 것은 아닐지라도 거룩하게
되는데 기여한다고 가르쳤을 가능성이 있기 때문에 여기서 할례문

제를 다루고 있는 것이다. 바울은 "할례"($\pi\epsilon\rho\iota\tau o\mu\tilde{\eta}$)와 "세례"($\beta\alpha\pi\tau\iota\sigma\mu\tilde{\omega}$)를 함께 사용하면서 "손으로 하지 아니한 할례," 즉 "그리스도의 할례"(골 2:11)와 "세례"(골 2:12)를 같은 의미로 사용한다. 구약의 할례는 약속의 아들, 이삭(Issac)이 태어나기 전에 제정되었다(창 17:10-11). 그리고 할례는 아이가 어른이 되기 전 8일 만에 실행되어야 한다(창 17:12). 어른이 되기 전 아이에게 할례를 행하는 것은 어른이 되어 죄악을 행하기 이전 이미 아이가 본성적으로 죄인이라는 사실을 함의하고 있다. 그러므로 인간은 본성이 악하기 때문에 아브라함(Abraham)의 육체적 자손이 자동적으로 하나님의 언약의 백성이 될 수 없음을 가르친다. 사람이 하나님의 언약의 백성이 되기 위해서는 할례를 받아 불결하고 악한 죄를 제거 받아야 한다. 그런데 새 언약에서는 할례 대신 세례의식을 통해 불신자가 그리스도의 피로 값 주고 산 교회의 한 일원이 될 수 있는 것이다(고전 12:13). 바울은 예수님의 죽음과 부활을 통해 성취된 구속역사를 생각하면서 옛 언약의 할례가 새 언약의 세례로 전환되었음을 암시적으로 설명하고 있다(골 2:11-15). "그러므로 교의학적으로 말하면 할례는 칭의와 중생, 그리고 성화를 모두 상징하는 것이다(롬 4:9-12; 골 2:11-13)."[106]

바울은 이제 좀 더 구체적으로 성도들이 구원받은 사실을 그리스도와 성도들의 연합 개념으로 설명한다(골 2:12-13). 바울이 사용한 "그 안에서"는 그리스도 안에서라는 뜻이다. 그런데 바울이

---

106)   Geerhardus Vos, *Biblical Theology* (Grand Rapids: Eerdmans, 1968), pp. 104-105.; Geerhardus Vos, *Reformed Dogmatics*, Vol. 5 (Bellingham, WA: Lexham Press, 2016), pp. 112-113.

성도들이 받은 할례를 설명하면서 과거시상을 사용한다. 바울은 "할례를 받았으니"($\pi\epsilon\rho\iota\epsilon\tau\mu\acute{\eta}\theta\eta\tau\epsilon$)를 과거시상(aorist, passive)으로 표현함으로 확실한 역사적 사실을 확인하고 있다. 그러므로 성도들이 "손으로 하지 아니한 할례"를 받았다는 뜻은 성도들이 이미 마음의 내적 변화인 중생을 소유하고 있다는 뜻이다. 다른 표현으로 칭의와 회심이라고 할 수 있다.[107] 바울은 "그리스도의 할례"(골 2:11)라는 표현을 통해 성도가 그리스도의 죽으심과 연합되어 죄 문제를 해결 받고 구원의 반열에 속하게 되었다는 뜻을 전하고 있다.

(2) 그리스도와 함께 죽고 부활한 성도(골 2:12-15)

바울이 골로새서 2:12에서 "세례"를 언급하는데 세례는 중생의 외적인 표지이다. 따라서 중생한 성도들은 "그리스도와 함께 장사되고"(골 2:12), "그리스도와 함께 일으킴을 받았으며"(골 2:12), "그리스도와 함께 살리심을 받은"(골 2:13) 새로운 존재들이다. 우리는 여기서 바울이 사용한 용어들을 주목해야 한다. 바울은 "함께"($\sigma\acute{\nu}\nu$)라는 표현으로 성도가 그리스도와 연합되었음을 강조하고 있는 것이다. 그래서 바울은 하나님께서 "우리를 거스르고 불리하게 하는 법조문으로 쓴 증서를 지우시고 제하여 버리사 십자가에 못 박으시고"(골 2:14)라고 확언하고 있다. 예수 그리스도는 우리를 얽매고 있으며, 우리를 고발하고 있는 죄에 대한 고발장을 "십

---

107) A. S. Peake, "The Epistle to the Colossians," *The Expositor's Greek Testament*, Vol. III, p. 524.

자가에 못 박으심"(골 2:14)으로 영원히 폐하셨다. 하나님은 인간의 죽음의 문제를 그리스도의 죽음으로 해결하신 것이다. 그래서 바울은 성도들이 부활체를 입게 될 때 "사망아 너의 승리가 어디 있느냐 사망아 네가 쏘는 것이 어디 있느냐 사망이 쏘는 것은 죄요 죄의 권능은 율법이라"(고전 15:55-56)라고 선포하는 것이다. 성도들은 그리스도와 연합됨으로 의롭게 되었을 뿐만 아니라, 도덕적으로 새롭게 된 존재가 된 것이다. 그래서 바울은 성도를 가리켜 "옛 사람"을 벗은 "새 사람"(τὸν καινὸν ἄνθρωπον, 엡 4:24)이라고 묘사한다.

칼빈(Calvin)은 거짓 사도들은 "율법과 복음을 혼합하여 두 형태를 가진 그리스도를 만들어 냈다. 그리고 그(바울)는 한 경우를 예로 구체화 한다. 그는 모세의 할례가 단순히 쓸데없는 것이 아니요, 그것은 영적인 그리스도의 할례를 파괴하기 때문에 그리스도에게 반하는 것이라는 것을 증명한다. 왜냐하면 할례는 선진들에게 존재하지 않은 상징(figure)으로 주어졌기 때문이다. 그러므로 그리스도의 초림 이후에도 그 상징을 유지하는 사람들은 할례가 상징하는 것의 성취를 부인하는 것이다. 그러므로 상징이 실재와 비교되듯 여기에서 외적인 할례는 영적인 것과 비교되고 있음을 주목하자."[108]라고 해석한다. 예수 그리스도는 자신의 죽음으로 사망의 권세를 이기셨다(고전 15:54-56). 바울은 예수님께서 "통치자들과 권세들"(골 2:15)을 무력화하고 그들을 이기셨다고 말한다. 여기 "통치자들과 권세들"은 어떤 존재들인가? 바울은 그의 서신

---

108)   John Calvin, *The Epistles of Paul the Apostle to the Galatians, Ephesians, Philippians and Colossians*, p. 331.

에서 "통치자들과 권세들"을 두 가지의 의미로 사용한다. 바울은 "통치자들과 권세들"을 에베소서 3:10에서는 선한 천사들을 가리키는 것으로 사용하고, 반대로 에베소서 6:12에서는 악한 천사들을 가리키는 것으로 사용한다.[109] 그러므로 우리는 문맥에 비추어 그 뜻을 찾아야 한다. 바울이 골로새서 2:15에서 사용한 "통치자들과 권세들"은 문맥에 비추어 볼 때 악한 천사들을 가리킨다고 생각된다. 예수님은 그의 십자가의 죽음과 부활을 통해 악한 천사들을 무력화하신 것이다.

4. 그리스도 안에서 사는 초월적인 삶(골 2:16-19)

"그러므로 먹고 마시는 것과 절기나 초하루나 안식일을 이유로 누구든지 너희를 비판하지 못하게 하라. 이것들은 장래 일의 그림자이나 몸은 그리스도의 것이니라. 아무도 꾸며낸 겸손과 천사 숭배를 이유로 너희를 정죄하지 못하게 하라. 그가 그 본 것에 의지하여 그 육신의 생각을 따라 헛되이 과장하고 머리를 붙들지 아니하는지라 온 몸이 머리로 말미암아 마디와 힘줄로 공급함을 받고 연합하여 하나님이 자라게 하시므로 자라느니라."(골 2:16-19, 개역개정)

¹⁶ Μὴ οὖν τις ὑμᾶς κρινέτω ἐν βρώσει καὶ ἐν πόσει ἢ ἐν μέρει ἑορτῆς ἢ νεομηνίας ἢ σαββάτων· ¹⁷ ἅ ἐστιν σκιὰ τῶν

109) 박형용, 『에베소서 주해』(수원: 합동신학대학원출판부, 2006), pp. 163, 282.

μελλόντων, τὸ δὲ σῶμα τοῦ Χριστοῦ. ¹⁸ μηδεὶς ὑμᾶς καταβραβευέτω θέλων ἐν ταπεινοφροσύνῃ καὶ θρησκείᾳ τῶν ἀγγέλων, ἃ ἑόρακεν ἐμβατεύων, εἰκῇ φυσιούμενος ὑπὸ τοῦ νοὸς τῆς σαρκὸς αὐτοῦ, ¹⁹ καὶ οὐ κρατῶν τὴν κεφαλήν, ἐξ οὗ πᾶν τὸ σῶμα διὰ τῶν ἁφῶν καὶ συνδέσμων ἐπιχορηγούμενον καὶ συμβιβαζόμενον αὔξει τὴν αὔξησιν τοῦ θεοῦ. (Col 2:16-19)

(1) 먹고 마시는 것과 절기를 초월한 삶(골 2:16-17)

바울은 골로새 교회 성도들이 잘못 이해하고 있는 할례 문제를 바로 잡아주고(골 2:11-15) 이제는 "먹고 마시는 것과 절기나 초하루나 안식일"(골 2:16)에 관한 잘못된 이해를 고쳐준다. 구약의 모든 제도나 규칙은 그리스도와 온전한 구원이 나타나기까지 준비적인 역할을 감당한다. 기껏해야 그것들은 그림자에 지나지 않고 골로새 교회 성도들은 이제 그리스도 안에서 실재를 소유하게 된 것이다. 바울은 "이것들은"(ἅ)을 사용하여 전 절에서 언급한 구약의 의식들을 가리키고, "장래 일"(τῶν μελλόντων)을 사용하여 새로운 시대를 설명하고 있다. 그러므로 바울은 구약의 의식들이 그리스도가 새로 시작한 새로운 시대의 그림자(σκιά)에 지나지 않는다고 설명하고 있다(골 2:17). "그림자"는 실재가 아니요, 그리스도의 몸이 실재이며 몸은 그림자를 반영하는 역할을 한다. 따라서 몸과 그림자는 동시대에 나타난다.[110]

---

110) A. S. Peake, "The Epistle to the Colossians," *The Expositor's Greek Testament*, p. 531.

그런데 거짓 교사들은 단순히 그림자에 지나지 않는 구약의 의식(ceremony)들이나 규칙들을 내세워 골로새교회 성도들을 유혹하고 있다. 바울은 여기서 거짓 교사들의 행동은 그리스도가 이루신 모든 충족성을 부인하고(골 2:9-10), 그리스도가 성취하신 온전한 구원을 부정하고 있다고 경고하고 있다. 거짓 교사들의 기본적인 잘못은 그리스도의 온전한 충족성과 탁월성을 부인하는 것이다.[111] 그들은 꾸며낸 겸손으로 성도들을 현혹시키고 천사 숭배를 해야 한다고 주장하여 성도들을 괴롭히고 유혹하는 것이다. 그러므로 바울은 그림자와 같은 것들을 사용하여 "누구든지 너희를 비판하지 못하게 하라"(골 2:16)라고 권고하고 있다. 성도를 판단할 분은 오직 예수 그리스도 뿐이시다(고전 4:4).

(2) 그리스도의 몸의 자라남(골 2:18-19)

바울은 "꾸며낸 겸손"과 "천사 숭배"를 따르지 않는다고 정죄받지 않음을 확실히 한다. 거짓 교사들은 자신들이 하나님과의 교제를 위해 합당하지 않은 천한 존재들이기 때문에 천사들을 숭배할 수밖에 없다는 거짓 겸손을 내세운다. 이런 겸손은 빗나간 겸손이며 아무도 판단할 수 없는 잣대(yardstick)이다. 사람이 정죄를

---

111) William Hendriksen, *Exposition of Colossians and Philemon* (NTC) (Grand Rapids: Baker, 1975), p. 125.; William Hendriksen, *Survey of the Bible* (Grand Rapids: Baker, 1976), p. 348.: "One thing, however, is certain: the false teachers failed to proclaim Christ as the Only and All-Sufficient Savior. Faith in Christ and in his atoning work had to be *supplemented* by ascetic beliefs and practices; otherwise a person would never attain to 'fulness.'" (italics original)

받고 받지 않는 것은 오로지 그가 예수 그리스도와 어떤 관계를 맺고 있느냐에 달려 있다. 거짓 교사들은 오직 "본 것에 의지하여"(골 2:18) 판단하고 과장한다. 바울 사도는 골로새 성도들이 그리스도의 몸인 교회를 이루어 활동함을 명시하면서 "몸은 그리스도의 것"(골 2:17)이라고 가르친다. 교회는 그리스도가 피로 값 주고 산 그리스도의 몸이며 성도들은 그 몸의 지체들이다(고전 12:27; 참조, 고전 12:12-26). 그리고 그리스도는 교회의 머리이다(골 2:19). 인간의 몸이 머리의 지도를 받는 것처럼 그리스도의 교회는 그리스도로부터 모든 자양분을 공급받아 자라야 하며 인도를 받아야 한다(골 2:19). 그리스도의 몸은 "그리스도의 장성한 분량이 충만한 데까지 이르도록"(엡 4:13) 성장해야 한다. 그러기 위해서 성도들은 머리를 붙들어야 하는데(골 2:19) 거짓 교사들은 오히려 성도들의 시선을 흐리게 하고 성도들이 성장하는데 방해 역할만 한다. 그래서 바울은 거짓 교사들이 "꾸며낸 겸손"과 "천사 숭배"를 사용하여 성도들을 미혹하고 있다고 단호하게 말한다.

5. 그리스도와 함께 죽은 성도(골 2:20-23)

"너희가 세상의 초등학문에서 그리스도와 함께 죽었거든 어찌하여 세상에 사는 것과 같이 규례에 순종하느냐 (곧 붙잡지도 말고 맛보지도 말고 만지지도 말라 하는 것이니 이 모든 것은 한때 쓰이

고는 없어지리라) 사람의 명령과 가르침을 따르느냐 이런 것들은
자의적 숭배와 겸손과 몸을 괴롭게 하는 데는 지혜 있는 모양이나
오직 육체 따르는 것을 금하는 데는 조금도 유익이 없느니라."(골
2:20-23, 개역개정)

²⁰ Εἰ ἀπεθάνετε σὺν Χριστῷ ἀπὸ τῶν στοιχείων τοῦ
κόσμου, τί ὡς ζῶντες ἐν κόσμῳ δογματίζεσθε; ²¹ μὴ ἅψῃ μηδὲ
γεύσῃ μηδὲ θίγῃς, ²² ἅ ἐστιν πάντα εἰς φθορὰν τῇ ἀποχρήσει,
κατὰ τὰ ἐντάλματα καὶ διδασκαλίας τῶν ἀνθρώπων, ²³ ἅτινά
ἐστιν λόγον μὲν ἔχοντα σοφίας ἐν ἐθελοθρησκίᾳ καὶ
ταπεινοφροσύνῃ [καὶ] ἀφειδίᾳ σώματος, οὐκ ἐν τιμῇ τινι
πρὸς πλησμονὴν τῆς σαρκός.(Col 2:20-23)

(1) 세상의 관행을 초월한 성도(골 2:20-21)

바울은 이제 그리스도 안에서 새 사람이 된 성도들의 진정한 정
체성을 설명한다. 성도들에게 "세상의 초등학문"(골 2:20)은 아무
런 위협도 되지 않는다. 왜냐하면 성도들은 그리스도와 함께 죽음
으로 세상의 초등학문을 초월한 존재가 된 것이기 때문이다. 성도
들은 그리스도와 함께 죽었고(골 2:20), 그리스도와 함께 장사되었
고(골 2:12), 그리스도와 함께 다시 살리심을 받았고(골 3:1), 그리
스도와 함께 일으키심을 받았다(골 2:12-13). 그러므로 그리스도
안에 있는 성도는 세상의 기준을 따를 필요가 없다. 골로새 교회를
어지럽히는 거짓 교사들은 이 세상에 속한 것에만 관심이 있다. 그

들의 종교는 믿음의 종교가 아니요 보는 것의 종교이다. 그들은 영원한 세계에 관심이 없고 하나님의 보좌를 바라보지 않는다. 오로지 그들은 현실에만 관심을 가지고 있다. 바울 사도는 단호하게 성도들은 이런 교훈을 따를 필요가 없다고 가르친다.

칼빈(Calvin)은 "간략하게 말하면, 사람이 일단 자신의 영혼을 학대하도록 넘겨주면 새로운 법들이 매일 만들어져 옛 법률에 첨가되고 항상 새로운 규칙들이 만들어지는데 끝이 없다."[112]라고 사람이 인간의 전통에 매료되어 빠지면 헤어 나올 수 없는 지경에 빠진다고 정리한다. 그리스도 안에서 구원받은 성도는 이런 인간의 전통으로부터 자유함을 누린다. 요한 사도는 "진리를 알지니 진리가 너희를 자유롭게 하리라"(요 8:32)라고 말씀하고, "아들이 너희를 자유롭게 하면 너희가 참으로 자유로우리라"(요 8:36)라고 가르친다. 성도들은 세상의 잘못된 전통으로부터 자유함을 누리며 사는 존재들이다.

바울은 천사 숭배와 마찬가지로 금욕주의 역시 유익하기보다 해로운 결과를 가져온다고 가르친다. 바울은 "붙잡지도 말고 맛보지도 말고 만지지도 말라"(골 2:21)와 같은 금욕 생활은 "철학과 헛된 속임수"요, "사람의 전통과 세상의 초등학문"(골 2:8)이라고 이미 밝힌 바 있다. 성도들은 오로지 그리스도를 믿음으로만 구원함을 받을 수 있다. 구원의 원리는 그리스도의 구속의 원리에 근거해서만 가능한 것이다. 그러므로 구속 받은 성도가 세상의 초등학문에 매여 생활하게 되면 결국 그의 삶은 그리스도로부터 멀어지는

---

112) John Calvin, *The Epistles of Paul the Apostle to the Galatians, Ephesians, Philippians and Colossians*, p. 342.

결과를 낳게 되는 것이다.

박윤선 박사는 "거짓 스승들은, 음식물(飮食物)의 구별에 대한 구약의 의식적 명령을 과장하여 금욕주의(禁慾主義)를 만들어 그것으로 신자들을 유혹하였다. 그러므로 사도는, 그리스도 안에 있는 자들은 구약의 의식 제도에 속박되지 않는다는 것부터 말해 둔다."[113]라고 설명한다. 브루스(F.F. Bruce)는 "세례는 성도들이 그리스도와 함께 죽었음을 선포 한다: '그리스도 예수와 합하여 세례를 받은 우리는 그의 죽으심과 합하여 세례를 받았다'(롬 6:3). 그리스도와 함께 한 죽음의 결말은 그들이 그리스도와 함께 장사 지낸 바 된 것으로 확증된다. 그들은 장사된 상태에서 이제 그리스도와 함께 부활하여 그리스도 안에서 새로운 삶을 시작한 것이다."[114]라고 해석한다. 바울은 "그의 죽으심과 같은 모양으로 연합한 자가 되었으면 또한 그의 부활과 같은 모양으로 연합한 자도 되리라"(롬 6:5)라고 성도들이 그리스도와 연합되었음을 명확히 밝힌다. 이와 같이 예수 그리스도와 연합된 성도는 세상의 초등학문을 초월한 삶을 살고 세상의 관행적인 규례를 따를 필요가 없다. 예수 그리스도를 구세주로 영접한 성도들은 그리스도와 실재적이고 생명적인 연합의 관계에 들어가기 때문에 예수님의 죽음이 바로 그들 자신의 죽음이 되는 것이다. 그러므로 "그리스도와 함께 죽은"(골 2:20) 성

---

113)   박윤선, "골로새서 주석" 『바울서신』 (서울: 영음사, 1967), p. 297.

114)   F. F. Bruce, *The Epistles to the Colossians, to Philemon, and to the Ephesians* (NIC-NT) (Grand Rapids: Eerdmans, 1988), p. 125: "Baptism proclaims the believer's death with Christ: 'all of us who were baptized into Christ Jesus were baptized into his death' (Rom. 6:3). The finality of that death-with-Christ has been confirmed by their burial-with-Christ -- a burial from which they are now risen-with-Christ to begin a new life-in-Christ."

도는 세상의 초등학문으로부터 자유하게 되는 것이다.

(2) 없어질 사람의 관행(골 2:22-23)

바울은 "자의적 숭배"가 객관적 계시인 하나님의 말씀을 근거로
예배를 드리는 것이 아니요, 이미 언급한 것처럼 천사 숭배처럼 자
신의 의지로 만들어 낸 예배를 가리킨다(골 2:18)고 설명한다. 예수
님은 "하나님은 영이시니 예배하는 자가 영과 진리로 예배할지니
라"(요 4:24)라고 하나님이 기뻐하시는 예배의 본질을 가르치신다.
하나님이 받으시기 원하는 예배는 예배하는 성도들이 마음과 뜻과
정성을 함께 모으고 진리의 말씀으로 도전받고, 책망 받고, 위로받
고, 인도받는 예배이다. 그러므로 "자의적 숭배"는 하나님이 기쁘
게 받으실 수 없는 예배이다. 본 절(골 2:23)의 "겸손"은 골로새서
2:18의 "꾸며낸 겸손"과 같은 개념이다. 그러므로 본 절의 "겸손"
은 거짓 겸손이요, 잘못된 겸손이다. 박윤선 박사는 "인간은 직접
하나님과 교섭할 수 없으므로 천사를 중보(仲保)로 해야 한다고 거
짓 스승들은 천사 숭배를 고조(高調)한 것이다. 그러나 이것은 꾸
며낸(일부러) 겸손이다. 하나님은 거룩하시고 높으시나, 그리스도
의 은혜를 힘입은 우리는 그 앞에 '당당히 나아감을 얻'는다(엡
3:12)."[115]라고 바로 해석한다. "몸을 괴롭게 하는 것"은 "붙잡지도
말고 맛보지도 말고 만지지도 말라"(골 2:21)와 같은 금욕주의적인
제약을 몸에 부과하는 것이다. 바울은 몸과 영혼을 분리시키지 않

115) 박윤선, "골로새서 주석" 『바울서신』, p. 294.

는다. 몸의 경시는 결코 영혼을 치유할 수 없다. 사람의 몸과 영혼이 똑같이 성령의 전으로서 주님에게 소중한 것이다(고전 3:16; 6:19). 마치 몸은 악하기 때문에 마땅히 벌을 받아야 하고, 반대로 영혼은 신령한 것이라고 이원론적으로 생각하는 것은 영지주의의 이원론과 헬라주의의 교훈이다.[116] 바울은 골로새서 2:23에서 "몸"과 "육체"를 비교해서 설명한다. 바울이 "몸을 학대하는 것"(ἀφειδία σώματος)과 "육체의 욕망"(πλησμονὴν τῆς σαρκός)을 설명하면서 사용한 "학대하는 것"(severe discipline to the body)이라는 용어와 "욕망"(satisfaction or gratification)이라는 용어는 신약에서 본 절에서만 사용하는 용어들이다(hapax legomenon). 바울이 사용한 "몸"(body)은 일반적으로 "영"(spirit)과 대조적으로 사용되지만(마 6:25; 10:28; 고전 5:3; 빌 1:20) 본 절에서는 "몸"이 순전히 중립적으로 사용되었기 때문에 인간의 몸체를 뜻하는 것으로 이해해야 한다.[117] 반면 "육체"(flesh)는 죄의 능력에 굴복한 인간의 모습을 표현할 때 사용하는 용어이다(롬 4:1; 7:5, 18, 25; 8:5). 바울은 거짓 교사들이 주장하는 "자의적 숭배나 꾸며낸 겸손 그리고 몸을 학대하는 것"은 인간의 육체의 욕망을 억제하는데 아무 유익이 없다고 가르치고 있다. 바울 사도는 거짓 교사들의 교훈은 겉으로 보기에는 지혜 있는 것처럼 그럴 듯하게 보이지만 사실은 조금도 유익이 없다고 가르친다(골 3:23).[118]

---

116) Hendriksen, *Exposition of Colossians and Philemon (NTC)*, p. 133.

117) John A.T. Robinson, *The Body* (London: SCM Press, 1952), p. 27.; Cf. 박형용, 『바울신학』 (수원: 합신대학원출판부, 2016), pp. 159-171.

118) A. Sand, "σάρξ," *Exegetical Dictionary of the New Testament*, Vol. 3 (Grand Rapids: Eerdmans, 1993), p. 231.

한글 개역개정 번역은 골로새서 2:23을 다음과 같이 번역한다. "이런 것들은 자의적 숭배와 겸손과 몸을 괴롭게 하는 데는 지혜 있는 모양이나 오직 육체 따르는 것을 금하는 데는 조금도 유익이 없느니라." 이 번역은 본 절을 이해하는데 많은 생각을 하게 만든다. 그런데 표준새번역(표준새번역 개정판도 동일)은 다음과 같이 번역한다. "이런 것들은 꾸며낸 경건과 겸손과 몸을 학대하는 데 지혜를 나타내 보이지만, 육체의 욕망을 억제하는 데는 아무런 유익이 없느니라"(골 2:23). 표준새번역이 개역개정보다 본문을 더 쉽게 이해할 수 있도록 번역하였다.

골로새서 3장
주해

1. 위엣 것을 찾으라(골 3:1-4)

"그러므로 너희가 그리스도와 함께 다시 살리심을 받았으면 위의 것을 찾으라. 거기는 그리스도께서 하나님 우편에 앉아 계시느니라. 위의 것을 생각하고 땅의 것을 생각하지 말라. 이는 너희가 죽었고 너희 생명이 그리스도와 함께 하나님 안에 감추어졌음이라. 우리 생명이신 그리스도께서 나타나실 그 때에 너희도 그와 함께 영광 중에 나타나리라."(골 3:1-4, 개역개정)

¹ Εἰ οὖν συνηγέρθητε τῷ Χριστῷ, τὰ ἄνω ζητεῖτε, οὗ ὁ Χριστός ἐστιν ἐν δεξιᾷ τοῦ θεοῦ καθήμενος· ² τὰ ἄνω φρονεῖτε, μὴ τὰ ἐπὶ τῆς γῆς. ³ ἀπεθάνετε γὰρ καὶ ἡ ζωὴ ὑμῶν κέκρυπται σὺν τῷ Χριστῷ ἐν τῷ θεῷ. ⁴ ὅταν ὁ Χριστὸς φανερωθῇ, ἡ ζωὴ ὑμῶν, τότε καὶ ὑμεῖς σὺν αὐτῷ φανερωθήσεσθε ἐν δόξῃ.(Col 3:1-4)

(1) 그리스도와 함께 살리심을 받은 성도(골 3:1-2)

바울은 골로새서 3:1-4 사이에 마침표를 사용하지 않는다. 마침표는 골로새서 3:4 마지막에 나타나며 골로새서 3:5은 새로운 문장으로 시작한다. 바울은 골로새서 3:1-4에서 죄인들을 구속하시기 위한 하나님의 구속 역사의 시작과 마지막을 연계시켜 설명하면서 구속의 은혜를 받은 성도들이 어떻게 살아야 할 것을 설명하고 있다. 성도들은 예수님의 초림 때에 이미 그리스도와 함께 살림을 받은 존재들이다(골 3:1). 그런데 성도들은 그리스도께서 재림하실 때 영광 중에 나타나게 될 것이다(골 3:4). 성도들의 구원은 현재의 실재이지만 동시에 그 구원의 성취와 완성은 미래에 이루어질 것이다. 이처럼 바울은 예수님의 초림과 재림을 잇는 구속역사를 배경으로 성도들이 어떤 존재이며 또 어떻게 살 것인지를 촉구하는 것이다.

바울은 골로새서 3장을 시작하면서 "그러므로"(οὖν)를 사용한다. 바울은 골로새서 2장에서 성도들의 신분이 특별하게 변화되었음을 서술한다. 성도들은 "그리스도 예수를 주로 받았으며"(골 2:6), "그리스도와 함께 장사되었으며 그리스도와 함께 일으키심을 받은"(골 2:12) 특별한 사람들이다. 이 말은 성도들이 "하나님의 자녀"(요 1:12)이며, "하늘의 시민권"(빌 3:20)을 소유한 자이며, 현재 "영생을 누리고 사는 사람들"(요 5:24)이며, 그의 속에 "하나님의 씨"(요일 3:9)를 담고 있는 존재들이라는 뜻이다.

예수님은 인간의 죄 문제를 해결하시기 위해 이 땅에 오셔서 죽으시고 부활하셨다. 인간은 자신의 죄 문제를 스스로 해결할 수 없

는 존재이다. 그래서 죄 없으신 하나님의 아들이신 예수님이 성육
신하셔야 했고, 십자가에서 죽으시고 부활하셨다. 부활하신 그리
스도는 현재 하나님 우편에 앉아 계신다(골 3:1). 하나님의 우편은
어떤 장소를 가리키지 아니하고 영광과 존귀와 권세의 자리에 계
신다는 것을 뜻한다. 하나님의 우편은 비교할 수 없는 특권의 자리
요 유래를 찾아볼 수 없는 권세의 자리이다. 하나님은 영이시기 때
문에(요 4:24) 하나님의 우편과 좌편이 있을 수 없다. 그리고 그리
스도께서 하나님의 우편에 앉아 계신다는 표현은 하나님께서 맡기
신 구속 사역을 완성하시고 심판의 자리에 계신다는 뜻이다. 이 말
은 그리스도와 연합된 성도들은 이미 죄 문제를 해결 받고 영생을
소유하고 있을 뿐만 아니라 그리스도와 함께 이미 영화의 자리에
있다는 뜻이다. 바울은 성도들이 그리스도와 연합됨으로 이미 영
화의 자리에 있지만 성도들이 "하나님 우편"에 있다고 설명하지 않
는다. 바울은 성도들은 "예수 안에서 함께 하늘에 앉히셨다."(엡
2:6)라고 묘사한다. "하나님의 우편"은 오직 그리스도만이 앉을 수
있는 자리이다.[119] 바울은 "너희가 그리스도와 함께 다시 살리심을
받았으면"(골 3:1)이라는 표현으로 이미 발생한 사실을 인정하는
구문을 사용하여[120] 성도들이 그리스도의 부활에 이미 연합되었음
을 말하고 있다. 헨리(Henry)는 골로새서 3:1을 "우리가 그리스도
와 함께 살리심을 받은 것은 우리의 특권이다. 즉 우리는 그리스도

119) Murray J. Harris, *Colossians and Philemon*, p. 138.

120) εἰ οὖν συνηγέρθητε τῷ Χριστῷ. εἰ + συνηγέρθητε (συνεγείρω의 단순과거, 직설법, 2
인칭, 수동태). NIV: "Since, then, you have been raised with Christ," ESV: "If then you
have been raised with Christ," 등의 번역은 성도가 그리스도와 함께 이미 부활한 것
을 전제로 말하고 있다.

의 부활로 말미암아 특혜를 입었고 우리가 그리스도와 연합되고 친교함으로 우리는 의롭게 되고, 성화되고, 그리고 영화롭게 될 것이다."[121]라고 성도들이 의롭게 되고, 성화되고, 영화롭게 되는 것을 미래시상으로 해석한다. 하지만 바울은 "너희가 그리스도와 함께 다시 살리심을 받았으면"(골 3:1)의 시상을 단순과거시상(συνηγέρθητε)을 사용하여 표현한다. 바울의 의도는 성도들이 예수를 구주로 고백할 때 성도들은 예수 그리스도와 연합됨으로 이미 그리스도 안에서 부활하였음을 밝히기 원하는 것이다(참조 롬 8:30; 엡 2:4-6). 바울은 로마서 8장에서 "미리 정하신," "또한 부르시고," "또한 의롭다 하시고," 그리고 "또한 영화롭게 하셨느니라."(롬 8:30)의 표현을 모두 단순과거시상(aorist)으로 처리했으며, 에베소서 2장에서도 "그리스도와 함께 살리셨고"(엡 2:5), "함께 일으키사"(엡 2:6), 그리고 "함께 하늘에 앉히시니"(엡 2:6)를 모두 단순과거시상으로 표현했다. 이는 성도들이 그리스도의 공로로 예수 그리스도를 믿는 즉시 예수님과 연합됨으로 예수님이 그의 생애에서 성취한 모든 복을 누리는 존재가 되었음을 선언하는 것이다. 성도들은 감추어진 상태로 이미 의롭게 되었고, 성화되었고, 영화된 상태의 정체성을 소유하고 있다. 성도들의 감추어진 정체성은 앞으로 예수님의 재림 때에 확실하게 드러날 것이다(요일 3:2). 그래서 바울은 성도들에게 "위의 것을 생각하고 땅의 것을 생각하지 말라"(골 3:2)라고 권면하는 것이다.

121)   Matthew Henry, *Matthew Henry's Commentary on the Whole Bible*, Vol. VI, p. 761.

(2) 하나님 안에 감추어진 생명(골 3:3-4)

성도들이 그리스도와 함께 부활했기 때문에 성도들의 생명은 "그리스도와 함께 하나님 안에 감추어졌고"(골 3:3) 앞으로 공개될 것만 남아 있는 것이다. 바울은 "그리스도와 함께"(σὺν Χριστῷ)라는 표현을 통해 성도들이 그리스도와 함께 연합되었음을 명백히 밝힌다. 바울은 다른 곳에서 "피조물이 고대하는 바는 하나님의 아들들이 나타나는 것이니"(롬 8:19, 개역개정)라고 기록한다. 그런데 바울은 본 절(골 3:3-4)에서 감추어진 하나님의 아들들이 나타날 때에는 그리스도와 함께 영광 중에 나타날 것이라고 천명한다. 성도들은 이미 하나님의 영광을 소유한 존재들이며 오로지 나타날 것만을 기다릴 뿐이다.[122] 예수님께서 마지막 날 재림 때에 나타나시면 예수님에게 속한 성도들은 예수님과 함께 영광 중에 나타나게 될 것이다. 바울은 바로 그 때가 마지막이 될 것이며 예수님께서 완성된 하나님의 나라를 아버지 하나님께 바칠 때가 될 것이라고 가르친다(고전 15:24). 그래서 바울은 "우리 생명이신 그리스도께서 나타나실 그때에 너희도 그와 함께 영광 중에 나타나리라"(골 3:4)라고 설명한다. 바울은 "너희 생명이 그리스도와 함께 하나님 안에 감추어졌음"(골 3:3)이라고 말함으로 성도들과 그리스도의 연합됨을 천명할 뿐만 아니라 그리스도와 하나님이 하나(σὺν τῷ Χριστῷ ἐν τῷ θεῷ)이심을 분명히 하고 있다(골 3:3). 바울은 성도들의 영광의 삶은 예수님이 강림하실 때 드러나게 될 것이라고 천명한다(고전 15:22-24; 롬 8:18-23).

---

122)   Geerhardus Vos, *The Pauline Eschatology* (Grand Rapids: Eerdmans. 1966), p. 175.

그러므로 바울은 이렇게 새롭게 특별한 정체성을 소유한 성도들은 그리스도 중심적인 생각을 하고 땅의 것을 생각하지 말고 위의 것을 찾으라고 권면하고 있는 것이다(골 3:2). 요한 사도는 "사랑하는 자들아 우리가 지금은 하나님의 자녀라 장래에 어떻게 될지는 아직 나타나지 아니하였으나 그가 나타나시면 우리가 그와 같을 줄을 아는 것은 그의 참모습 그대로 볼 것이기 때문이니"(요일 3:2, 개역개정)라고 성도들이 영광 중에 나타날 때가 바로 예수님의 재림의 때임을 분명히 한다. 예수님의 재림 때에 예수를 믿고 이미 죽은 자들은 예수님과 같은 부활체를 입게 될 것이고, 예수님 재림 당시 살아 있는 성도들은 죽음을 맛보지 않고 부활체로 변화되어 예수님을 맞이할 것이다(고전 15:51-54; 살전 4:16-17). 그러므로 예수님의 재림 때에는 모든 성도들이 부활체를 입고 예수님을 환영하고 찬송할 것이다.

2. 옛 사람과 새 사람의 차이(골 3:5-11)

"그러므로 땅에 있는 지체를 죽이라 곧 음란과 부정과 사욕과 악한 정욕과 탐심이니 탐심은 우상 숭배니라. 이것들로 말미암아 하나님의 진노가 임하느니라. 너희도 전에 그 가운데 살 때에는 그 가운데서 행하였으나 이제는 너희가 이 모든 것을 벗어 버리라 곧 분함과 노여움과 악의와 비방과 너희 입의 부끄러운 말이라. 너희

가 서로 거짓말을 하지 말라 옛 사람과 그 행위를 벗어버리고 새 사
람을 입었으니 이는 자기를 창조하신 이의 형상을 따라 지식에까
지 새롭게 하심을 입은 자니라. 거기에는 헬라인이나 유대인이나
할례파나 무 할례파나 야만인이나 스구디아인이나 종이나 자유인
이 차별이 있을 수 없나니 오직 그리스도는 만유시오 만유 안에 계
시니라"(골 3:5-11, 개역개정).

⁵ Νεκρώσατε οὖν τὰ μέλη τὰ ἐπὶ τῆς γῆς, πορνείαν
ἀκαθαρσίαν πάθος ἐπιθυμίαν κακήν, καὶ τὴν πλεονεξίαν, ἥτις
ἐστὶν εἰδωλολατρία, ⁶ δι᾽ ἃ ἔρχεται ἡ ὀργὴ τοῦ θεοῦ [ἐπὶ τοὺς
υἱοὺς τῆς ἀπειθείας]. ⁷ ἐν οἷς καὶ ὑμεῖς περιεπατήσατέ ποτε,
ὅτε ἐζῆτε ἐν τούτοις· ⁸ νυνὶ δὲ ἀπόθεσθε καὶ ὑμεῖς τὰ πάντα,
ὀργήν, θυμόν, κακίαν, βλασφημίαν, αἰσχρολογίαν ἐκ τοῦ
στόματος ὑμῶν· ⁹ μὴ ψεύδεσθε εἰς ἀλλήλους, ἀπεκδυσάμενοι
τὸν παλαιὸν ἄνθρωπον σὺν ταῖς πράξεσιν αὐτοῦ ¹⁰ καὶ
ἐνδυσάμενοι τὸν νέον τὸν ἀνακαινούμενον εἰς ἐπίγνωσιν κατ᾽
εἰκόνα τοῦ κτίσαντος αὐτόν, ¹¹ ὅπου οὐκ ἔνι Ἕλλην καὶ
Ἰουδαῖος, περιτομὴ καὶ ἀκροβυστία, βάρβαρος, Σκύθης,
δοῦλος, ἐλεύθερος, ἀλλὰ [τὰ] πάντα καὶ ἐν πᾶσιν Χριστός.

(Col. 3:5-11)

(1) 땅에 있는 지체가 범하는 죄(골 3:5-6)

바울 사도는 본 구절을 "그러므로"(οὖν)로 시작한다. 그 이유는

바울이 바로 전 구절(골 3:1-4)의 내용을 염두에 두고 본 구절을 전개하고 있기 때문이다. 성도는 그리스도와 함께 살림을 받은 사람이요 영원한 생명을 소유한 사람이다(골 3:1, 3-4; 참조, 요 5:24). 성도는 하나님 안에 감추어진 생명을 살고 있는 사람들이다(골 3:3). 하나님 우편에 앉아 계신 그리스도와 연합된 성도들은 그리스도와 함께 영화(glorification)의 자리를 누리고 사는 사람들이다. 성도는 비록 이 땅 위에 발을 붙이고 살고 있지만 그의 소속은 하나님의 나라이다(빌 3:20).

따라서 바울은 성도들에게 땅에 있는 지체를 죽이라고 권면하고 있는 것이다. 그리고 죽여야 할 땅에 있는 지체는 음란, 부정, 사욕, 악한 정욕, 그리고 탐심이라고 설명한다(골 3:5). 박윤선 박사는 음란과 부정의 관계를 "'음란'이란 말은 '부정'이란 말보다 범위가 좁은 말로서 불법적(不法的)으로 취하는 성적행동(性的行動)을 이름이고, '부정'은 성문제(性問題)에 대한 일체(一切)의 불합리한 언행(言行)을 가리킬 것이다."[123]라고 정리한다.

그리고 바울은 본 절에서 특별히 탐심을 구별하여 "탐심은 우상숭배"라고 비교적 과격한 표현으로 설명하고 있다. 그 이유는 사람이 하나님과 재물을 동시에 섬길 수 없는데 바로 이 탐심은 하나님의 자리에 다른 것을 채우기 때문에 우상숭배라고 말하는 것이다. 예수님은 "너희가 하나님과 재물을 겸하여 섬기지 못하느니라"(마 6:24)라고 재물을 탐하는 위험을 경고하셨다. 하나님은 온 세상에서 유일하시며 바로 그 하나님은 다른 신을 용납하시지 않는다(출 20:3-5). 그런데 "탐심"(πλεονεξία)은 인간의 마음에서 하나님의 자

리를 제거하는 역할을 한다. 따라서 바울 사도는 "탐심"을 하나님의 진노의 대상으로 묘사하고 탐심을 가진 사람은 하나님 나라의 기업을 받을 수 없다고 가르친다(골 3:5; 고전 6:10; 엡 5:5; 참조, 벧후 2:3, 14).[124] 예수님은 재물이 많은 청년이 "내가 무슨 선한 일을 하여야 영생을 얻으리이까?"(마 19:16)라고 묻자 먼저 계명을 지키라고 말씀하시고, 그 청년이 모든 계명을 지켰다고 고백하자, "네 소유를 팔아 가난한 자들에게 주라 그리하면 하늘에서 보화가 네게 있으리라 그리고 와서 나를 따르라"(마 19:21)라고 가르치신다. 그런데 성경은 "그 청년이 재물이 많으므로 이 말씀을 듣고 근심하며 가니라"(마 19:22)라고 기록한다. 재물이 많은 청년은 "영생"과 "재물" 사이에서 재물을 택한 것이다. 이처럼 재물과 다른 세상적인 것에 대한 탐심은 우리의 마음에서 하나님의 자리를 빼앗는 우상숭배가 되는 것이다.

골로새서 3:6은 "이것들로 말미암아 하나님의 진노가 임하느니라"(개역개정)로 읽는다. 하지만 헬라어의 중요한 사본들은[125] "불순종의 아들들에게"를 괄호 안에 처리하여 본문에 넣는다. 그렇게 할 경우 본문은 에베소서 5:6의 "이로 말미암아 하나님의 진노가 불순종의 아들들에게 임하나니"(개역개정)와 동일한 내용이 된다. 바울이 골로새서에서 "불순종의 아들들에게"를 넣었는지는 확실하

124) Ceslas Spicq, "πλεονεξία," *Theological Lexicon of the New Testament*, Vol. 3 (Peabody, MA: Hendrickson Publishers, 1996), p. 119.

125) Bruce M. Metzger, *A Textual Commentary on the Greek New Testament* (New York: United Bible Societies, 1971), p. 624.: 골 3:6에 "불순종의 아들들에게"(ἐπὶ τοὺς υἱοὺς τῆς ἀπειθείας)를 첨가하는 사본들은 א, A, C, D, F, G, H, K, I, P 등이다. UBS 성경의 편집위원들은 해당 구절을 괄호로 처리하여 본문에 넣기로 결정하였다.

지 않지만, 이 구절의 의미는 하나님의 진노의 대상이 "불순종의 아들들"인 것만은 확실하다. 하나님은 땅에 있는 지체의 소욕대로 행동하는 사람들에게 확실하게 진노하실 것이다(골 3:6).

(2) 옛 사람과 새 사람(골 3:7-11)

바울이 사용한 "옛 사람"과 "새 사람"이란 표현은 그가 다른 곳에서 사용한 "겉 사람"과 "속 사람"(롬 7:22; 고후 4:16; 엡 3:16)이라는 표현과 다른 의미이다. "속 사람"은 믿음으로 그리스도와 연합된 사람들 속에 성령으로 잉태된 내적인 새로운 창조를 가리킨다. 즉, "새 사람"은 구원받은 성도를 뜻한다. 반면 "겉 사람"은 구원받은 성도가 몸을 가진 상태로 세상을 향해 공개적으로 활동하는 모습을 가리킨다. 그러므로 "속 사람"과 "겉 사람"은 성도를 이원론적으로 접근하는 것이 아니요, 구원받은 관점에서는 성도를 가리켜 "속 사람"이라 부를 수 있고, 세상 안에서 공개된 상태로 몸을 가지고 활동하는 성도를 가리켜 "겉 사람"이라고 부르는 것이다. "속 사람"과 "겉 사람"은 도덕적 함의 없이 성도를 보는 관점에 따라 묘사하는 표현이다.

바울은 골로새서 3:9-10에서 "옛 사람"($\tau\grave{o}\nu\ \pi\alpha\lambda\alpha\iota\grave{o}\nu\ \check{\alpha}\nu\theta\rho\omega\pi\sigma\nu$)과 "새 사람"($\tau\grave{o}\nu\ \nu\acute{e}\sigma\nu\ \check{\alpha}\nu\theta\rho\omega\pi\sigma\nu$)의 차이를 설명하고 있다. 우선 바울은 성도의 삶을 예수 믿기 이전과 이후를 구별하여 "전에"(골 3:7)와 "이제는"(골 3:8)으로 대칭시킨다. 바울은 다른 곳에서도 "옛 사람"과 "새 사람"이라는 용어를 사용한다. 바울은 에베소서

4:22에서 "옛 사람"(τὸν παλαιὸν ἄνθρωπον)을 사용하고 에베소서
4:24에서 "새 사람"(τὸν καινὸν ἄνθρωπον)을 사용한다. 비록 같은 표
현이지만 바울 사도가 에베소서 2:15에서 사용한 "새 사람"(καινὸν
ἄνθρωπον)이란 용어는 다른 의미를 가지고 있다. 바울은 에베소서
2:15에서는 "새 사람"을 기독론적(Christological)인 의미로 사용하
여 그리스도를 믿음으로 새롭게 형성된 교회를 가리키는 것으로
사용하고, 에베소서 4:24에서는 인간론적(anthropological)인 의미
로 사용하여 그리스도를 믿음으로 질적으로 새롭게 된 성도를 가
리키는 뜻으로 사용한다.[126]

그런데 골로새서 3:9-10에서 사용한 "옛 사람"과 "새 사람"의
대칭에서 "새 사람"을 묘사하는 헬라어 용어가 에베소서 4:24의
"새 사람"과는 다른 용어이다. 에베소서 4:24은 "카이논"(καινὸν)
을 사용한 반면, 골로새서 3:10은 "네온"(νέον)을 사용한다. 슈나
이더(G. Schneider)는 "네오스는 카이노스와 같이 새롭다는 의미이
다. 후자인 카이노스와 대조적으로 네오스는 새롭게 된 존재의 질
을 가리키기보다는 싱싱한 혹은 아직 늙지 않았음을 가리킨다. 네
오스는 자주 젊음의 의미로 사용되곤 한다."[127]라고 설명한다. 라

126)   J. Baumgarten, "καινός, ἀνακαινόω, καινότης," *Exegetical Dictionary of the New Testament*, Vol. 2 (Grand Rapids: Eerdmans, 1991), p. 231.

127)   바울은 골로새서 3:9-10에서 "옛 사람"(τὸν παλαιὸν ἄνθρωπον)과 "새 사람"(τὸν νέον ἄνθρωπον)을 대칭적으로 사용한다. G. Schneider, "παλαιός," *Exegetical Dictionary of the New Testament*, Vol. 3 (Grand Rapids: Eerdmans, 1993), p. 7. "It (παλαιός) indicates that which is *old*, in the sense of *having been in existence for a long time* (in contrast to νέος) or in a somewhat derived sense *obsolete* (in contrast to καινός)."(italics original). G. Schneider, "νέος, ἀνανεόω, νεότης," *Exegetical Dictionary of the New Testament*, Vol. 2 (Grand Rapids: Eerdmans, 1991), pp. 462.: "νέος, like → καινός, means *new*. In contrast to the latter, νέος designates not so much the quality of being new as (in a temporal sense) being fresh or not yet old. It is often used in the sense of

이트푸트는 "네오스"(νέος)와 카이노스(καινός)를 비교 설명하면서 "네오스는 오로지 시간과 연계하여 새로움을 가리키고, 카이노스는 시간성과 함께 질(quality)을 가리킨다. 네오스는 젊다는 의미의 새로움이고, 카이노스는 신선하다는 의미의 새로움이다. 네오스는 긴 기간에 대한 반대의 의미로 새로움을 가리키고, 카이노스는 무력함의 반대 의미로 새로움을 가리킨다."[128]라고 설명한다. 해리스 (Harris) 역시 "바울의 옛 사람(골 3:9)과 새 사람(골 3:10) 대칭은 '옛 자신'과 '새로운 자신'의 대칭이요 '옛 본성'과 '새로운 본성'의 대칭일 뿐만 아니라, 아담 안에서의 인류와 그리스도 안에서의 새로운 인류의 대칭이다."[129]라고 설명한다. 정리하자면 네오스(νέος)는 오래되지 않았다는 시간적 의미와 싱싱하다는 의미의 "새 사람"을 뜻하고, 팔라이오스(παλαιός)는 오래도록 존재해 왔다는 의미의 "옛 사람"을 의미한다. 반면 카이노스(καινός)는 새롭게 된 존재의 질을 염두에 두고 말하는 "새 사람"의 의미이다. 그러므로 바울이 골로새서 3:10에서 사용한 "새 사람"(τὸν νέον ἄνθρωπον)은 이전에 오래도록 "옛 사람"으로 존재해 왔는데 이제는 그리스도를 주로 믿음으로 싱싱하게 새롭게 된 존재임을 강조하고 있다. "새 사람"은 그리스도 안에서 과격한 변화를 통해 존재하게 된 새로운 본성을 소유한 사람이다. "새 사람"은 그리스도가 성취하신 새로운 세상에 속한 교회의 멤버이며 개인적으로 성령의 권능과 새롭게 하는 사

---

young."(italics original).

128) J. B. Lightfoot, *St. Paul's Epistles to the Colossians and to Philemon* (Lynn, MA: Hendrickson Publishers, Inc., 1981), p. 215.

129) Murray J. Harris, *Colossians and Philemon*, p. 151.

역을 경험한 존재이다[130](엡 4:24; 골 3:10; 딛 3:5).

바울은 예수 믿기 전 "옛 사람"의 삶의 특징을 11개의 악(惡)으로 묘사한다. 그것들은 "음란과 부정과 사욕과 악한 정욕과 탐심"(골 3:5)과 "분함과 노여움과 악의와 비방과 너희 입의 부끄러운 말"(골 3:8)과 "서로 거짓말을 하는 것"(골 3:9)들이다. 바울은 그의 다른 서신에서 비슷한 악을 언급한다. 바울은 갈라디아서에서 "음행, 더러운 것, 호색, 우상숭배, 주술, 원수 맺는 것, 분쟁, 시기, 분냄, 당 짓는 것, 분열, 이단, 투기, 술 취함, 방탕함, 그와 같은 것들"(갈 5:19-21)을 언급하고, 고린도전서에서는 "음행, 우상숭배, 간음, 탐색, 남색, 도적, 탐욕, 술 취함, 모욕, 속여 빼앗는 것"(고전 6:9-10)을 열거하고, 로마서에서는 "불의, 추악, 탐욕, 악의, 시기, 살인, 분쟁, 사기, 악독, 수군수군하는 것, 비방, 능욕, 교만, 자랑, 악을 도모하는 것, 부모를 거역하는 것, 우매, 배약, 부정, 무자비"(롬 1:29-32)를 언급한다. 이와 같은 악들은 하나님 나라 안에서는 용납될 수 없는 것들이다(살전 4:3-7; 딤전 3:1-13; 딛 1:5-9 참조). 왜냐하면 "하나님의 나라는 먹는 것과 마시는 것이 아니요 오직 성령 안에 있는 의와 평강과 희락"(롬 14:17)만 있기 때문이다.

예수 믿은 이후 "새 사람"의 삶은 지금까지 언급한 "옛 사람"의 특징들을 벗어버리고 하나님의 창조의 원리에 따라 창조주와 피조물의 구별을 인정하고 새로운 지식으로 하나님을 경외하고 사람 사이의 차별이 없음을 아는 것이다(골 3:10-11). 바울은 새 사람이 된 성도는 옛 사람이 즐겨했던 "분함과 노여움과 악의와 비방"과

---

130)   Ridderbos, *Paul: An Outline of His Theology*, p. 224.

"거짓말"을 벗어 버리고(골 3:8-9), 하나님의 형상대로 창조된 깊은 뜻을 따라 하나님의 명령을 순종하여 "긍휼과 자비와 겸손과 온유와 오래 참음"과 용서와 사랑을 실천하는 삶을 살아야 한다(골 3:12-14)라고 강조한다. 새롭게 창조되지 않은 사람들은 새롭게 창조된 사람들을 위해 의도된 명령을 결코 실천할 수가 없다.[131] 하나님은 그리스도 안에서 "헬라인이나 유대인이나 할례파나 무할례파나 야만인이나 스구디아인이나 종이나 자유인"(골 3:11)의 차별이 없는 새로운 한 가족을 만드셨다. 하나님은 그리스도의 복음 안에서 모든 종족을 한 가족으로 만드셔서 "그리스도는 만유시요 만유 안에 계시니라"(골 3:11)를 성취하시게 된다. 바울이 "그리스도는 만유시요 만유 안에 계시니라"라는 표현을 통해 골로새 교회 성도들에게 전하고자 하는 뜻은 무엇인가? 바울은 이 말씀을 통해 예수님의 죽음과 부활로부터 재림에 이르는 전 구원역사(salvation history)를 제시하고 있다. 그리스도가 만유시요 만유 안에 계시기 위해서는 인간의 죄로 인해 왜곡된 하나님의 나라가 완성되고, 죄 문제가 해결되어 사망이 그 효력을 상실하고, 완성된 하나님의 나라를 그리스도께서 하나님 아버지께 바칠 수 있어야 된다(고전 15:24). 예수님이 재림하시면 모든 구원받은 성도들이 부활체를 입게 되고 사망을 정복하고 영원히 살게 될 것이다(고전 15:54-56). 예수님이 재림하시면 감추어진 성도들의 영광이 황홀하게 드러날 것이다(살후 1:10-12). 마치 어머니 배 속에 있는 생명이 출산할 때 세상에 극명하게 드러나듯이 예수님의 죽음과 부활을 통해 획득한 새로운 생명이 예수님의 재림 때에 온 세상과 모든 사람들의 눈에

131) G. K. Beale, *Colossians and Philemon*, p. 275.

드러날 것이다.[132] 바로 이 때에 "그리스도는 만유시요 만유 안에 계시리라"(골 3:11)의 말씀이 성취될 것이요, "하나님이 만유의 주로서 만유 안에 계시려 하심이라"(고전 15:28)의 말씀이 성취될 것이다. 예수 그리스도 안에서 구원받은 성도들은 모두 새 사람들이요 감추어진 상태로 이런 영광을 이미 소유한 사람들로서 온전하게 드러날 때를 소망하며 살고 있는 사람들이다. 그러므로 새 사람은 성령의 조종을 받는 사람임으로 성령의 열매 즉 "사랑과 희락과 화평과 오래 참음과 자비와 양선과 충성과 온유와 절제"(갈 5:22-23; 참조, 골 3:12-17)가 삶의 특징이 되어야 한다.

3. 한 몸으로 부름 받은 성도(골 3:12-17)

"그러므로 너희는 하나님이 택하사 거룩하고 사랑 받는 자처럼 긍휼과 자비와 겸손과 온유와 오래 참음을 옷 입고 누가 누구에게 불만이 있거든 서로 용납하여 피차 용서하되 주께서 너희를 용서하신 것 같이 너희도 그리하고 이 모든 것 위에 사랑을 더하라. 그리스도의 평강이 너희 마음을 주장하게 하라 너희는 평강을 위하여 한 몸으로 부르심을 받았나니 너희는 또한 감사하는 자가 되라. 그리스도의 말씀이 너희 속에 풍성히 거하여 모든 지혜로 피차 가르치며 권면하고 시와 찬송과 신령한 노래를 부르며 감사하는 마

---

132)   David Michael Stanley, *Christ's Resurrection in Pauline Soteriology* (1961), p. 215.

음으로 하나님을 찬양하고 또 무엇을 하든지 말에나 일에나 다 주 예수의 이름으로 하고 그를 힘입어 하나님 아버지께 감사하라."(골 3:12-17, 개역개정)

¹² Ἐνδύσασθε οὖν, ὡς ἐκλεκτοὶ τοῦ θεοῦ ἅγιοι καὶ ἠγαπημένοι, σπλάγχνα οἰκτιρμοῦ χρηστότητα ταπεινοφροσύνην πραΰτητα μακροθυμίαν, ¹³ ἀνεχόμενοι ἀλλήλων καὶ χαριζόμενοι ἑαυτοῖς ἐάν τις πρός τινα ἔχῃ μομφήν· καθὼς καὶ ὁ κύριος ἐχαρίσατο ὑμῖν, οὕτως καὶ ὑμεῖς· ¹⁴ ἐπὶ πᾶσιν δὲ τούτοις τὴν ἀγάπην, ὅ ἐστιν σύνδεσμος τῆς τελειότητος. ¹⁵ καὶ ἡ εἰρήνη τοῦ Χριστοῦ βραβευέτω ἐν ταῖς καρδίαις ὑμῶν, εἰς ἣν καὶ ἐκλήθητε ἐν ἑνὶ σώματι· καὶ εὐχάριστοι γίνεσθε. ¹⁶ Ὁ λόγος τοῦ Χριστοῦ ἐνοικείτω ἐν ὑμῖν πλουσίως, ἐν πάσῃ σοφίᾳ διδάσκοντες καὶ νουθετοῦντες ἑαυτούς, ψαλμοῖς ὕμνοις ᾠδαῖς πνευματικαῖς ἐν [τῇ] χάριτι ᾄδοντες ἐν ταῖς καρδίαις ὑμῶν τῷ θεῷ· ¹⁷ καὶ πᾶν ὅ τι ἐὰν ποιῆτε ἐν λόγῳ ἢ ἐν ἔργῳ, πάντα ἐν ὀνόματι κυρίου Ἰησοῦ, εὐχαριστοῦντες τῷ θεῷ πατρὶ δι' αὐτοῦ.(Col 3:12-17)

(1) 하나님의 특별한 사랑을 받은 성도(골 3:12-14)

성도들은 하나님께서 창세전에 그리스도 안에서 선택한 그의 백성들이다(엡 1:4). 바울은 본 단락에서 성도들이 하나님의 선택을 받고, 거룩하고, 사랑받는 존재임을 밝히고(골 3:12), 그렇기 때문에 성도들은 긍휼, 자비, 겸손, 온유, 오래 참음, 용서, 사랑을 실천하는 삶을 살아야 한다고 권면하면서(골 3:12-14) 감사하는 자가 되라고 말한다(골 3:15-17). 본문을 자세히 살펴보면 두 가지의 주제가 마치 천의 날줄과 씨줄처럼 서로 엮어져 있음을 본다. 그것은 "성도가 누구냐"라는 것과 "성도는 무엇을 해야 하느냐"이다. 성도는 "우리가 누구냐" 때문에 감사해야 하며, "우리가 무엇을 해야 하느냐" 때문에 또한 감사해야 한다. 이제 성도가 어떤 존재인지와 또 어떤 일을 해야 하는지에 대해 본 구절이 어떻게 설명하는지 좀 더 자세히 고찰하도록 한다.

바울은 "성도가 누구냐" 때문에 감사해야 한다고 강조한다. 본문은 성도들을 가리켜 "하나님의 선택을 받은 자," "하나님의 거룩한 자," 그리고 "하나님의 사랑을 받은 자"라고 정의 한다(골 3:12). 골로새서 3:12을 좀 더 이해하기 쉽게 번역하면 "그러므로 너희는 하나님의 택하신 자처럼, 하나님의 거룩한 자처럼, 그리고 하나님의 사랑을 받은 자처럼 긍휼과 자비와 겸손과 온유와 오래 참음을 옷 입으라"로 할 수 있다. 바울은 성도들이 이미 선택 받은 자, 거룩한 자, 사랑 받는 자임을 전제하고 논리를 전개하고 있다. 바울은 성도의 정체성이 먼저이고 그 다음에 정체성에 합당한 행동의 열매가 뒤따라야 한다고 강조하고 있는 것이다.

바울은 "옷 입으라"('Ενδύσασθε)를 골로새서 3:12의 맨 처음에 위치시키고 과거시상(aorist)을 사용함으로 단호한 권고임을 강조하여 천명하고 있다. 그러므로 성도들이 "긍휼과 자비와 겸손과 온유와 오래 참음"(골 3:12, 참조, 엡 4:2, 32)으로 옷 입는 것은 마땅히 실천해야 할 책임이다. 하나님은 먼저 성도들을 택하시고, 거룩하

게 만드시고, 성도들을 사랑하셔서 그의 자녀로 삼으신 다음에 성
도인 우리들에게 어떻게 살아야 한다고 말씀하신다. 그러므로 우
리는 하나님이 어떤 존재로 우리를 만드셨는지를 깨닫고 하나님께
감사해야 한다. 에베소서 2:10은 성도들을 가리켜 "그의 만드신
바"(his workmanship)라는 표현으로 성도들이 하나님의 걸작품이
라고 설명한다. 이제 성도들은 하나님께 감사하는 삶을 살아야 한
다. 바울은 본 구절(골 3:12-17)에서 세 번이나 감사의 삶을 언급한
다. 바울은 성도들에게 "감사하는 자가 되라"(골 3:15), "감사하는
마음으로 하나님을 찬양하고"(골 3:16),[133] "하나님 아버지께 감사
하라"(골 3:17)라고 권면하고 있다. 이제 성도들이 어떤 존재인지
를 좀 더 구체적으로 고찰하도록 한다.

① 바울은 성도들이 "하나님의 선택을 받은 자"들이기 때문에
하나님께 감사해야 한다(골 3:12)라고 권면한다. 선택이라는 용어
는 바울서신 여러 곳에서 나타난다(명사, 롬 9:11; 11:5, 7, 28). 그리
고 바울은 성경 다른 곳에서 선택이란 주제에 관해 설명하고 있다
(롬 8:33; 11:29; 16:13; 고전 1:27, 28; 엡 1:4-6; 골 3:12-17; 딤후
2:10, 19; 딛 1:1). 이런 구절들을 근거로 성도들이 택함 받았다는

---

133) 골 3:16은 원래 ἐν τῇ χάριτι ᾄδοντες ἐν ταῖς καρδίαις ὑμῶν τῷ θεῷ 로 읽는다. 그러
므로 "너희 은혜의 마음으로 하나님께 찬양하고"로 번역할 수 있다. 그런데 번역들은
"감사하는 마음으로 하나님을 찬양하고" (개역개정), "감사한 마음으로 하나님께 찬
양하여라"(바른 성경), "with thankfulness in your hearts to God" (ESV, RSV), "with
gratitude in your hearts to God" (NIV), "with grace in your hearts to the Lord"(AV)
등으로 약간의 차이가 나타난다. 오직 흠정역만 은혜를 살려서 번역했다. 하지만 카
리스(χάρις)에는 감사의 의미가 있고, 눅 17:9; 롬 6:17; 7:25; 고후 2:14; 8:16; 9:15; 딤전
1:12; 딤후 1:3에서 감사(thanks)의 의미로 사용되었다. 사실상 은혜의 개념 속에 감
사의 의미가 함축되어 있다.

의미가 무엇인지 잠시 생각해 보도록 한다.

첫째, 선택은 영원 전부터이다. 바울은 "너희는 하나님이 택하사"(골 3:12)라고 성도들이 선택된 백성들임을 분명히 한다. 다른 곳에서 바울은 하나님께서 "창세전에 그리스도 안에서 우리를 택하사"(엡 1:4)라고 말한다. 하나님이 우리들을 택하시되 창세전에 우리를 택하셨다. 우리가 이 세상에 태어나기도 전에 하나님은 그의 지혜와 사랑으로 우리를 택하신 것이다. 그루뎀(Grudem)은 하나님의 선택을 다음과 같이 정의한다. "선택은 하나님이 인간 안에 어떤 예측된 공로 때문이 아니라 그의 주권적인 선하신 뜻 때문에 어떤 사람을 구원하시기로 창조 전에 선택한 하나님의 행위이다."[134] 인간의 사역이 먼저가 아니요 하나님의 사역이 먼저이다. 우리가 우리의 삶에 대한 계획을 세우기도 전에 하나님께서 우리의 생애에 대한 계획을 세워 두셨다. 우리가 하나님에 대해 알기도 전에 하나님께서 우리를 알고 계셨다.

그러므로 선택은 주권적이고 무조건적이다. 하나님께서 우리를 택하시되 우리의 선행을 근거했다거나 우리의 공로를 근거했다거나 혹은 앞으로 우리가 선한 일을 할 것을 내다보고 우리를 선택하신 것이 아니다. 하나님은 아무런 조건 없이 우리를 택해 주셨다. 하나님이 나를 무조건 선택했다고 믿는 것은 나의 미래를 내 손에 맡기지 않고 전능하신 하나님의 손에 맡긴다고 믿는 것이다. 얼마나 마음 든든하고 감사한 일인가! 그러기 때문에 하나님의 선택은

---

134) Wayne Grudem, *Systematic Theology* (Grand Rapids: Zondervan, 1994), p. 670.: *"Election is an act of God before creation in which he chooses some people to be saved, not on account of any foreseen merit in them, but only because of his sovereign good pleasure."* (italics original).

확실하고 그 효과가 100%이다. 하나님이 성도들을 선택했기 때문에 예수님을 바로 믿는 성도는 지옥에 갈 사람이 한 사람도 없다.

둘째, 선택은 그리스도 안에서 개인 성도를 선택한 것이다. 하나님은 우리를 단체로 선택하시지 않고 개인 한 사람 한 사람을 선택하셨다. 그래서 바울 사도는 이스라엘 백성의 구원 문제를 다루는 로마서 9장, 10장, 11장의 한 부분에서 구원의 방법을 제시한다. 그 방법은 "네가 만일 네 입으로 예수를 주로 시인하며 또 하나님께서 그를 죽은 자 가운데서 살리신 것을 네 마음에 믿으면 구원을 받으리라 사람이 마음으로 믿어 의에 이르고 입으로 시인하여 구원에 이르느니라"(롬 10:9-10, 개역개정)의 방법이다. 그러므로 어느 누가 어느 단체에 속하여야만 천국에 갈 수 있다고 주장하면 그 말은 거짓일 수밖에 없다. 선택은 개인적으로 하셨지만 선택받은 백성들이 모여 한 몸인 교회를 이루게 된다(엡 1:4; 딤후 2:10).

셋째, 선택은 구원을 위한 것이지만 또한 봉사를 위한 것이기도 하다. 바울은 선택받은 자는 반드시 봉사해야만 한다고 강조한다. 성도의 거룩한 삶은 선택받았다는 증거이다. "그리스도를 위하여 너희에게 은혜를 주신 것은 다만 그를 믿을 뿐 아니라 또한 그를 위하여 고난도 받게 하려 하심이라"(빌 1:29, 개역개정). 선택은 생애 전반에 영향을 미친다. 우리들의 생애에 미치는 선택의 영향은 피상적인 것이 아니요 구체적인 것이다. 선택받았다는 의식은 성도들의 생활에서 성령의 열매를 맺게 한다.[135] 본문 골로새서

---

135) Hendriksen, *Exposition of Colossians and Philemon* (*NTC*), p. 155.: "Election affects life in all its phases, is not abstract. Although it belongs to God's decree from eternity, it becomes a dynamic force in the hearts and lives of God's children. It produces fruits. It is an election not only unto salvation but definitely also (as a link in the

3:12-17에 나타난 성도가 실천해야 할 행동의 열매는 긍휼과 자비와 겸손과 온유와 오래 참음과 용납과 용서와 사랑과 평강 등 아홉 가지이다. 그런데 바울은 성령의 열매로 사랑과 희락과 화평과 오래 참음과 자비와 양선과 충성과 온유와 절제(갈 5:22-23) 등 역시 아홉 가지 열매를 가르친다. 골로새서 3장과 갈라디아서 5장의 열매를 비교하면 자비, 온유, 오래 참음, 사랑, 평강의 다섯 가지 열매가 동일한 것이요, 골로새서의 긍휼과 겸손과 용납과 용서의 자리에 갈라디아서는 희락과 양선과 충성과 절제를 언급하고 있다. 바울은 골로새서 3장에서 갈라디아서 5장의 성령의 열매와 거의 같은 열매를 언급함으로 성도들이 하나님의 선택을 받았기 때문에 성도들의 삶 속에는 반드시 이와 같은 구체적인 열매가 있어야 한다고 권면하고 있는 것이다.

넷째, 선택의 궁극적 목적은 하나님의 영광을 위한 것이다. 여기서 에베소서 1:3-14의 내용을 다루는 것이 도움을 준다. 에베소서 1:3-14은 성 삼위 하나님의 우리를 향한 구원계획을 잘 묘사해 준다. 바울 사도는 에베소서 1:3-6까지 성부 하나님의 구원계획을 설명하고 마지막 절에서 "그의 은혜의 영광을 찬송하게 하려는 것이라"(엡 1:6)라고 정리한다. 바울은 또한 에베소서 1:7-12까지 성자 하나님의 구속 성취를 설명하고 역시 마지막 절에서 "그의 영광의 찬송이 되게 하려 하심이라"(엡 1:12)라고 정리한다. 그리고 바울 사도는 에베소서 1:13-14에서 성령 하나님의 사역을 설명하고 에베소서 1:14에서 "그의 영광을 찬송하게 하려 하심이라"(엡

chain) unto service. It has as its final aim God's glory, and is the work of his delight (Eph. 1:4-6)."

1:14)라고 정리한다. 하나님이 우리를 선택하시고 자기의 아들로 삼으시며(엡 1:4-5), 우리를 속량하시고 하나님의 뜻의 비밀을 우리에게 알리시며(엡 1:7-9), 우리를 약속의 성령으로 인치신(엡 1:13) 궁극적 목적은 우리로 하여금 하나님의 영광을 찬송하게 하려 하심이다(엡 1:6, 12, 14). 칼빈은 "하나님의 아들이 사람의 아들이 된 것은 사람의 아들들로 하여금 하나님의 아들들이 되게 하기 위해서이다."[136]라고 설명한다.

바울은 성도들이 "하나님의 거룩한 자"들이기 때문에 하나님께 감사해야 한다(골 3:12)고 권면한다. 성도들이 어떻게 거룩하다고 인정받을 수 있는가? 성도들의 생각과 삶이 성도들의 죄인 됨을 증거하고 있지 않는가? 하나님은 성도들의 연약성을 아시기 때문에 하나님의 방법으로 성도들을 거룩하게 만드셨다. 사람이 죄인이기 때문에 죄 없는 예수님이 성육신하셔야 했고, 사람이 죄인이기 때문에 예수님이 십자가를 지셔야 했다. 십자가상에서 흘리신 그리스도의 피는 성도들을 죄에서부터 깨끗하게 하셨고, 날마다 하나님의 형상을 닮아가도록 새롭게 해 주신다. 성도들은 그리스도의 의 때문에 거룩하게 되었고 따라서 성도들은 하나님의 거룩한 자들이 되었다. 예수 그리스도께서 그의 생애를 통해 성취하신 의와 성화와 영화가 성도들이 예수님을 구세주로 믿는 순간 모두 성도들의 것이 된 것이다. 그러므로 성도들의 구원은 온전한 구원이 된 것이다.

바울은 성도들이 "하나님의 사랑을 받은 자"이기 때문에 하나님

---

136)   John Calvin, *The Epistles of Paul the Apostle to the Galatians, Ephesians, Philippians and Colossians*, p. 134.

께 감사해야 한다(골 3:12)고 권면한다. 골로새서 3:12은 성도들이 하나님의 택함을 받고, 그리스도 때문에 거룩하게 되었을 뿐만 아니라, 하나님의 사랑을 받은 존재임을 분명하게 밝힌다. 성도들은 하나님의 사랑의 대상이 된 것이다. 성도들은 하나님의 아들 예수 그리스도와 함께 된 후사로서 하나님의 사랑을 받는 자들이 되었다. 죄로 인해 하나님의 저주와 징계를 받아 마땅할 성도들이 아무런 공로도 없이 하나님의 사랑과 자비로 인해 하나님의 사랑을 받는 자가 된 것이다.

이처럼 본문은 "하나님의 택하신 자," "하나님의 거룩한 자," 그리고 "하나님의 사랑하시는 자"를 함께 묶어 성도들의 신분을 설명하고 있다. 바울은 본문에서 성도들이 누구인지를 명백하게 밝혀준다.

② 바울은 계속해서 성도가 "무엇을 해야 하느냐" 때문에 감사해야 한다고 권면한다. 하나님이 택해주셨고, 거룩하게 만들어 주셨고, 하나님의 사랑을 받은 대상으로서 성도들은 무엇을 해야 하는가? 바울은 하나님의 이와 같은 사랑을 받은 사람들은 "긍휼과 자비와 겸손과 온유와 오래 참음을 옷 입고"(골 3:12), "서로 용납하고 피차 용서하되"(골 3:13), "사랑을 더 하고"(골 3:14), "평강"을 누리라(골 3:15)고 권면하고 있다.

첫째, 바울은 성도들이 긍휼로 옷 입어야 한다고 권면한다(골 3:12). 한글 개역개정에서 번역한 "긍휼"(σπλάγχνα οἰκτιρμοῦ)은 마음 속 깊은 곳에서 우러나온 동정의 마음을 뜻한다. 여기 사용된 두 헬라어 단어가 함께 사용되기도 한다(빌 2:1).[137] 성경은 스프랑

---

137) 빌립보서에는 "긍휼이나 자비"(σπλάγχνα καὶ οἰκτιρμοί)로 번역되었고(개역개정),

크나(σπλάγχνα)를 "그리스도의 심장"이란 의미로 사용하기도 하고
(빌 1:8), "창자"라는 의미로 사용하기도 한다(행 1:18). 바울 사도
는 "내가 예수 그리스도의 심장으로 너희 무리를 어떻게 사모하는
지 하나님이 내 증인이시니라"(빌 1:8)라고 스프랑크나를 심장의
의미로 사용한다. 누가(Luke)는 "이 사람이 불의의 삯으로 밭을 사
고 후에 몸이 곤두박질하여 배가 터져 창자가 다 흘러나온지라"(행
1:18)라고 가룟 유다의 죽음을 묘사하면서 같은 용어 스프랑크나를
창자의 의미로 사용한다. 여기서 우리는 긍휼(σπλάγχνα)이 심장
중심에서 흘러나온 애끓는 동정의 마음임을 알 수 있다. 요셉이 자
기의 동생 베냐민을 보고 싶어 "마음이 타는 듯하므로 급히 울 곳
을 찾아 안방으로 들어가서 울고"(창 43:30)와 같은 마음 상태가 긍
휼을 가진 마음 상태이다. 성도들은 바울 사도가 "예수 그리스도의
심장"이란 표현을 사용한 것처럼 형제들을 대할 때 마음 깊은 곳에
서 우러나온 동정의 마음으로 옷 입어야 한다.[138]

바울은 "긍휼"(heartfelt compassion) 다음에, "자비"(mercy or
kindness), 겸손(humility), 온유(meekness), 오래 참음
(forbearance)의 순서로 기록한다. 이 순서는 긍휼이 성도들의 행
동을 위해 결정적이고 근본적인 성품임을 가르치고 있다. 긍휼의
마음은 감정과 느낌이 자리하는 곳(seat)이다. 그러므로 자비와 겸
손과 온유와 오래 참음은 긍휼의 마음이 외적으로 표현되는 결과로

영어는 "tenderness and compassion"(NIV)으로 번역되었다.

138) N. Walter, "σπλάγχνον," *Exegetical Dictionary of the New Testament*, Vol. 3 (Grand
      Rapids: Eerdmans, 1993), p. 266.

생각할 수 있다.[139] 긍휼의 마음이 있어야 자비 혹은 친절도 가능하며, 겸손할 수 있고, 온유한 태도를 나타내며, 오래 참을 수 있다.

둘째, 바울은 성도들이 자비로 옷 입어야 한다고 권면한다(골 3:12). 한글 개역개정에서 번역한 자비(χρηστότητα)는 친절이란 뜻이다. 고린도전서 13:4의 온유가 친절의 뜻을 함축하고 있듯이(동사형) 여기 골로새서 3:12의 자비 역시 친절의 뜻을 가지고 있다(명사형). 고린도전서 13:4의 "온유"는 신약성경에 단 한 번 언급되는(hapax legomenon) 단어이며, 골로새서 3:12의 "자비"는 신약성경에 10회 나타나는 용어로 개역개정판에 의하면 "인자"로 번역되기도 하고(롬 2:4; 11:22(3회)), "선"으로 번역되기도 하지만(롬 3:12), 일반적으로 "자비"로 번역되었다(고후 6:6; 갈 5:22; 엡 2:7; 골 3:12; 딛 3:4). 그런데 "자비"로 번역된 이 용어는 친절의 의미를 함축하고 있다.[140] 자비(χρηστότητα)로 번역된 구절들을 살펴보면 문맥에 비추어 볼 때 친절로 그 용어의 뜻이 친절에 가까운 것임을 확인할 수 있다. 친절은 사랑의 한 특성이기도 하다(고전 13:4). 성도들의 친절한 말 한마디, 친절한 행동 한 가지가 그리스도의 사랑을 실천하는 것이며 다른 사람을 행복하게 만든다. 그러므로 성도들은 마음에서 우러나온 친절로 옷 입어야 한다.

셋째, 바울은 성도들이 겸손으로 옷 입어야 한다고 권면한다(골 3:12). 겸손(ταπεινοφροσύνην)은 예수님이 보여주신 본이다. 예수님은 하나님이시면서도 인간의 몸을 입으시고 성육신하셨다(빌 2:6-

139) J Zmijewski, "χρηστότης," *Exegetical Dictionary of the New Testament*, Vol. 3 (Grand Rapids: Eerdmans, 1993), p. 476 참조.

140) 영어번역은 NIV와 ESV와 NASB와 NKJV가 모두 "자비"(χρηστότητα)를 "친절"(kindness)로 번역했다(고후 6:6; 갈 5:22; 엡 2:7; 골 3:12; 딛 3:4).

8). 예수님은 우리 성도들을 위해 하늘에서 땅으로 내려오신 것이다. 겸손은 성도들이 지녀야 할 귀중한 덕목이다. 성 어거스틴(St. Augustine)의 제자가 어거스틴에게 "사람이 갖추어야 할 덕목이 무엇입니까"라고 물었다. 어거스틴이 대답하기를 "첫째는 겸손이다. 둘째도 겸손이다. 셋째도 겸손이다."라고 했다. 제자가 묻기를 "겸손이 무엇입니까"라고 하자, 어거스틴이 대답하기를 "교만하지 않는 것이다."라고 했다. 그러자 제자가 "교만이 무엇입니까"라고 묻자, 어거스틴은 "자기가 겸손하다고 생각하는 것이 교만이다."라고 대답했다.[141]

겸손은 하나님의 마음을 기쁘게 하는 덕목이다. 성경은 "사람의 마음의 교만은 멸망의 선봉이요 겸손은 존귀의 길잡이니라"(잠 18:12, 개역개정)라고 가르친다. 바울은 고린도전서 15:9에서 "나는 사도 중에 지극히 작은 자"라 했고, 에베소서 3:8에서 나는 "모든 성도 중에 지극히 작은 자라"했으며, 또 디모데전서 1:15에서 "죄인 중에 내가 괴수니라"했다. 바울은 먼저 자신을 사도와 비교했고, 다음에 성도와 비교했으며, 그 다음에 자신을 죄인 괴수와 비교했다. 여기 언급된 고린도전서, 에베소서, 디모데전서의 기록 순서를 비교하면 고린도전서가 제일 먼저(AD 57), 에베소서가 그 다음(AD 63), 그리고 디모데전서가 마지막(AD 67)이다. 이것을 보면 바울이 나이가 들어 갈수록 자신에 대한 바른 평가를 한 것을 알 수 있다. 바울은 나이가 들어 갈수록 그리스도의 겸손의 깊은

---

141) Cf. Augustine, Letter 118: "To Dioscorus" (AD 410) in *Nicene and Post Nicene Fathers*, ed. by Philip Schaff Vol. 1 (Peabody: Hendrickson, Pub., 1995), 445-446.: In that way the **first part is humility; the second, humility; the third, humility**: and this I would continue to repeat as often as you might ask direction.

뜻을 더 깊게 터득한 것이다. 자기 자신을 낮게 여기는 마음이 겸손의 마음이다(빌 2:3). 백부장이 "주여 수고하시지 마옵소서 내 집에 들어오심을 나는 감당하지 못하겠나이다"(눅 7:6, 개역개정)라고 말했을 때의 마음이 바로 겸손의 마음이다. 성도들은 항상 겸손으로 옷 입고 살아야 한다.

넷째, 바울은 성도들이 온유로 옷 입어야 한다고 권면한다(골 3:12). 온유(πραΰτητα)는 결코 나약함을 뜻하지 않는다. "온유(πραΰτης)는 폭력을 단념하고 여호와를 성실히 의존하면서 봉사하는 일에 필요한 용기라고 할 수 있다."[142] 온유가 마치 강한 자에 의해 이리 밀리고 저리 밀리는 심지가 없는 사람의 특성처럼 생각되어지곤 한다. 그러나 온유는 약하다는 뜻이 아니다. 오히려 온유는 길들인 야생마의 특성과 같다. 힘과 열정과 의지가 강하지만 고삐를 쥔 주인의 조종에 순복하는 것이다. 이 말은 우리의 힘, 우리의 열정, 우리의 의지를 주님의 조종에 내맡기는 것을 뜻한다. 모세(Moses)는 하나님을 철저히 의존하는 온유한 사람이었다(민 12:3). 예수님도 온유한 분이셨다. 예수님은 "나는 마음이 온유하고 겸손하니 나의 멍에를 메고 내게 배우라 그리하면 너희 마음이 쉼을 얻으리라"(마 11:29, 개역개정)라고 가르치신다. 모세나 예수님이 약해서 온유한 것이 아니고 철저하게 하나님의 계획과 뜻에 따라 살았지만 온유한 성품을 가지고 계셨던 것이다.

다섯째, 바울은 성도들이 오래 참음(μακροθυμίαν)으로 옷 입어야 한다고 권면한다(골 3:12). 인내는 성령의 열매 중에 하나이다

142) H. Frankemölle, "πρΰς, πραΰτης," *Exegetical Dictionary of the New Testament*, Vol. 3 (Grand Rapids: Eerdmans, 1993), p. 147.

(갈 5:22). 인내는 서두르지 않고 기다리며 어떤 일이 있어도 끝까지 참는 것을 뜻한다. 오래 참음은 죄인이 회개하기를 기다리시는 하나님의 마음이다(롬 2:4). 오래 참음은 탕자 아들이 돌아오기를 소망하며 마을 어귀에 나가 계신 아버지의 마음이다(눅 15:20). 오래 참음은 농부가 씨를 뿌려 놓고 가을에 수확을 기다리는 기다림이다. 히브리서 저자는 예수님이 십자가의 길을 오래 참으심으로 가셨다고 진술하며 죄인들로부터 받은 고난도 오래 참음으로 견디셨다고 설명한다(히 12:2-3). 사랑의 특성 중에 하나는 오래 참는 것이다(고전 13:4). 그러므로 "'오래 참음'은 쉽게 끓어 오르는 진노를 조절하는 기독교인의 특별한 속성이다. 그래서 오래 참음은 덕목들(virtues)의 목록에 나타나며 다른 일련의 기독교인 덕목에 포함된다."[143]

여섯째, 바울은 성도들이 용납하고 피차 용서하는 마음으로 옷 입어야 한다고 권면한다(골 3:13). 골로새서 3:13은 에베소서 4:32과 연계해서 생각할 수 있다. 에베소서 4:32은 "서로 친절하게 하며 불쌍히 여기며 서로 용서하기를 하나님이 그리스도 안에서 너희를 용서하심과 같이 하라"(개역개정)라고 권면한다. 그런데 에베소서 4:32의 맥락은 친절(kindness)과 연민(compassion)을 가지고 서로 용서하라고 권면하지만, 골로새서 3:13의 맥락은 누구에게 불만(complaints)이 있으면 서로 용서하라고 권면하는 점에서 약간의 차이가 있다. 에베소서는 친절과 연민과 용서가 함께 사용되어 일반적인 용서의 태도를 가리킨다고 생각할 수 있고, 골로새

---

143) H. W. Hollander, "μακροθυμία," *Exegetical Dictionary of the New Testament*, Vol. 2 (Grand Rapids: Eerdmans, 1991), p. 381.

서는 불만(μομφή)과 함께 용서가 사용되었기 때문에 진정한 의미의 용서를 뜻한다고 생각할 수 있다.[144] 용납(ἀνεχόμενοι)하고 용서(χαριζόμενοι)하는 것은 상대방을 있는 그대로 받아들이는 것이다.[145] 이와 같은 마음가짐은 관용을 베푸는 마음이다. 관용은 교리는 양보하지 않으면서 상대방을 받아들이는 태도를 가리킨다. 상대방을 용납하는 것은 상대방을 있는 그대로 받아들이는 것이요, 상대방의 허물과 죄를 용서하는 것이다. 하나님께서는 죄인인 우리를 용서하시고 용납해 주셨다. 성경은 하나님의 관용의 마음을 "우리가 아직 죄인 되었을 때에 그리스도께서 우리를 위하여 죽으심으로 하나님께서 우리에 대한 자기의 사랑을 확증하셨느니라"(롬 5:8, 개역개정)라고 설명한다. 하나님이 우리를 받아 주신 것은 "우리가 아직 죄인 되었을 때"이다. 그래서 본문은 "누가 누구에게 불만이 있거든 서로 용납하여 피차 용서하되 주께서 너희를 용서하신 것과 같이 너희도 그리하고"(골 3:13)라고 권면하고 있다. 형제를 몇 번이나 용서하면 되겠느냐고 묻는 베드로에게 예수님은 일흔 번씩 일곱 번 즉 490번을 용서하라고 말씀하신다(마 18:22). 이는 제한 없이 용서하라는 말씀이다.

일곱째, 바울은 성도들이 사랑으로 옷 입어야 한다고 권면한다(골 3:14). 사랑(ἀγάπην)은 긍휼을 참 긍휼로 만들고, 친절을 진정한 친절로 만들며, 겸손을 진정한 겸손으로, 온유를 아름다운 순종

144) K. Berger, "χαρίζομαι," *Exegetical Dictionary of the New Testament,* Vol. 3 (Grand Rapids: Eerdmans, 1993), p. 457.

145) L. Morris, "Forgiveness," *Dictionary of Paul and His Letters* (Downers Grove: InterVarsity Press, 1993), p. 312. "Paul chose *charizomai* because of its resonance with *charis*, 'grace' and its personal reference to people rather than to sins."

으로 만들며, 인내를 억지가 되지 않게 만들고, 관용을 순수하게 만든다. "이 모든 것 위에 사랑을 더 해야 한다"(골 3:14). 사랑은 온전하게 매는 띠이다. 사랑은 허물을 덮는다. 사랑은 율법을 이룬다(롬 13:8, 10). 사랑은 성도들을 하나로 만든다(엡 4:3). 예수님은 사랑을 새 계명이라고 가르치신다(요 13:34). 예수님은 율법과 선지자의 강령이 "하나님을 전심으로 사랑하고 이웃을 자신처럼 사랑하는 것"이라고 가르치신다(마 22:37-40).

(2) 감사하는 자가 되라(골 3:15-17)

본문 "그리스도의 평강이 너희 마음을 주장하게 하라"(골 3:15)라는 구절은 본문비평의 문제를 가지고 있다. 어떤 이는 "그리스도의 평강"(ἡ εἰρήνη τοῦ Χριστοῦ) 대신 "하나님의 평강"(ἡ εἰρήνη τοῦ θεοῦ)으로 본문을 읽는다. "그리스도의 평강"을 지지하는 사본들이 "하나님의 평강"을 지지하는 사본보다 더 신빙성이 있기 때문에 본문은 "그리스도의 평강"으로 읽는 것이 더 타당하다.[146] 어쩌면 "하나님의 평강"을 지지하는 사본들은 빌립보서 4:7의 "하나님의 평강"과 일치시키려는 의도에 따른 결과일 수 있다.

바울은 본 구절에서 성도는 "감사하는 자"가 되어야 한다고 강조한다. 바울은 "너희는 또한 감사하는 자가 되라"(골 3:15)라고 명령하고, 이어서 "감사하는 마음으로 하나님을 찬양하고"(골

---

146) "그리스도의 평강"(ἡ εἰρήνη τοῦ Χριστοῦ)을 지지하는 사본들은 ℵ*, A, B, C*, D*, F 등이요, "하나님의 평강"(ἡ εἰρήνη τοῦ θεοῦ)을 지지하는 사본들은 ℵ², C², D² 등이다.

3:16)[147]라고 권면하고, 계속해서 "하나님 아버지께 감사하라"(골 3:17)라고 가르친다. 바울은 연속되는 세 절에서 감사하는 삶을 강조하고 있다.

바울은 성도들이 감사에 관한 한 어떤 사람들이 되어야 할 것을 분명히 한다. 성도들은 성도들이 가진 모든 것을 주님이 주셨다는 사실을 깨닫고 항상 감사하는 자가 되어야 한다. 성도들의 생명, 가족, 소유, 미래, 그리고 성도들이 소유한 구원과 영생까지도 하나님이 주셨다. 하나님은 성도들을 향한 그의 사랑으로 성도들이 사망을 정복하고 살 수 있도록 승리자로 만들어 주셨다(고전 15:55-56). 그러므로 성도들은 "우리에게 승리를 주시는 하나님께 감사"(고전 15:57)하면서 살아야 한다.

성도들이 어떤 사람이 되어야 하느냐? 성도들은 "감사하는 자"가 되어야 한다. 바울은 성도들의 존재가 "감사해야 할 존재"임을 말하고, 다음으로 감사의 방법을 말한다. 성도들은 "시와 찬미와 신령한 노래를 부르며" "하나님을 찬양해야 한다"(골 3:16). 여기서 "시"는 구약의 시편을 생각하고 사용했을 것이다. 그리고 "찬미"는 어거스틴(Augustine)의 말을 빌리면 세 가지의 요소가 있어야 하는

147) 어떤 번역은 골 3:16을 "은혜의 마음으로 주님께 찬양하고"로 번역한다. 그 이유는 헬라어 본문이 "ἐν τῇ χάριτι ᾄδοντες"로 되어있기 때문이다. 그러나 "감사하는 마음으로"라고 본문을 번역하는 것이 더 타당하다. Cf. William F. Arndt and F. Wilbur Gingrich, *A Greek-English Lexicon of the New Testament and Other Early Christian Literature* (Chicago: The University of Chicago Press, 1957), p. 886 참조. KJV과 NKJV은 "은혜의 마음으로"라고 번역했다.("with grace in your hearts to the Lord"). 다른 번역본은 대부분 "감사하는 마음으로"라고 번역했다. ESV: "with thankfulness in your hearts to God"; NRSV: "with gratitude in your hearts"; NIV: "with gratitude in your hearts to God"; 개역: "마음에 감사함으로 하나님을 찬양하고"; 개역개정: "감사하는 마음으로 하나님을 찬양하고"; 표준새번역과 표준새번역개정: "감사한 마음으로, 시와 찬미와 신령한 노래로, 여러분의 하나님께 마음을 다하여 찬양하십시오."

데 그것은 첫째, 마땅히 노래로 불러야 하며(it must be sung), 둘째, 마땅히 칭찬하는 것이어야 하며(it must be a praise), 셋째, 마땅히 하나님을 향한 것이어야 한다(it must be to God).[148] 바울은 성도들의 감사의 찬양이 하나님을 찬양하는 것이 되어야 한다고 가르친다(골 3:16-17). 성도들의 감사는 하나님 아버지께 드려져야 한다(골 3:17). 감사하는 사람은 하나님의 평강을 누리게 되고 그리스도의 몸을 이루어 나가는 사람이다(골 3:15). 바울 사도는 그의 다른 서신에서 감사와 하나님의 평강을 연계하여 설명하기도 한다. 바울은 "너희 구할 것을 감사함으로 하나님께 아뢰라 그리하면 모든 지각에 뛰어난 하나님의 평강이 그리스도 예수 안에서 너희 마음과 생각을 지키시리라"(빌 4:6-7, 개역개정)라고 가르친다.

4. 주께 하듯 하라(골 3:18-4:1)

"아내들아 남편에게 복종하라 이는 주 안에서 마땅하니라. 남편들아 아내를 사랑하며 괴롭게 하지 말라. 자녀들아 모든 일에 부모에게 순종하라 이는 주 안에서 기쁘게 하는 것이니라. 아비들아 너희 자녀를 노엽게 하지 말지니 낙심할까 함이라. 종들아 모든 일에 육신의 상전들에게 순종하되 사람을 기쁘게 하는 자와 같이 눈가림만 하지 말고 오직 주를 두려워하여 성실한 마음으로 하라. 무

---

148)   William Hendriksen, *Exposition of Colossians and Philemon,* p. 162에서 재인용.

슨 일을 하든지 마음을 다하여 주께 하듯 하고 사람에게 하듯 하지 말라. 이는 기업의 상을 주께 받을 줄 아나니 너희는 주 그리스도를 섬기느니라. 불의를 행하는 자는 불의의 보응을 받으리니 주는 사람을 외모로 취하심이 없느니라.˝(골 3:18-25. 개역개정). ¹ "상전들아 의와 공평을 종들에게 베풀지니 너희에게도 하늘에 상전이 계심을 알지어다.˝(골 4:1)

¹⁸ Αἱ γυναῖκες, ὑποτάσσεσθε τοῖς ἀνδράσιν ὡς ἀνῆκεν ἐν κυρίῳ. ¹⁹ Οἱ ἄνδρες, ἀγαπᾶτε τὰς γυναῖκας καὶ μὴ πικραίνεσθε πρὸς αὐτάς. ²⁰ Τὰ τέκνα, ὑπακούετε τοῖς γονεῦσιν κατὰ πάντα, τοῦτο γὰρ εὐάρεστόν ἐστιν ἐν κυρίῳ. ²¹ Οἱ πατέρες, μὴ ἐρεθίζετε τὰ τέκνα ὑμῶν, ἵνα μὴ ἀθυμῶσιν. ²² Οἱ δοῦλοι, ὑπακούετε κατὰ πάντα τοῖς κατὰ σάρκα κυρίοις, μὴ ἐν ὀφθαλμοδουλίᾳ ὡς ἀνθρωπάρεσκοι, ἀλλ᾽ ἐν ἁπλότητι καρδίας φοβούμενοι τὸν κύριον. ²³ ὃ ἐὰν ποιῆτε, ἐκ ψυχῆς ἐργάζεσθε ὡς τῷ κυρίῳ καὶ οὐκ ἀνθρώποις, ²⁴ εἰδότες ὅτι ἀπὸ κυρίου ἀπολήμψεσθε τὴν ἀνταπόδοσιν τῆς κληρονομίας. τῷ κυρίῳ Χριστῷ δουλεύετε· ²⁵ ὁ γὰρ ἀδικῶν κομίσεται ὃ ἠδίκησεν, καὶ οὐκ ἔστιν προσωπολημψία.(Col 3:18-25) ¹ Οἱ κύριοι, τὸ δίκαιον καὶ τὴν ἰσότητα τοῖς δούλοις παρέχεσθε, εἰδότες ὅτι καὶ ὑμεῖς ἔχετε κύριον ἐν οὐρανῷ.(Col 4:1)

(1) 성령 충만한 성도의 삶(골 3:18-25; 4:1)

바울은 에베소서 5:22-6:9에서 언급한 아내와 남편의 관계, 자녀와 부모의 관계, 그리고 종들과 상전들과의 관계를 여기 골로새서에서는 좀 더 간략하게 묘사한다. 우리는 에베소서와 골로새서가 같은 장소, 같은 시기에 기록된 것을 주목하여야 한다. 에베소서에서는 성령 충만한 삶을 언급하고(엡 5:18-21) 곧바로 인간이면 누구든지 어느 한 관계 속에 있을 수밖에 없는 세 관계를 언급함으로 성도들은 어떤 관계 안에 있을지라도 성령 충만한 삶을 살아야 한다고 가르치고 있다. 여기 골로새서에서도 바울 사도는 성도들이 "긍휼과 자비와 겸손과 온유와 오래 참음을 옷 입고"(골 3:12), "서로 용납하고 피차 용서하되"(골 3:13), "이 모든 것 위에 사랑을 더하라"(골 3:14), 그리고 "너희는 또한 감사하는 자가 되라"(골 3:15)와 같은 내용의 말씀을 하고 남편과 아내, 부모와 자녀, 상전과 종들의 관계를 언급함으로 성령 충만한 삶의 관계를 함축하고 있는 것이다.

성령 충만은 성령 세례와는 다르다. 성령 세례는 성도가 처음 예수 믿을 때 받는 것이다. "우리가 유대인이나 헬라인이나 종이나 자유자나 다 한 성령으로 세례를 받아 한 몸이 되었고 또 다 한 성령을 마시게 하셨느니라"(고전 12:13). 성도의 구원 경험에 있어서 성령 세례는 단회적인 경험이요 처음 예수 믿을 때 발생하는 경험이다. 해리슨(Harrison)은 "충만과 세례는 완전한 동의어가 아니다. 세례는 성령의 최초 선물을 위해 적합한 용어이다(행 1:5; 11:16-17). 왜냐하면 그것은 새로운 관계의 시작을 표시하기 때문

이다. 물세례와 같이 그것은 기독교인으로서의 시작을 말하며 그
것은 반복될 수 없다(참조, 고전 12:13). 성령으로 세례 받은 사람은
충만해질 수 있는데 단순히 한 번만이 아니고(행 4:8) 계속적으로
충만해질 수 있다(행 4:31; 엡 5:18). 그러나 성령으로 한 번 이상
세례 받았다는 기록은 없다."[149]라고 말한다. 성령 충만은 예수 믿
은 사람이 계속 누릴 수 있는 축복이다. 성령 충만한 성도는 몇 가
지의 삶의 특징을 가지고 있다. 첫째, 성령 충만한 성도는 아름다
운 교제 관계를 이룬다(골 3:13). 둘째, 성령 충만한 성도는 감사하
는 마음을 소유하게 된다(골 3:15). 셋째, 성령 충만한 성도는 평강
을 만들면서 산다(골 3:15). 넷째, 성령 충만한 성도는 주님께 찬양
하는 마음을 가진다(골 3:16).[150]

   바울은 본문에서 아내에게 "복종하라"(골 3:18), 남편에게 "사
랑하라", "괴롭게 하지 말라"(골 3:19), 자녀에게 "순종하라"(골
3:20), 아비들에게 "노엽게 하지 말라"(골 3:21), 종들에게 "순종하
라"(골 3:22), "주께 하듯 하라"(골 3:23), "섬기라"(골 3:24), 상전
들에게 "베풀라"(골 4:1)라는 표현을 모두 현재 명령형을 사용한다.
바울 사도가 이렇게 현재 명령형을 사용한 것은 특별한 의미를 포
함하고 있다.

   첫째, 명령형을 썼기 때문에 성도가 수동적으로 기다려야만 할
것이 아니라 능동적인 책임이 있음을 뜻한다. 하나님은 명령을 받

---

149)   E. F. Harrison, *Acts: The Expanding Church* (Chicago: Moody Press, 1975), pp. 51-
       52.

150)   박형용, 『에베소서 주해』(수원: 합동신학대학원출판부, 2006), pp. 243-245 참조.
       See also Donald T. Williams, *The Person and the Work of the Holy Spirit* (Nashville:
       Broadman and Holman Publishers, 1994), pp. 136-137.

는 사람이 전혀 실천할 수 없는 일을 명령하시지 않는다.

둘째, 현재 시상을 사용했기 때문에 성령 충만이 계속되어야 함을 강조한다. 헬라어의 현재 시상은 동작의 연속을 뜻한다. 그러므로 본문의 명령은 성령 충만의 상태가 계속되어질 수 있음을 함축하고 있다.[151]

바울 사도는 인간이 처할 수 있는 모든 관계를 그 중요성의 순서에 따라 설명한다. 남편과 아내의 관계, 부모와 자녀의 관계, 그리고 주인과 종과의 관계를 구체적으로 설명한다(골 3:18-21; 엡 5:22-6:9 참조). 칼빈(Calvin)은 "사회가 그룹들로 이루어져 있는데 그것은 참여자들이 상호 의무를 갖는 멍에들과 같은 것이다. 첫째 멍에는 남편과 아내간의 결혼이요, 둘째 멍에는 부모와 자녀간의 관계이며, 셋째 멍에는 주인들과 종들과의 상관관계이다. 이처럼 사회에는 여섯 가지 다른 계층이 있으며 바울은 각 계층을 위해 특별한 의무를 명시하고 있다."[152]라고 말한다. 아무도 바울이 언급한 이 관계에 전혀 속하지 않은 사람은 없을 것이다. 인간은 사회적 동물이요 인간의 거룩은 진공 가운데서 이루어지지 않는다. 우리들의 거룩은 사람을 만나고 어려운 일을 해결하고 고난을 견디는 실제 생활 가운데서 발전하게 된다. 진공 중에서 이루는 거룩은 자신의 경험은 중요시할는지 모르나 다른 사람과의 관계에서 발생

151) M. Zerwick, *Biblical Greek* (Rome: Editrice Pontificio Istituto Biblico, 1963), p. 79. 특히 엡 5:15-18 사이의 명령형이 모두 현재형(βλέπετε, 15절; γίνεσθε, 17절; μεθύσκεσθε, πληροῦσθε, 18절)인 사실은 바울 사도의 의도가 동작의 반복성을 강조하고 있다고 생각할 수 있다.

152) John Calvin, *The Epistles of Paul the Apostle to the Galatians, Ephesians, Philippians and Colossians* (Grand Rapids: Eerdmans, 1974), pp. 204-205.

하는 도덕은 경시하는 것이다.

① 남편과 아내의 올바른 관계(골 3:18-19)

남편과 아내의 관계는 다른 어떤 인간관계보다도 더 강한 관계이다. 따라서 부모와 자녀의 관계보다 남편과 아내의 관계가 더 우선적이요 더 중요한 관계이다. 남편과 아내의 관계는 하나님께서 처음 창조하실 때 계획하신 관계이며 이 관계를 통해 부모와 자녀의 관계도 형성된다. 하나님께서는 인간의 자연적인 성향을 바탕으로 결혼 제도를 만드시고 가정을 이루게 하심으로 인간에게 큰 위로를 제공하셨다. 하와(Eve) 없는 아담, 아담(Adam) 없는 하와는 생각조차 할 수 없는 창조의 그림이다. 그래서 하나님은 아담을 위해 돕는 배필로 하와를 창조하신 것이다(창 2:18, 20). 바울 사도는 남편과 아내의 관계에서 먼저 아내에게 "남편에게 복종하라 이는 주 안에서 마땅하니라"(골 3:18)라고 명령형을 사용한다. 성경은 남편과 아내의 관계에서 아내에게 먼저 책임을 물은 것이다.

바울 사도는 남편과 아내의 관계를 그리스도 안에서 성취된 "새로운 창조"(new creation) 세계의 원리를 적용하여 설명한다. 남편과 아내의 관계는 인격적 관계이기에 서로 간 하등의 차이가 있을 수 없다.[153] 남편이 하나님의 형상을 따라 지음 받은 것처럼 아내도 하나님의 형상대로 지음 받았다. 그러므로 하나님 앞에서 남편과 아내는 동등한 인격적 관계이다. 그러나 하나님은 남편과 아내에게 각기 다른 기능을 주셨다. 하나님은 남자에게 지배하는 성향을 주셨고 여자에게 순복하는 성향을 주셨다. 헨드릭센은 하나님께서

---

153)   F. F. Bruce, *The Epistles to the Colossians, to Philemon, and to the Ephesians*, p. 163.

"그의 주권적인 지혜로 인간의 한 쌍을 만드시되 남자는 인도하고
여자는 따르며, 남자는 공격적이고 여자는 수용적이며, 남자는 창
안하고 여자는 창안한 도구를 사용하는 것이 자연스럽도록 만드셨
다. 하와가 창조주의 손에 의해 만들어졌을 때 따르는 성향이 그녀
의 영혼 속에 깊숙이 박혀 있었다."[154]라고 하여 남자와 여자의 자
연적인 성향에 차이가 있음을 분명히 한다. 결혼 관계는 아내의 순
종과 남편의 권위가 잘 조화를 이루고 제자리를 찾을 때 행복한 관
계로 나타날 수 있다. 윌슨(Wilson)은 "분명히 결혼 약정에 대해
'순종'을 헌신의 문제로, '권위'를 사랑의 표현으로 만든 이 숭고한
개념보다 더 높은 사상을 상상해 낼 수 없다."[155]라고 하나님께서
만드신 결혼 관계의 아름다운 점과 신비한 점을 잘 지적했다. 남편
과 아비들과 상전들의 권위는 주 안에서 마땅한 방법으로 실행되
어야 한다(골 3:18; 4:1).

남편과 아내는 각각 다른 개성을 가지고 있으면서 한 몸을 이룬
관계이다(엡 5:31). 남자와 여자는 내재적으로 각각 다른 특성을 가
지고 창조되었다. 다른 특성을 가진 두 인격체가 하나의 동기, 하
나의 방향, 하나의 목적을 가지고 한 몸을 이루며 사는 것은 그렇
게 쉬운 일이 아니다. 남편과 아내의 다른 점을 보완하는 방법은
항상 성령께 의존하고 성령의 인도를 받고 조종을 받는 것이다. 그
리고 남편과 아내 사이에 불협화음이 생겼을 때 남편이 먼저 행동
을 취해서 문제를 해결해야 한다. 왜냐하면 남편은 아내의 머리로

---

154) William Hendriksen, *Exposition of The Pastoral Epistles* (*New Testament Commentary*, Grand Rapids: Baker, 1957), p. 109.

155) Geoffrey B. Wilson, *Ephesians* (Carlisle: The Banner of Truth Trust, 1978), p. 116.

서 권위를 행사해야 하기 때문이다(엡 5:23). 문제가 발생했을 때 남편은 아내의 반응을 기다릴 필요 없이 가정의 권위가 자신에게 있음을 인식하고 문제 해결을 위해 적극적인 자세를 취해야 한다.[156] 헨드릭센은 "아내들아 남편에게 복종하라"(골 3:18)는 말씀을 해석하면서 첫째, 이 말씀은 아내가 남편보다 열등하다는 뜻이 아니다. 둘째, 남편의 요구가 성경에 비추어 볼 때 바르지 아니한 것으로 아내의 양심에 반하는 것도 무조건 순종해야 한다는 절대적인 뜻을 가지고 있지 않다. 셋째, 남편에게 복종하라는 명령은 사랑의 맥락에서만 사용된 것이라고 요약한다.[157]

② 부모와 자녀의 올바른 관계(골 3:20-21)

바울은 "주 안에서 너희 부모에게 순종하라 이것이 옳으니라"(엡 6:1)라고 명령형을 사용하여 권면한다. 자녀들은 주님께 순종하듯 자신들의 부모에게 순종하여야 한다. 바울은 "주 안에서"를 사용하여 부모에게 순종하는 것이 종교적인 동기가 내포되어 있음을 지적하고 있다. 즉, 부모에게 순종하는 것이 주님의 뜻이라는 말이다. 부모에 대한 순종은 단순히 인륜적인 의무에서 나오지 않고 종교적인 동기가 내포되어 있다(눅 2:51 참조). 예수 믿는 자녀들은 자신들의 부모가 예수 그리스도를 믿지 않더라도 그들의 부모에게 순종하여야 한다. "본문의 '주 안에서'(ἐν κυρίῳ)를 '부모'와 연결시켜 생각하기보다 '순종하다'와 연결시켜 생각하는 것이 가장 적합하다. 그것은 순종이 실천될 영역을 결정함으로 순종의 질(質)

---

156) 박형용, 『에베소서 주해』(수원: 합동신학대학원출판부, 2006), p. 254.

157) William Hendriksen, *Exposition of Colossians and Philemon*, p. 169.

을 명백히 보여준다. 즉 그리스도와 교제함으로 이룰 수 있는 기독교의 순종을 뜻한다."[158] 본문은 주 안에 있는 부모에게 순종하라는 뜻이 아니요, 주님을 대하듯 부모에게(신자이든 불신자이든) 순종하라는 뜻이다. 본문의 "주 안에서 기쁘게 하는 것이니라"(골 3:20)의 뜻은 주님을 기쁘게 한다는 뜻이 아니요, 주님의 주권과 권위를 인정하면서 예수를 믿는 자녀들은 그들의 부모에게 순종하여야 한다는 뜻이다.[159] 물론 성도들이 이와 같은 마음으로 그들의 부모에게 순종하는 것은 주님을 기쁘게 하는 일이다. 자녀들의 순종은 사랑의 마음과 감사의 마음 그리고 존경의 마음에서 나온 것이어야 한다.[160] 헨드릭센은 "나는 주님께서 그렇게 하라고 명령하시니 나의 부모에게 순종해야만 한다. 주님이 말씀하신 것은 단순히 그가 말씀하셨다는 이유만으로도 바른 것이다. 그가 옳고 그른 것을 결정할 분이다."[161]라고 부모 순종에 대한 자녀의 태도에 대해 바로 해석한다.

그러면 자녀들은 부모에게 순종할 때 어느 정도까지 순종해야 하는가? 부모가 자결을 명할 때도 부모의 말에 순종해야 하는가? 만약 예수를 믿지 않는 부모가 요구하는 내용이 신앙생활에 어긋나는 것일지라도 순종해야 하는가? 이런 질문들에 대한 답은 쉽게 얻어질 수 없다. 우리는 예수를 믿지 않는 부모가 자녀에게 요구하

158)	S. D. F. Salmond, "The Epistle to the Ephesians," *The Expositor's Greek Testament*, Vol. III (Grand Rapids: Eerdmans, 1980), p. 375.

159)	G. K. Beale, *Colossians and Philemon*, p. 320.

160)	박형용, 『에베소서 주해』, p. 262.

161)	Hendriksen, *Ephesians*, p. 258.

는 것 중에 두 가지 경우를 제외하고는 순종하는 것이 옳다고 생각
한다.

첫째는 부모가 자녀에게 예수를 믿지 못하게 할 때 자녀는 부모
의 말에 순종할 수 없다. 성경은 인간이 하나님의 피조물이요, 하
나님께 영광을 돌리며 살도록 가르치기 때문에(엡 1:3-14) 우선순
위에 있어서 부모보다 하나님이 먼저라고 가르친다. 그렇다면 부
모에 대한 책임과 그리스도에 대한 책임 사이에 심각한 상충이 있
는 경우 바울은 그리스도보다 부모를 순종해야 한다고 권면하지
않는다.[162] 예수님이 "무릇 내게 오는 자가 자기 부모와 처자와 형
제와 자매와 더욱이 자기 목숨까지 미워하지 아니하면 능히 내 제
자가 되지 못하고 누구든지 자기 십자가를 지고 나를 따르지 않는
자도 능히 내 제자가 되지 못하리라"(눅 14:26-27, 개역개정; 참조,
눅 18:29, 30)고 말씀하신 것이 바로 이를 두고 하신 말씀이다.

둘째는 부모가 자녀에게 범죄를 강요할 때 자녀는 부모의 요구
를 따를 수 없다. 하나님은 모든 죄와 악한 행동을 미워하신다. 죄
는 하나님이 독생자 예수 그리스도를 희생하셔서 해결할 만큼 심
각한 것이다. 그런데 부모가 자녀에게 죄를 지으라고 강요할 때 그
런 요구는 하나님을 거역하는 것이다. 그리고 인간이 범죄의 행위
를 하면 그 행위에 대한 책임은 죄를 지은 본인에게 있다. 부모가
범죄 행위를 자녀에게 강요했을 때 부모에게도 그 죄에 대한 책임
이 있지만 그 일을 저지른 자녀에게는 더 근본적인 책임이 있다.

자녀들은 부모가 예수를 믿지 못하게 하거나 범죄를 강요하는
이 두 가지 경우에는 순종할 수 없다. 하지만 다른 모든 경우에는

---

162) Ray Summers, *Ephesians* (Nashville: Broadman Press, 1960), p. 128.

어떤 어려움이 있을지라도 자녀는 부모에게 순종해야 한다. 본문의 "주 안에서"는 주에게 하듯 순종하라는 의미가 있다. 잠언의 말씀은 "자기의 아비나 어미를 저주하는 자는 그의 등불이 흑암 중에 꺼짐을 당하리라"(잠 20:20)라고 가르친다. 부모에게 거역하는 자녀의 앞길이 평탄하지 않을 것임을 지적한다. 요즈음 부모의 권위가 무시되고, 선생들의 권위가 인정받지 못하는 세상에서 자녀들에게 부모에게 순종하라는 명령은 마음 깊이 새겨야 할 하나님의 말씀이다.

바울은 골로새서 3:21에서 "아비들아 너희 자녀를 노엽게 하지 말지니 낙심할까 함이라"(개역개정)라고 아비들에게 권면한다. 부모의 권위를 어리석게 행사하는 결과는 자녀들을 낙담하게 만든다. 바울 사도는 여기서 부정적인 권면과 긍정적인 권면을 함께 한다. 부정적인 권면은 부모들이 자녀들을 노엽게 하지 말라는 것이다. 부모들은 자신의 권위를 내세워 자녀들을 화나게 만들어서는 안 된다. 부모들은 자녀들이 잘못하면 징계를 해야 하지만 분노를 일으키게 만들어서는 안 된다(골 3:21; 참조, 롬 10:19). "초달을 차마 못하는 자는 그 자식을 미워함이라 자식을 사랑하는 자는 근실히 징계하느니라"(잠 13:24), "채찍과 꾸지람이 징계를 주거늘 임의로 하게 버려두면 그 자식은 어미를 욕되게 하느니라"(잠 29:15), "아이를 훈계하지 아니하려고 하지 말라 채찍으로 그를 때릴지라도 그가 죽지 아니하리라 네가 그를 채찍으로 때리면 그의 영혼을 스올에서 구원하리라"(잠 23:13-14) 등의 구절은 부모들이 사랑의 징계로 자녀를 양육해야 함을 말하고 있다.

자녀들이 부모의 징계에 대해 노엽게 생각하는 부분은 부모들의 일관성이 없는 것, 부모들의 임의적인 것, 그리고 부모들의 가혹한 것 등을 들 수 있다. 헨드릭센은 부모가 자녀를 양육할 때 과잉보호, 편애, 실망시키는 것, 자녀의 성장을 감안하지 않은 것, 무시하는 것, 그리고 혹독한 말이나 육체적 학대를 통해 자녀를 노엽게 할 수 있다고 지적한다.[163] 긍정적인 권면은 부모가 자녀를 훈계할 때 자녀들이 낙심하지 않도록 부모들이 선한 방법을 사용해야 한다는 것이다. 부모들은 자녀의 생명의 귀중성을 인식하고 자녀를 어떤 기계나 동물처럼 다루어서는 안 된다. 자녀들은 비록 나이가 어릴지라도 하나님의 형상으로 태어난 인격체이다. 그러므로 부모들은 자녀들을 양육할 때 많은 시간과 많은 재정이 필요한 것을 알아야 한다. 선한 방법과 악한 방법의 관계는 잠시 악한 방법이 이기는 것 같지만 결국은 선한 방법이 이기게 되어 있다(롬 12:21). 현명한 책망은 수백 번의 매질보다 더 나은 것이다(잠 17:10과 잠 13:24과 비교).

부모들은 "자녀에게 기독교가 비참한 것이라는 인상을 주지 않도록 해야 한다. 부모가 자녀에게 두 가지 방향으로 영향을 끼칠 수 있다. 하나는 부모가 예수를 믿으면서 항상 비참한 모습과 태도만 자녀에게 보이면 자녀들은 부모들을 보고 기독교가 비참한 것으로 알게 된다. 다른 하나는 부모가 항상 '하지 말라'(do not), '해서는 안 된다'(must not) 등으로 자녀를 억압하면 그 자녀는 기독교를 비참한 종교라는 인상을 갖게 된다. 부모들은 자녀들이 주님을 고백하도록 강제해서는 안 된다."[164]

163)   Hendriksen, *Ephesians*, p. 261-262.

164)   박형용, 『에베소서 주해』, pp. 270-271.

③ 상전들과 종의 올바른 관계(골 3:22-25; 골 4:1)

바울 사도는 상전들과 종들의 관계를 설명하면서 종들에 대한 권면은 길게 하고 상전들에 대한 권면은 짧게 한다. 에베소서에서도 종에게 대한 권면은 네 절이며(엡 6:5-8) 상전들에 대한 권면은 한 절로 처리한 것처럼(엡 6:9), 골로새서에서도 종에게 대한 권면은 역시 네 절로 설명하고(골 3:22-25) 상전들에 대한 권면은 한 절로 설명했다(골 4:1). 바울 사도는 주인과 종의 관계를 설명하면서 종에게 먼저 명령한다. 그리고 바울 사도는 종의 의무를 네 절로 설명하면서 각 절마다 주님을 언급하고 있다. 바울은 "주를 두려워하여"(골 3:22), "주께 하듯 하고"(골 3:23), "주께 받을 줄 아나니 너희는 주 그리스도를 섬기느니라"(골 3:24),[165] "주는 외모로 취하심이 없느니라"(골 3:25)라고 권면한다. 이 말씀은 종들이 성실하게 주인을 섬기는 것은 종교적인 의미가 함축되어 있음을 증거 하는 것이다. 바울은 종들에게 권하는 마지막 말로 "불의를 행하는 자는 불의의 보응을 받으리니 주는 사람을 외모로 취하심이 없느니라"(골 3:25)라고 누구를 의식하고 하는 말인지 약간 불분명한 말씀을 한다. 이 말씀을 종들을 위로하는 말로 받으면 주님께서는 종들을 잘못 취급하는 주인들에게 그들의 잘못에 대한 보응을 반

---

165) 골 3:24의 "너희는 주 그리스도를 섬기느니라"의 말씀 중 "섬기느니라"(δουλεύετε)를 직설법(indicative)으로 받느냐 아니면 명령법(imperative)로 받느냐에 대한 견해가 나누인다. 직설법으로 받을 경우 본문은 "섬기느니라"(개역개정)로 번역해야 하고, 명령법으로 받은 경우 "섬겨라," 혹은 "섬겨야 한다"로 번역할 수 있다. 본 필자는 골 3:22의 "성실한 마음으로 순종하라"(ὑπακούετε)도 명령형이요, 골 3:23의 "사람에게 하듯 하지 말라"(ἐργάζεσθε)도 명령형임으로, 골 3:24의 "섬기느니라"(δουλεύετε)도 명령형으로 받는 것이 문맥의 정신에 맞고 바울의 뜻이라고 생각한다. 그러므로 골 3:24은 "너희가 기업의 상을 주께 받을 줄 알므로 너희는 주 그리스도를 섬겨라"라고 번역할 수 있다.

드시 하실 것이라는 의미로 이해할 수 있다. 하지만 상전들의 잘못을 근거로 종들을 위로한다면 골로새서 3:25의 말씀의 위치가 골로새서 4:1 다음에 위치하는 것이 의미상 더 잘 어울린다. 그러므로 골로새서 3:25의 본문은 오히려 종들에게 권면하는 내용으로 하나님은 종들의 잘못이나 게으름을 간과하지 않을 것임을 경고하는 것으로 받아야 한다. 왜냐하면 하나님은 사람을 외모로 취하시지 않기 때문이다(골 3:25).

(2) 노예 제도에 대한 바울의 태도(골 3:22-25 ; 4:1)

바울은 본 구절에서 그 당시 사회적 제도로 허용되고 있던 노예와 주인의 관계를 설명한다. 바울이 골로새서를 쓸 당시 노예 제도는 일반적으로 용납된 제도였다. 바클레이(Barclay)가 로마 제국의 노예를 6천만 명으로 추산할 정도로[166] 인구 중의 많은 사람이 노예 신분이었다. 그 당시의 노동력은 노예들이 담당하였다. 그 당시의 노예들은 사회 제도를 유지하는데 필수적인 역할을 하는 형편이었다. 오늘날 산업이 기계가 없으면 움직일 수 없는 것처럼 고대에는 모든 산업을 노예에 의존하고 있었다.

어떤 사람들은 사람을 물건 취급하고 비인격적으로 대하는 이

---

166)   William Barclay, *The Letters to the Galatians and Ephesians: The Daily Study Bible* (Philadelphia: The Westminster Press, 1958), p. 212; 류프레히트(A. A. Rupprecht)는 주후 1세기와 2세기 동안 로마와 이태리 반도 내의 노예는 거주민의 85-90%에 해당될 만큼 사회구조의 큰 부분을 차지하고 있었다고 전한다. see, A. A. Rupprecht, "Slave, Slavery," *Dictionary of Paul and His Letters*, p. 881.

런 노예 제도에 대해서 바울의 태도가 너무 소극적이라고 지적한다. 바울이 왜 노예 제도를 폐지하라고 말하지 못했던가? 바울이 그 당시 노예 제도를 폐지하라고 강력히 말하지 않았던 이유를 몇 가지로 정리해 볼 수 있다.

첫째, 바울 당시 노예 제도가 로마 제국의 근간을 유지하고 있었고 기독교는 핍박을 받는 형편에 있었기 때문에 노예 제도를 일시에 폐지하면 사회가 혼란에 빠질 수밖에 없었다. 로마의 시민권을 소유한 바울은 이 사실을 잘 알고 있었다. 캐어드(G. B. Caird)가 "현대사회가 경제를 기계에 의존하고 있듯이 고대 사회는 노예 제도에 그 경제를 의존하고 있으므로 노예 제도를 폐지하자고 제안하는 사람은 선동적인 광신자로 취급받을 수밖에 없다."[167]라고 말한 내용이 이를 분명하게 설명한다. 이런 사회의 현상을 잘 알고 있는 바울로서는 노예 제도의 즉각적인 폐지를 제안할 수 없었다.

둘째, 바울은 기대에 부응하지는 않지만 그 당시 노예 제도가 점점 개선되고 있음을 목격하고 있었다. 많은 노예의 주인들이 노예들을 해방시켰고 또한 자유로워진 노예들이 경제 활동을 자유롭게 할 수 있어서 상당한 부를 축적하게 되는 경우도 있었다. 그리고 노예들은 법적 보장을 받아 결혼도 할 수 있었고 재산의 소유권을 보장받게도 되었다.

셋째, 바울은 무엇보다도 기독교 복음의 본질을 고려했을 것이다. 기독교의 복음은 외형적인 제도의 변혁이 아니라 사람을 변화시켜 제도를 운영하게 하는데 있다. 사람이 복음으로 변화되면 자연적으로 노예 제도와 같은 악한 제도는 정리될 것이기 때문이다.

---

167) G. B. Caird, *Paul's Letters from Prison* (London: Oxford, 1976), p. 216.

그러므로 바울은 노예 제도의 철폐를 직접 언급하지 않고 오히려 하나님 앞에서 인간의 동등함, 기독교인들은 같은 형제라는 사상, 기독교인의 영적 자유, 그리고 모든 주인 의식은 그리스도의 주님 되심에 종속되어 있다는 이런 위대한 기독교 진리들을 점진적으로 실천함으로 노예 제도가 철폐될 것으로 생각한 것이다.[168] 노예의 주인인 빌레몬과 노예인 오네시모의 관계는 이를 잘 증거하고 있다. 바울은 빌레몬의 노예 오네시모를 가리켜 "갇힌 중에서 낳은 아들"(몬 10) "내 심복"(몬 12)이라고 칭하고, 노예의 주인인 빌레몬에게 "사랑받는 형제"(몬 16)로 취급하라고 말한다."[169] 하나님 앞에서 인간은 주인이나 노예나 할 것 없이 모두 죄인이며 따라서 하나님은 모든 사람을 공평하게 취급하신다.

바울은 종과 상전들의 문제를 그리스도 중심적으로 해결한다. 종은 매일 주인을 위해 하는 일이 주님을 기쁘시게 하는 일처럼 해야 한다. 종은 그에게 맡겨진 어떤 일이든지 항상 주님을 기쁘시게 한다는 마음으로 일을 해야 한다.[170] 기독교인의 일과 봉사의 기준은 세상의 기준을 뛰어 넘는 복음의 기준이다. 기독교인은 세상의 주인에게 봉사할 때 마치 하늘에 계신 주님께 하는 것처럼 해야 하는 것이다. 바울은 "눈가림만 하는 일"(ὀφθαλμοδουλίᾳ)이라는 특이한 용어를 사용하여 종들의 주인에 대한 섬김을 설명한다. 이 용어

---

168) Salmond, *op. cit*., pp. 377-378.

169) 박형용, 『신약개관』(서울: 아가페출판사, 2007), pp. 207-208.

170) 종들에게 권고하는 내용 중 엡 6:5은 "모든 일에"(κατὰ πάντα)를 생략한 반면, 골 3:22은 "모든 일에"를 사용하여 상전들에게 순종하는 일에 있어서 골로새서가 더 철저하게 순종해야 함을 강조하고 있다.

는 바울 서신 이전의 문헌에서는 발견되지 않은 용어이다.[171] 이 용어는 바울이 특별히 만들어 사용한 용어이다. 바울은 종들이 진심이 결여된 겉치레만 번드레한 그런 봉사를 주인에게 해서는 안 된다고 권면한다. 종들은 "성실한 마음으로"(골 3:22), "마음을 다하여"(골 3:23) 주인을 섬겨야 하는데 그 이유는 그들의 섬김은 바로 주 그리스도를 섬기는 것과 같기 때문이라고 권면하는 것이다(골 3:24). 바울은 종들이 자기 자신의 책임을 정직하게 순전한 동기로 감당할 때 사람을 외모로 보지 아니하시는 주님으로부터(골 3:25) "기업의 상"(τὴν ἀνταπόδοσιν τῆς κληρονομίας)을 받게 될 것이라고 말한다(골 3:24). 바울은 이미 기업의 부분을 얻는 일을 언급하면서 (골 1:12) 성도들이 기업을 얻는 것은 "흑암의 권세에서" "그의 사랑의 아들의 나라로 옮기"(골 1:13)심을 받았다는 뜻으로 설명한 바 있다. 그러므로 "기업의 상"을 받는 것은 성도들이 하나님의 약속의 나라로 들어갈 수 있게 되었다는 것을 뜻한다. 주님으로부터 상을 받는 것은 항상 하나님과의 관계가 정직했느냐에 따라 결정되며, 주님으로부터 심판을 받는 것은 하나님과의 교제관계에서 떨어져 나간 상태를 말한다. 그러므로 종들은 성심성의껏 정직하게 주인을 섬겨야 한다고 권면한다.

바울은 비교적 간단히 상전들에게 권고한다(골 4:1). 그러나 바울이 상전들에게 "의와 공평"으로 종들을 대하라고 권고한 내용은 그 당시 사회에서 도저히 용납할 수 없는 획기적인 것이었다. 바울

171)   C. F. D. Moule, *The Epistles to the Colossians and to Philemon* (*The Cambridge Greek Testament Commentary*) (Cambridge: The University Press, 1968), p. 130. 이 용어는 "eye-service," "superficial work," "service that is performed only to attract attention" 등의 의미를 가지고 있다.

은 주인들에게 말하면서 마치 자신이 종들 편에 서서 말하는 것처럼 "의와 공평"으로 종들을 대해야 한다고 말한다. "의"(δίκαιον)는 신약성경에서 81회 등장하며 "올곧은," "바른," "정의로운" 등의 뜻으로 사용되었다. 그러므로 본 문맥에서 주인들은 종들을 바르게, 정의롭게 대해야 한다는 뜻으로 "의"를 사용하였다. 바울 사도는 상전들이 종들에게 "의와 공평"을 베풀어야 한다는 표현을 통해 종들의 노동에 대해 상전들이 종들에게 경제적으로 보상을 의롭고 공평하게 해야 한다고 가르치고 있다. 물론 이 표현은 상전들이 경제적으로 갈취를 하거나, 언어 학대를 하거나, 성적 폭력을 행해서는 안 된다는 뜻을 담고 있다.[172] 그리고 "공평"(ίσότητα)은 "의"처럼 자주 사용되지 않고 신약성경에 오직 3회 등장한다(고후 8:13, 14, 골 4:1). 고린도후서 8:13, 14은 "균등"(개역개정)으로 번역했고, 골로새서 4:1은 "공평"으로 번역했다.[173] 바울 사도는 고린도후서 8:13, 14에서는 출애굽 당시 만나를 공평하게 거둘 수 있도록 지도하신 하나님의 뜻(출 16:18)을 예로 인용하여 예루살렘 교회를 위한 헌금을 격려하면서 이렇게 자원해서 헌금하는 것은 예루살렘 교회를 통해서 받은 영적인 빚을 갚는 것이요, 그렇게 함으로 유대인 기독교회와 이방인 기독교회 사이에 화목을 형성하고 선택된 백성들 간에 형제애를 다지는 것을 표현하기 위해 "균

---

172)   Scot McKnight, *The Letter to the Colossians* (*NICNT*) (Grand Rapids: Eerdmans, 2018), p. 366.

173)   NIV는 고전 8:13,14의 공평을 equality로 번역했고, 골 4:1은 fair로 번역했다. ESV는 고전 8:13, 14은 fairness로 번역했고, 골 4:1은 fairly로 번역했다. 두 번역의 경우 뜻에는 큰 차이가 없으나 ESV가 더 일관성이 있다. 한글 개역개정의 경우 ίσότητα를 고후 8:13, 14에서는 "균등"으로 번역하고, 골 4:1에서는 "공평"으로 번역한 것은 한글 개념의 특성상 잘 번역한 것이다.

등"($\iota\sigma\acute{o}\tau\eta\tau\alpha$)이라는 용어를 사용하고 있다. 그러므로 고린도후서 8:13, 14의 "균등"은 사회적 형평성을 강조한 의미가 함축되어 있다.

그러나 골로새서 4:1에서 바울은 "공평"이라는 용어를 통해 그리스도 안에서 구속받은 기독교회의 멤버들은 하나님 앞에서 존재론적으로 동등하다는 사실을 확실히 한다. 상전들도 그리스도의 피로 구속을 받았고, 종들 역시 그리스도의 피로 구속 받은 사람들이다. 상전들이나 종들이나 하늘의 주인을 섬기고 있다. 그러므로 상전들은 종들을 인격적인 태도로 대해야 한다. 종들의 존경과 올바른 봉사를 원하면 주인들도 종들을 대할 때 그리스도를 대하는 태도로 그들을 대해야 한다고 말한다. 이 말씀은 예수님의 황금률과도 같은 것이다. "무엇이든지 남에게 대접을 받고자 하는 대로 너희도 남을 대접하라"(마 7:12). 바울의 이 말씀은 노예를 재산의 일부처럼 생각했던 그 당시로 보아 혁명적인 변화를 요청하는 말씀이다. 바울은 여기서 주인과 종을 같이 대우한다. 주인에게 특별한 위치를 부여하지 않는다.

바울 사도는 구원받은 성도로서 남편과 아내, 부모와 자녀, 그리고 상전과 종들의 관계를 설명하면서 하나님께 영광 돌리는 관계가 어떤 것인지를 설명하고 있다. 바울은 아내의 의무를 설명하면서 남편의 의무를 도외시(度外視)하지 않고, 자녀의 의무를 설명하면서 부모의 의무도 확실하게 설명하고, 종의 의무를 설명하면서 상전의 의무도 분명하게 설명한다.[174] 바울은 성도들이 어떤 위치에 있든지 또 어떤 책임을 맡았든지 각자의 위치에서 책임질 영역이 있음을 확실하게 가르치고 있다.

174) William Hendriksen, *Exposition of Colossians and Philemon*, p. 171.

골로새서 4장
주해

1. 바울의 일반적 권면(골 4:2-6)

"기도를 계속하고 기도에 감사함으로 깨어 있으라. 또한 우리를 위하여 기도하되 하나님이 전도할 문을 우리에게 열어 주사 그리스도의 비밀을 말하게 하시기를 구하라 내가 이 일 때문에 매임을 당하였노라. 그리하면 내가 마땅히 할 말로써 이 비밀을 나타내리라. 외인에게 대해서는 지혜로 행하여 세월을 아끼라. 너희 말을 항상 은혜 가운데서 소금으로 맛을 냄과 같이 하라 그리하면 각 사람에게 마땅히 대답할 것을 알리라."(골 4:2-6, 개역개정)

² Τῇ προσευχῇ προσκαρτερεῖτε, γρηγοροῦντες ἐν αὐτῇ ἐν εὐχαριστίᾳ, ³ προσευχόμενοι ἅμα καὶ περὶ ἡμῶν, ἵνα ὁ θεὸς ἀνοίξῃ ἡμῖν θύραν τοῦ λόγου λαλῆσαι τὸ μυστήριον τοῦ Χριστοῦ, δι' ὃ καὶ δέδεμαι, ⁴ ἵνα φανερώσω αὐτὸ ὡς δεῖ με λαλῆσαι. ⁵ Ἐν σοφίᾳ περιπατεῖτε πρὸς τοὺς ἔξω τὸν καιρὸν ἐξαγοραζόμενοι. ⁶ ὁ λόγος ὑμῶν πάντοτε ἐν χάριτι, ἅλατι ἠρτυμένος, εἰδέναι πῶς δεῖ ὑμᾶς ἑνὶ ἑκάστῳ ἀποκρίνεσθαι.

(Col 4:2-6)

(1) 기도와 감사의 삶(골 4:2)

골로새서 4장의 주해를 시작하기 전에 한 가지 언급할 것은 골
로새서 4:1은 골로새서 3장과 함께 취급하는 것이 당연하다는 점
이다. 왜냐하면 바울이 남편과 아내, 부모와 자녀, 상전들과 종들을
한데 묶어 취급했는데 상전들에 대한 권면이 골로새서 4:1에 따로
배열되었기 때문이다. 이는 원래 장과 절의 배열이 없었는데 장과
절로 배열하면서 주의 깊게 살피지 못한 결과라고 사료된다.

바울 사도는 인간이 살아가는데 꼭 필요한 세 관계 가운데서 성
도가 어떻게 살아야 할 것을 설명한 후 이제 일반적인 권면의 말씀
을 한다. 바울은 일반적인 권면을 "기도를 계속하고 기도에 감사함
으로 깨어 있으라"(골 4:2)라고 기도와 감사의 중요성을 언급함으
로 시작한다. 기도는 성도들의 특권이요 감사는 성도들의 의무이
다. 바울은 "항상 기뻐하라 쉬지 말고 기도하라 범사에 감사하
라"(살전 5:16-18)라고 말하고 이것이 성도들에게 요구하는 하나님
의 뜻($\theta\acute{\epsilon}\lambda\eta\mu\alpha$ $\theta\epsilon o\hat{\upsilon}$)이라고 가르친다. 그리고 바울은 하나님의 구속
역사 진행의 결과로 성도들이 부활체를 입고 영원히 성삼위 하나
님과 함께 살게 될 것을 가르친 후 부활체를 입을 것을 대망하며
현재를 사는 성도들에게 하나님께 감사하는 삶을 살고 주의 일에
더욱 힘쓰는 자들이 되라(고전 15:57-58)고 권면한다. 이처럼 기도
와 감사는 성도가 성도됨의 삶을 사는 특징인 것이다. 박윤선 박사
는 기도는 끊임없이 계속되어야 한다고 말하고 기도할 때 두 가지
주의할 것으로 첫째, 감사하는 일과 둘째, 깨어 있어야 할 것을 지
적한다. 박윤선 박사는 감사하는 일에 대해서는 "항상 기도를 힘쓰

는 자는 열렬(熱烈)한 기구(祈求)에만 몰두하고 감사를 잊어버리기
쉽다. 미래의 축복을 갈망하는 것만이 신앙의 일이 아니고, 과거와
현재에 받은 축복을 기억하여 감사하는 것도 신앙의 동작(動作)이
다."[175]라고 설명하고, 깨어 있어야할 것에 대해서는 "감사의 신앙
이 없는 사람은, 하나님의 응답이 즉시 오지 않는 때에 쉬 낙망하
고 영적 피곤에"[176] 빠지기 때문에 깨어 있어야 한다고 말한다.

바울은 기도의 능력을 믿는 사도였다. 그래서 그는 골로새 성도
들에게 "우리를 위하여 기도하되"(골 4:3)라고 기도를 부탁하고 있
다. 하나님은 그의 성도들이 간구하는 기도를 반드시 들으신다. 물
론 하나님은 성도들의 기도에 대해 성도가 요청하는 것을 다 이루
어 주시지 않고 하나님의 지혜로 성도에게 가장 알맞게 응답해 주
신다. 이 경우 성도의 요청과 하나님의 응답이 다를 수도 있다. 이
럴 때에 성도들은 실망하게 된다.

(2) 바울까지도 필요했던 기도 요청(골 4:3-4)

바울은 "우리를 위하여" 기도해 달라고 요청하면서도, 사실은
자신을 위해 기도해 달라는 것이 아니요, 복음 선포를 위해 기도해
달라고 요청하고 있다. 바울 사도는 본문에서 "전도할 문"을 "말씀
의 문"(θύραν τοῦ λόγου)으로 표현했다.[177] 본문의 "하나님이 전도할

---

175)   박윤선, "골로새서 주석," 『바울서신』(서울: 영음사, 1967), p. 332.

176)   박윤선, "골로새서 주석," p. 333.

177)   "말씀의 문"(θύραν τοῦ λόγου)을 NIV는 "a door for our message"로, NASB와 ESV

문을 우리에게 열어 주사 그리스도의 비밀을 말하게 하시기를 구하라"(골 4:3)를 "하나님이 그리스도의 비밀을 말하도록 말씀의 문을 우리에게 열어주시기를 구하라"로 번역하면 말씀의 내용이 그리스도의 비밀임을 곧바로 알게 된다. 한글 개역개정은 "전도"에 강조를 둔 것으로 보이지만 원래의 뜻은 말씀의 내용인 그리스도의 비밀에 강조가 있는 듯하다. 그리스도의 비밀은 하나님께서 그리스도 안에서 성취하신 하나님의 구원 계획 전체를 가리킨다. 예수 그리스도의 죽음과 부활로 죄 문제를 해결하고 영원한 생명을 누리며 사는 하나님 나라의 완성을 뜻한다. 바울은 이미 그리스도의 비밀이 이전에는 감추어졌지만 이제는 성도들은 물론 이방인들에게도 잘 알려진 복음이라고 설명한 바 있다(골 1:26-27). 그래서 바울은 "내가 이 일 때문에 매임을 당하였노라"라고 말하는 것이다. 바울이 매임을 당한 것은 "전도"자체의 이유에서가 아니요, "그리스도의 비밀인 말씀"을 전했기 때문이라고 이해하는 것이 더 분명한 설명이다. 바울이 "그리하면 내가 마땅히 할 말로써 이 비밀을 나타내리라"(골 4:4)라고 말한 내용도 그리스도의 비밀인 말씀 선포에 강조가 있음을 증거 하고 있다.

우리는 "그리스도의 비밀"과 "말씀 선포"의 관계를 고찰할 때 하나님의 구원 계획에 포함된 교회의 설립을 주목하여야 한다. 하나님은 성도들의 죄 문제를 해결하고 영생을 누릴 수 있도록 하시기 위해 예수 그리스도를 죽이시고 부활시키실 뿐만 아니라 신약 교회를 설립하여 예수님이 성취하신 속죄의 복음, 화목의 복음, 영생의 복음을 땅 끝까지 전파하도록 계획하셨다. 그래서 예수님은

는 "a door for the word"로, KJV은 "a door of utterance"로 번역했다.

공생애 기간에 자신의 죽음과 부활을 세 번씩이나 예고 하셨다(마 16:21-28; 17:22-23; 20:17-19; 막 8:31; 9:31; 10:33-34). 그리고 예수님은 올바른 신앙고백을 한 베드로를 가리켜 "너는 베드로라 내가 이 반석 위에 내 교회를 세우리니 음부의 권세가 이기지 못하리라"(마 16:18)라고 칭찬하신다. 여기 "내 교회를 세우리니"(οἰκοδομήσω μου τὴν ἐκκλησίαν)는 미래시상으로 기록되었다. 그 이유는 예수님이 죽고 부활하시기 전에는 신약교회를 설립할 필요가 없기 때문이다(요 16:7-13). 그래서 하나님은 예수님의 죽음과 부활 이후에 오순절 성령세례 사건을 계획하시고 실현하셨으며(눅 24:46-49; 행 1:4-5) 오순절 사건을 기해 신약교회를 설립하셔서 구속의 복음, 영생의 복음을 땅 끝까지 전파하게 하신 것이다(행 2:41-47; 1:8). 신약교회는 구속의 복음을 모든 민족에게 선포할 책임을 가지고 있다.

루카스(Lucas)는 "그리스도의 비밀"과 그 비밀을 선포하는 설교와의 관계를 잘 정리하고 있다. 루카스는 "여기서 기독교 목회를 이전에 감추어진 어떤 것을 선포하는 것으로 묘사한 것은 기독교 설교를 계시 과정의 한 부분으로 생각하는 것이다. 이 놀랄 만한 사도적 개념은 오늘날 재발견해야 할 필요가 있다. 그리스도 안에서의 하나님의 계시는 이미 역사 안에서 주어졌고 성경으로 기록되었다. 그러나 사람들의 마음을 진리에 대해 열게 하려면 하나님의 계시가 마땅히 하나님의 종들에 의해 말해져야만 한다. 이런 의미에서 모든 기독교 설교는 '눈을 뜨게 하는 자'(행 26:18)의 역할을 해야 한다. 사람의 언어로 신적인 진리가 분명하게 되고, 알려진다."[178]라고 설명한다. 루카스가 설교를 "계시과정의 한 부분"(a part of the process of revelation)이라고 설명하는 것은 약간의 오해를 일으킬 수 있는 표현이다. 그러나 루카스가 이런 표현을 사용한 것은 설교의 중요성을 강조하기 위한 것으로 이해된다. 루카스의 지적처럼 목사의 설교는 하나님의 구속역사 진행에 있어서 꼭 필요한 도구임에 틀림없다. 우리는 오순절 성령 강림(행 2:1-4)이후 베드로의 설교를 듣고 회개하고 예수를 구주로 믿은 사람들이 초대교회로 형성된 것을 주목하여야 한다(행 2:14-47). 또한 설교의 중요성은 하나님의 구원의 방법과도 맥을 같이 하고 있다. 성경은 하나님의 말씀이 선포되면 들음이 있고 말씀을 들음으로 믿음이 생기게 된다(롬 10:17)고 가르친다. 그리고 사람들은 성령의 도우심을 받아(고전 12:3) 하나님의 선물인 믿음으로(엡 2:8) 예수를 구주로 시인하고 예수님의 죽음과 부활을 마음으로 믿고 입으로 시인하여 구원을 받게 된다(롬 10:9-10). 이 말씀은 그리스도의 비밀을 선포함으로 하나님의 구원 행위가 진행됨을 증거 한다. 우리는 여기서 '설교'가 얼마나 중요한 사역인지를 다시 한 번 확인한다. 설교자는 그리스도의 비밀인 진리를 충분히 숙지하고 잘 준비하여 그 비밀을 선포하여야 한다.

(3) 소금으로 맛을 내는 말(골 4:5-6)

바울은 "그리스도의 비밀"을 전할 수 있는 기회를 위해 기도를

---

178) R. C. Lucas, *The Message of Colossians and Philemon*, pp. 172-173.

부탁하고 그 그리스도의 비밀을 들어야 할 대상인 "외인"($\tau o \grave{u} \varsigma \, \check{\epsilon} \xi \omega$)에 대해 어떻게 처신해야 할 것을 설명한다. 여기서 "외인"은 유대인에게는 이방인들을 가리키고, 신자에게는 불신자들을 가리킨다(고전 5:12, 13; 살전 4:12; 딤전 3:7). 신약은 일관되게 성도들이 "외인"인 불신자에 대해 지혜롭게 대하고, 선한 증거를 얻어야 한다고 강조한다. 왜냐하면 불신자들은 성도들의 지혜롭지 못한 말과 잘못된 행동을 보고 그리스도의 비밀에 대한 그들의 마음을 닫아 버리기 때문이다. 성도들은 불신자들에게 성도들이 서로 사랑하는 모습을 보여야 하고, 모든 사람들에게 친절을 베푸는 모습을 보여야 하고, 악한 일을 당해도 선으로 갚는 모습을 보여야 한다.

바울은 불신자의 구원을 마음에 품고 계속해서 "세월을 아끼라"(골 4:5)라고 말한다. 왜냐하면 그리스도의 비밀을 선포할 수 있는 시기가 정해져 있기 때문이다. 하나님의 구속 역사 진행은 예수님의 재림으로 완성된다. 그러므로 그리스도의 비밀을 선포할 수 있는 기회는 예수님의 재림 때까지이다(행 2:17-21; 빌 4:5; 마 24:14 참고). 본문의 "세월을 아끼라"라는 말은 "다가오는 모든 기회를 재빨리 붙들라"[179]라는 뜻으로 이해할 수 있다(엡 5:16 참조). 바울은 "외인들"을 구원할 수 있는 기회가 오면 그 기회를 잘 활용하여 "외인들"을 "그리스도 안에서 한 가족"으로 만드는데 최선을

---

179) D. H. Field, "Buy, Sell, Market,"($\dot{a} \gamma o \rho \acute{a} \zeta \omega$, $\dot{\epsilon} \xi a \gamma o \rho \acute{a} \zeta \omega$), *The New International Dictionary of New Testament Theology*, Vol. 1 (Grand Rapids: Zondervan, 1975), pp. 267-268. 바울은 "$\dot{\epsilon} \xi a \gamma o \rho \acute{a} \zeta \omega$"를 갈라디아서 3:13과 4:5에서 좀 더 근원적인 의미로 사용한다. 바울은 이 용어를 그리스도의 구속의 보편적 행위를 묘사하는 뜻으로 사용한다. 그리스도의 대속적 죽음은 우리를 율법에서부터 구속하셨고(갈 4:5), 인간을 옥죄고 있는 죽음의 저주에서부터 구속하셨다(갈 3:13). Cf. R. Dabelstein, "$\dot{\epsilon} \xi a \gamma o \rho \acute{a} \zeta \omega$," *Exegetical Dictionary of the New Testament*, Vol. 2 (Grand Rapids: Eerdmans, 1991), p. 1.

다해야 한다고 말하고 있다. 헨드릭센(Hendriksen)은 성도들은 모든 기회를 잘 활용하여 다른 사람들에게 복이 되도록 자신을 내어 놓아야 한다고 말하고 그렇게 하기 위해 성도들은 매일 "악하게"(wickedly) 행동하는 대신 "덕스럽게"(virtuously) 행동해야 하며, "어리석게"(foolishly) 행동하는 대신 "지혜롭게"(wisely) 행동해야 한다고 설명한다.[180] 바울은 바로 성도들의 이런 생활 태도가 불신자들에게 그리스도의 비밀을 전할 수 있는 기회를 창출하는 것이라고 말하고 있다.

바울은 불신자들에게 그리스도의 비밀을 전하기 위해 모든 기회를 지혜롭게 활용해야 할 것을 말한(골 4:5) 후, 성도들의 말이 "항상 은혜롭게 소금으로 맛을 냄과 같이 하라"(골 4:6)고 권면한다. "항상"은 언제든지, 무슨 일을 하든지의 뜻을 가지고 있다. 바울은 개인에게나, 그룹에게나, 부자에게나, 가난한 자에게나, 누구에게든지 그리스도의 비밀을 선포할 때에는 항상 선포된 말씀이 소금으로 맛을 낸 은혜로운 말씀이어야 한다고 권면한다. "은혜로운 말"은 듣는 사람의 마음을 평안하게 하고, 긍정적이요 건설적인 말로 재치가 있고 현명한 말이라고 생각할 수 있다. "은혜로운 말"은 진실하고 사랑스러운 말로 듣는 자를 세워주는 말이다.

바울 사도가 "너희 말을 은혜롭게 소금으로 맛을 내라"(골 4:6)고 권면할 때 바울은 소금의 맛을 내는 특성과 부패를 방지하는 특성을 생각했을 것으로 사료된다. 그 말은 성도들이 그리스도의 비밀을 불신자들에게 선포할 때 무미건조한 말이 아니라 생각을 자극하는 말로 전파하고 유용한 말로 전파해야 한다는 뜻이다. 또한

180)   William Hendriksen, *Exposition of Colossians and Philemon*, p. 182.

바울은 소금이 음식의 부패를 방지하는 것처럼 성도들이 도덕적으로 부패한 말을 하는 것은 옳지 않다고 말한다. 성도들의 말은 상대방이 부담을 갖지 않게 하면서 상대방의 심령을 튼튼하게 하고 자라게 하는 것이어야 한다. 바울은 "너희는 세상의 소금이니"(마 5:13)라고 가르친 예수님의 말씀을 기억했을 것이다. 바울은 "무릇 더러운 말은 너희 입 밖에도 내지 말고 오직 덕을 세우는 데 소용되는 대로 선한 말을 하여 듣는 자들에게 은혜를 끼치게 하라"(엡 4:29, 개역개정)라고 권면한다. 이처럼 바울은 성도들이 무익한 말이나 부도덕한 말을 하면 복음 전도에 방해가 된다고 말을 하고 있다.

이와 같은 삶의 방식을 실천하면 바울은 성도들이 "각 사람에게 마땅히 대답할 것을 알"(골 4:6)게 될 것이라고 말한다. 성도들의 삶이 바른 궤도에 서 있으면 어떤 경우에든 또 누구에게든 성령께서 꼭 유익한 바른 말을 성도의 입에 넣어 주실 것이다(마 10:19-20; 막 13:11). 소금으로 맛을 내는 말을 하는 성도는 상대방의 마음을 편안하게 하고, 상대방을 세워주는 역할을 하기 때문에 상대방이 어떤 종류의 질문을 할지라도 마음 편하게 답을 할 수 있게 된다.

2. 두기고와 오네시모를 보낸 이유(골 4:7-9)

"두기고가 내 사정을 다 너희에게 알려 주리니 그는 사랑받는 형제요 신실한 일꾼이요 주 안에서 함께 종이 된 자니라. 내가 그를 특별히 너희에게 보내는 것은 너희로 우리 사정을 알게 하고 너희 마음을 위로하게 하려 함이라. 신실하고 사랑을 받는 형제 오네시모를 함께 보내노니 그는 너희에게서 온 사람이라 그들이 여기 일을 다 너희에게 알려주리라."(골 4:7-9, 개역개정)

⁷ Τὰ κατ' ἐμὲ πάντα γνωρίσει ὑμῖν Τύχικος ὁ ἀγαπητὸς ἀδελφὸς καὶ πιστὸς διάκονος καὶ σύνδουλος ἐν κυρίῳ, ⁸ ὃν ἔπεμψα πρὸς ὑμᾶς εἰς αὐτὸ τοῦτο, ἵνα γνῶτε τὰ περὶ ἡμῶν καὶ παρακαλέσῃ τὰς καρδίας ὑμῶν, ⁹ σὺν Ὀνησίμῳ τῷ πιστῷ καὶ ἀγαπητῷ ἀδελφῷ, ὅς ἐστιν ἐξ ὑμῶν· πάντα ὑμῖν γνωρίσουσιν τὰ ὧδε.(Col 4:7-9)

(1) 신실한 일꾼 두기고(골 4:7-8)

두기고는 바울이 로마 감옥에서 쓴 세 편지, 즉 에베소서와 골로새서, 그리고 빌레몬서를 수신자들에게 전달할 책임을 가진 사역자이다(엡 6:21; 골 4:7, 9). 누가는 두기고를 "아시아 사람 두기고"(행 20:4)라고 묘사하고, 바울은 두기고를 "사랑을 받은 형제요 주 안에서 신실한 일꾼"(엡 6:21)이라고 묘사한다. 두기고는 바울

의 요청에 따라 신실하게 그의 임무를 감당한 바울의 동역자였다
(딤후 4:12; 딛 3:12 참조).

두기고는 이제 에베소서, 골로새서, 빌레몬서를 가지고 각 지역
을 방문할 것이다. 그래서 바울은 두기고가 골로새에 도착하면 바
울 자신의 사정을 자세히 알릴 것이라고 두기고의 역할을 말하고
(골 4:7, 9) 두기고가 어떤 사람인지를 설명한다. 바울은 두기고와
오네시모가 바울에 관한 일들을 자세히 알게 할 것이라고 재차 언
급한다(골 4:9). 두기고는 바울이 파송한 대변자로 바울의 사정을
그들에게 알릴 것이며 오네시모는 골로새에서 온 사람임으로 골로
새를 떠나 온 사실과 바울을 만나 어떤 변화가 있었는지를 골로새
교회에 알릴 것이다.[181] 두기고는 "사랑받는 형제요 신실한 일꾼이
요 주 안에서 함께 종이 된"(골 4:7) 사람이다. "주 안에서"라는 표
현은 단순히 "함께 종이 된" 구절과만 연결된 것이 아니요, "사랑받
는 형제"와 "신실한 일꾼"과도 연결된 것이다.[182] 그러므로 두기고
는 성도로서 그의 사역을 성실히 감당하는 사람임에 틀림이 없다.

---

181)   James D. G. Dunn, *The Epistles to the Colossians and to Philemon* (*NIGTC*) (Grand
       Rapids: Eerdmans, 1996), p. 273.

182)   한글 개역개정 번역은 "주 안에서"를 "함께 종이 된 자"와만 연결된 것으로 배치했
       으나, 헬라어는 "주 안에서"를 "사랑받는 형제," "신실한 일꾼," 그리고 "함께 종이 된
       자"를 언급하고 이 모두를 수식할 수 있도록 "주 안에서"를 맨 마지막에 언급한다. 참
       고로 RSV의 번역을 참고 바란다. "He is a beloved brother and faithful minister and
       fellow servant in the Lord."(Col. 4:7).

(2) 두기고와 함께 보낸 오네시모(골 4:9)

　　바울은 빌레몬에게 그의 노예였던 오네시모도 함께 보낸다고 통보한다. 바울은 두기고는 신실한 일꾼이요 함께 종이 된 사람이라고 묘사한 반면 오네시모는 "신실하고 사랑을 받는 형제"라고만 묘사한다. 바울이 오네시모를 언급하면서 "그는 너희에게서 온 사람이라"(골 4:9)라고 말한 것은 오네시모가 골로새에서 온 사람임을 확실히 한다. 오네시모는 빌레몬의 노예였는데 빌레몬으로부터 도망친 사람이다. 그는 마침 로마에서 바울을 만나 예수를 믿고 그리스도의 종이 된 사람이다. 오네시모는 빌레몬의 종에서 예수의 종이 된 것이다. 누구든지 예수 믿기 전에 아무리 천하고 가치없는 존재의 삶을 살았을지라도 예수 그리스도 안에서는 "신실하고 사랑 받는 형제"가 되는 것이다. 바울은 자신과 골로새 교회와의 결속이 얼마나 깊은 것인지를 두기고와 오네시모를 통해 "너희로 우리 사정을 알게 하고 너희 마음을 위로하게 하려"(골 4:8) 한다고 말한다. 비록 바울이 골로새 교회를 개척하지는 않았지만 바울과 골로새 교회는 끈끈한 정을 나누는 관계였음이 확실하다.

3. 성도들의 문안(골 4:10-15)

"나와 함께 갇힌 아리스다고와 바나바의 생질 마가와 (이 마가
에 대하여 너희가 명을 받았으매 그가 이르거든 영접하라) 유스도
라 하는 예수도 너희에게 문안하느니라 그들은 할례파이나 이들만
은 하나님의 나라를 위하여 함께 역사하는 자들이니 이런 사람들
이 나의 위로가 되었느니라. 그리스도 예수의 종인 너희에게서 온
에바브라가 너희에게 문안하느니라 그가 항상 너희를 위하여 애써
기도하여 너희로 하나님의 모든 뜻 가운데서 완전하고 확신 있게
서기를 구하나니 그가 너희와 라오디게아에 있는 자들과 히에라볼
리에 있는 자들을 위하여 많이 수고하는 것을 내가 증언하노라. 사
랑을 받는 의사 누가와 또 데마가 너희에게 문안하느니라. 라오디
게아에 있는 형제들과 눔바와 그 여자의 집에 있는 교회에 문안하
고."(골 4:10-15, 개역개정)

¹⁰ Ἀσπάζεται ὑμᾶς Ἀρίσταρχος ὁ συναιχμάλωτός μου καὶ
Μᾶρκος ὁ ἀνεψιὸς Βαρναβᾶ (περὶ οὗ ἐλάβετε ἐντολάς, ἐὰν ἔλθη
πρὸς ὑμᾶς, δέξασθε αὐτόν) ¹¹ καὶ Ἰησοῦς ὁ λεγόμενος Ἰοῦστος,
οἱ ὄντες ἐκ περιτομῆς, οὗτοι μόνοι συνεργοὶ εἰς τὴν βασιλείαν
τοῦ θεοῦ, οἵτινες ἐγενήθησάν μοι παρηγορία. ¹² ἀσπάζεται
ὑμᾶς Ἐπαφρᾶς ὁ ἐξ ὑμῶν, δοῦλος Χριστοῦ [Ἰησοῦ], πάντοτε
ἀγωνιζόμενος ὑπὲρ ὑμῶν ἐν ταῖς προσευχαῖς, ἵνα σταθῆτε
τέλειοι καὶ πεπληροφορημένοι ἐν παντὶ θελήματι τοῦ θεοῦ. ¹³
μαρτυρῶ γὰρ αὐτῷ ὅτι ἔχει πολὺν πόνον ὑπὲρ ὑμῶν καὶ τῶν

ἐν Λαοδικείᾳ καὶ τῶν ἐν Ἱεραπόλει. ^{14} ἀσπάζεται ὑμᾶς Λουκᾶς ὁ ἰατρὸς ὁ ἀγαπητὸς καὶ Δημᾶς. ^{15} Ἀσπάσασθε τοὺς ἐν Λαοδικείᾳ ἀδελφοὺς καὶ Νύμφαν καὶ τὴν κατ᾽ οἶκον αὐτῆς ἐκκλησίαν. (Col. 4:10-15)

(1) 아리스다고와 마가의 문안(골 4:10)

바울은 이제 편지를 마무리하기 원한다. 그래서 바울은 그와 함께 있는 사람들이 골로새 교회에 문안을 전한다고 기록한다. 바울이 골로새서 4장에서 언급한 골로새 교회에 문안을 전한 사람들의 이름은 아리스다고(Aristarchus), 마가(Mark), 유스도라 하는 예수(Jesus Justus), 에바브라(Epaphras), 누가(Luke), 그리고 데마(Demas)이다(골 4:10-12, 14). 그런데 바울 사도는 빌레몬서에서는 에바브라, 마가, 아리스다고, 데마, 그리고 누가를 문안 전하는 사람들로 언급한다(몬 23-24). 빌레몬서에서는 "유스도라 하는 예수"가 문안한 자 명단에서 빠진 것이다. 우리는 왜 이런 차이가 발생했는지 주목하지 않을 수 없다. 왜냐하면 골로새서와 빌레몬서는 같은 시기에 같은 장소에서 기록되었고, 비록 골로새서는 교회에, 빌레몬서는 개인에게 전달되는 편지이지만 두 편지의 최종 목적지가 골로새 도시라는 같은 장소이기 때문이다. 우선 이 문제는 바울이 생각할 때 "유스도라 하는 예수"가 빌레몬 개인과는 특별한 관계가 아니어서 바울이 빌레몬서에서는 그의 이름을 생략했다고 생각해도 무리가 없는 줄 안다. 신약성경은 유스도란 이름을 세 곳에서 사용한다. 사도행전 1:23은 맛디아를 사도로 선출할 때 함께 추천된 다른 사람을 "바사바라고도 하는 유스도"(Ἰοῦστος)라고 기록하고, 사도행전 18:7은 바울이 고린도에 있을 때 "디도 유스도"(Τιτίου Ἰούστου)가 회당 옆에 집을 가지고 있어서 바울이 그의 집에서 머물렀다고 기록한다. 따라서 사도행전 1:23과 18:7에 언급된 유스도는 골로새서 4:11의 "유스도(Ἰοῦστος)라 하는 예수"와는 다른 사람임이 확실하다. 이처럼 유스도는 다른 사람들에 비해 바울의 사역에 자주 등장하지 않은 사람이다. 그래서 여기 언급된 유스도는 빌레몬 개인과 특별한 관계를 갖고 있지 않았기 때문에 골로새서에서는 언급되고, 빌레몬서에서는 생략되었다고 추론할 수 있다.

그러나 바울이 골로새서와 빌레몬서에서 문안한 자들을 묘사할 때 다른 표현을 사용한 점은 우리의 관심의 대상이 된다. 바울은 아리스다고를 언급할 때 골로새서에서는 "나와 함께 갇힌 아리스다고"(골 4:10)라고 묘사한 반면, 빌레몬서에서는 "나의 동역자 아리스다고"(몬 24)라고 묘사한다. 그리고 에바브라를 언급할 때 바울은 골로새서에서는 "그리스도 예수의 종인 너희에게서 온 에바브라"(골 4:12)라고 묘사한 반면, 빌레몬서에서는 "그리스도 예수 안에서 나와 함께 갇힌 자 에바브라"(몬 23)라고 묘사한다. 바울이 왜 골로새서에서는 "나와 함께 갇힌 아리스다고"(Ἀρίσταρχος ὁ συναιχμάλωτός μου)라고 함으로 갇힌 자가 아리스다고 임을 밝히고, 빌레몬서에서는 "나와 함께 갇힌 자 에바브라"(Ἐπαφρᾶς ὁ συναιχμάλωτός μου)라고 갇힌 자가 에바브라 임을 밝혔을까? 바울은 두 사람이 갇혀 있는 상태를 묘사하면서 "나와 함께 갇힌"(ὁ συναιχμάλωτός μου)이라는 특별한 용어를 사용한다. 바울이 여기서 사용한 "함께 갇힌 자"(쉰아이크말로토스)라는 용어는 빌레몬서에서 "갇힌 자 된 바울"(Παῦλος δέσμιος)이라고 표현할 때의 용어와는 다른 용어이다(몬 1, 9; 엡 3:1; 4:1; 딤후 1:8). "데스미오스"는 실제적으로 감옥에 갇히는 것을 묘사하지만, "쉰아이크말로토스"는 전쟁의 포로와 같은 군사적인 의미가 내포된 용어라고 할 수 있다.[183] 즉 이 용어는 같은 목적을 위해 매여 있는 상태를 묘사하기도 한다. 헨드릭센(Hendriksen)은 "바울이 다른 죄수들과 함께 죄수의 몸으로 로마로 여행을 시작했을 때 아리스다고는 '체포된 상태'가 아니었다는 사실과 또한 에바브라 역시 얼마간 후에 자유의 몸으로 로마에 파송된 사실에 근거하여 볼 때, 골로새서 4:10의 아리스다고와 빌레몬서 23절의 에바브라가 '나와 함께 갇힌 자'(fellow-prisoner)라고 불리는 가장 가능성 있는 추론은 이 용어를 엄격한 문자적 의미로 사용하지 않았다는 것이다. 이 사람들은 가능한 모든 방법을 동원하여 자진해서 바울의 감옥생활을 분담했을 것이다. 그들은 바울처럼 그리스도의 복음을 위해 갇힌 자 되는 것을 기뻐했을 것이다."[184]라고 정리한다(빌 2:25 참조).

---

183) U. Kellermann, "συναιχμάλωτος," *Exegetical Dictionary of the New Testament*, Vol. 3 (Grand Rapids: Eerdmans, 1993), p. 297. "The noun evokes less the idea of normal imprisonment (→ δεσμός) than military usage, namely, 'prisoners of war,' which Paul and his colleagues become in the battle for the gospel." Cf. Gerhard Kittel, "αἰχμάλωτος," *Theological Dictionary of the New Testament* (*TDNT*), Vol. 1 (Grand Rapids: Eerdmans, 1972), p. 197.: "If he really meant literal imprisonment with him, συνδέσμιος or συνδεσμώτης would be more likely, since Paul in his imprisonment never describes himself as αἰχμάλωτος, but always as →δέσμιος."

184) Hendriksen, *Exposition of Colossians and Philemon,* p. 187.; Edwin C. Dargan, "Commentary on the Epistle to the Colossians," pp. 53-54.: "Paul may have called any one of his co-laborers who was by his side at the time a 'fellow-prisoner' without

바울 사도는 항상 자신과 함께 복음을 위해 사역하는 동역자들을 높이 평가한다. 바울은 아리스다고가 복음을 위해 바울과 함께 감옥에 갇혔다고 표현한다. 아리스다고는 복음의 전선에서 바울과 함께 군사된 사람이다. 아리스다고는 어떤 잘못을 저질렀기 때문에 실제적으로 감옥에 갇힌 상태에 있었던 것이 아니요, 바울이 자신과 함께 아리스다고가 그리스도의 복음 전파를 위해 매여 있는 사람이기에 "나와 함께 갇힌 아리스다고"라고 표현한 것이다.

그리고 바울은 마가의 이름을 언급한다. 마가는 바나바와 바울이 함께 제 1차 전도여행을 하는 도중 밤빌리아 버가에서 그들을 떠나 예루살렘으로 돌아갔던 사람이요(행 13:13), 제 2차 전도여행을 떠날 때 마가를 대동하는 문제로 바울과 바나바가 서로 다툰 후 헤어질 수밖에 없도록 만든 장본인이었다(행 15:36-41). 결국 이 일로 인해 바나바는 마가를 데리고 구브로(Cyprus)로 갔고, 바울은 실라를 데리고 제 2차 전도여행을 떠났다. 이런 과거의 역사가 있는 마가에 대해 바울은 골로새 교회에게 "이 마가에 대하여 너희가 명을 받았으매 그가 이르거든 영접하라"(골 4:10)고 권고한다. 바울은 디모데후서에서 "네가 올 때에 마가를 데리고 오라 그가 나의 일에 유익하니라"(딤후 4:11)고 마가를 칭찬한다. 순교 직전에 바울은 마가를 마음에 품고 있었던 것이다. 바울은 하나님의 복음을 전파하는데 유익하다면 과거의 잘못이 큰 문제될 것이 없는 것으로 생각했다.

---

meaning that they were actually prisoners such as himself."

(2) 유스도라 하는 예수의 문안(골 4:11)

바울은 유스도라 하는 예수가 문안을 전한다고 언급한다. 유스도는 하나님의 나라(The Kingdom of God)를 위해 사역하는 성실한 사역자이다. 하나님의 나라는 교회와 동일시 할 수 없다. 하나님의 나라는 교회보다 더 광범위하다. 이상적으로 생각할 때 교회에 속한 모든 사람들은 하나님의 나라에 속한 사람들이다. 그러나 하나님의 종말론적인 나라는 구속받은 교회보다 더 광대하다.[185] 바울은 "유스도라 하는 예수"가 교회를 위해 사역하는 것이 바로 하나님 나라의 일이라고 확인하고 있다.

유스도가 비록 민족적으로 볼 때 유대인이었지만 예수 그리스도를 통해 성취된 하나님의 나라를 인정하고 받아들인 것이다. 유스도는 그 당시 유대인으로는 받아들이기 힘든 예수 그리스도를 구주로 인정하고 하나님 나라 확장을 위해 사역을 한 사람이다. 따라서 같은 사역에 종사하는 바울로서는 유스도로부터 많은 위로를 받을 수밖에 없었다.

(3) 에바브라의 문안(골 4:12-13)

바울은 에바브라의 문안을 전한다. 에바브라는 골로새 교회를 개척 설립한 사람이다(골 1:7). 골로새 교회는 에바브라로부터 배

---

185)   G. E. Ladd, *A Theology of the New Testament* (Grand Rapids: Eerdmans, 1974), pp. 410-411.

웠다. 바울은 에바브라의 소원이 골로새 교회가 "하나님의 모든 뜻"(the whole counsel of God) 가운데 서는 것이라고 소개한다(골 4:12). 에바브라는 라오디게아와 히에라볼리에 있는 성도들을 위해서도 많은 수고를 하였다. 그가 신실한 하나님의 종임을 바울은 확신 있게 증언하고 있다(골 4:12-13). 바울이 에바브라를 묘사할 때 "그리스도 예수의 종"(ὁ δοῦλος Χριστοῦ Ἰησοῦ)이라는 표현을 사용한 사실에 주목하여야 한다. 바울이 두기고를 소개할 때는 "일꾼"(διάκονος)으로 소개하고(골 4:7), 오네시모를 소개할 때는 "형제"(ἀδελφός)로 소개했는데(골 4:9) 에바브라를 소개할 때는 "종"으로 소개했다. 이는 에바브라가 골로새 교회를 섬기는 역할을 하고 있기 때문이라고 사료된다.

(4) 누가와 데마의 문안(골 4:14-15)

바울은 누가와 데마의 문안도 대신 전한다. 바울 사도가 누가를 언급할 때는 "사랑을 받는 의사 누가"(골 4:14; Λουκᾶς ὁ ἰατρὸς ὁ ἀγαπητός)라고 표현한다.[186] 골로새서 4:14은 바울이 누가가 의사임을 분명히 밝히는 유일한 구절이다. 누가는 바울 사도가 제 2차 전도여행 중 드로아에서 바울 일행과 합세하여 복음을 전한 사역자이다. 일반적으로 신약성경 중 가장 많은 분량을 기록한 저자가

---

186) 신약성경에서 누가가 의사라고 명시적으로 밝힌 구절은 골 4:14이 유일한 구절이다. 신약성경에서 "의사"(ἰατρός)라는 용어가 사용될 때는 "건강한 자에게는 의사가 쓸 데 없고 병든 자에게 라야 쓸 데 있느니라"(마 9:12)와 같이 일반적인 의사를 가리킬 때 사용되었다(마 9:12; 막 2:17; 5:26; 눅 4:23; 5:31; 8:43).

바울 사도라고 알려져 있다. 하지만 실제적으로 누가가 가장 많은 분량의 신약성경을 기록했다. 성경의 장으로 계산하면 누가가 52장을 기록하고, 요한이 50장을 기록하고, 바울이 87장을 기록하여 바울이 누가보다 35장을 그리고 요한보다 37장을 더 많이 기록했다. 그러나 절수로 계산하면 바울 서신이 1697절이요, 요한은 1416절인 반면, 누가복음과 사도행전은 2158절이므로 누가가 바울보다 461절을 그리고 요한보다는 742절을 더 많이 기록한 셈이다. 그러므로 신약성경 중 가장 많은 분량을 기록한 저자는 누가이다. 그리고 누가는 육체가 허약한 바울에게 꼭 필요한 동역자였다. 바울은 "너희가 할 수만 있었더라면 너희의 눈이라도 빼어 나에게 주었으리라"(갈 4:15, 개역개정)라고 말함으로 자신의 눈이 허약했음을 암시하고 있고, 좀 더 명시적으로 "내 육체에 가시 곧 사탄의 사자를 주셨으니 이는 나를 쳐서 너무 자만하지 않게 하려 하심이라"(고후 12:7, 개역개정)라고 자신의 육체의 연약함을 설명한다. 하나님은 바울을 사용하시되 누가와 같은 의사를 동역자로 세워 주셔서 더 효과 있는 사역을 하게 하셨다.

바울은 데마도 골로새 교회에 문안을 전한다고 말한다. 바울이 빌레몬에게 쓴 편지에도 "나의 동역자 마가, 아리스다고, 데마, 누가가 문안하느니라"(몬 1:24)라고 말함으로 데마의 이름을 포함시켜 문안을 전하고 있다.[187] 그런데 바울이 마지막으로 쓴 디모데후서에는 "데마는 이 세상을 사랑하여 나를 버리고 데살로니가로 갔고"(딤후 4:10)라고 말한다. 여기서 주목할 필요가 있는 것은 바울

---

187) 골로새서에도 마가(골 4:10), 아리스다고(골 4:10), 데마와 누가(골 4:14)의 이름이 언급되어 있다.

이 골로새서와 빌레몬서를 쓸 때는 그가 로마의 감옥에 1차 감금되었을 때이며(대략 AD 62), 디모데후서를 쓸 때는 그가 순교하기 직전이라는 사실이다(대략 AD 68). 데마는 몇 년 사이에 복음을 따르다가 세상을 사랑하는 사람으로 변했다. 헨드릭센(Hendriksen)은 바울이 디모데후서 4:10을 디모데후서 4:8과 날카롭게 대칭시켜 설명함으로 세상을 사랑하는 데마는 그리스도의 나타나심을 사랑하는 사람들 그룹에 속할 수 없는 사람임을 밝히고 있다고 설명한다. 그리고 성경 어느 곳에도 데마의 회복을 언급한 곳이 없는 것으로 보아 데마는 마태복음 7:22-23에 언급된 사람들의 그룹에 속한 것으로 생각할 수 있다고 해석한다.[188] 마태복음 7:22-23은 마지막 심판 날에 주님께서 불법을 행하는 자들아 내게서 떠나가라고 책망하실 대상을 말하고 있다.[189] 데마는 결국에는 성도의 반열에 포함될 수 없는 사람이었다. 바울은 골로새서를 기록한 때로부터 대략 6년 후에 디모데후서를 기록했다.

그런데 바울이 디모데후서를 기록하면서 "데마는 이 세상을 사랑하여 나를 버리고 데살로니가로 갔고"(딤후 4:10)라고 데마의 참담한 상태를 묘사할 수밖에 없었던 것을 상기하면서 우리는 바울이 골로새서에서 문안하는 사람들에 대해 어떻게 묘사하는지에 대

---

188) William Hendriksen, *Exposition of the Pastoral Epistles: I-II Timothy and Titus* (*New Testament Commentary*, Grand Rapids: Baker, 1974), p. 319.: "The spirit of the present passage and of its context rather points in the direction of Matthew 7:22, 23, as a general indication of the class to which Demas belongs."

189) 마 7:**22-23**: "그 날에 많은 사람이 나더러 이르되 주여 주여 우리가 주의 이름으로 선지자 노릇 하며 주의 이름으로 귀신을 쫓아내며 주의 이름으로 많은 권능을 행하지 아니하였나이까 하리니 그 때에 내가 그들에게 밝히 말하되 내가 너희를 도무지 알지 못하니 불법을 행하는 자들아 내게서 떠나가라 하리라."(개역개정)

한 관심을 갖게 된다. 바울은 아리스다고를 묘사할 때는 "나와 함께 갇힌 아리스다고"라고 묘사하고, 마가를 묘사할 때는 "그가 이르거든 영접하라"라고 묘사하고, 유스도라 하는 예수를 묘사할 때는 "하나님의 나라를 위하여 함께 역사하는 자"라고 묘사하고, 에바브라를 묘사할 때는 "너희로 하나님의 모든 뜻 가운데서 완전하고 확신 있게 서기를 구한다"라고 묘사하고, 누가를 묘사할 때는 "사랑받는 의사"라고 묘사한 반면, 데마를 묘사할 때는 아무런 수식어 없이 문안하는 사실만 기록한다. 이와 같은 관찰이 단순한 추정일 수 있지만 얼마 후에 세상을 사랑하여 바울을 떠날 데마의 행동에 열정과 헌신의 모습이 결여된 것은 아닌지 묵상하게 된다. 데마의 모습은 우리에게 큰 도전과 교훈을 준다.

이제 바울은 "라오디게아에 있는 형제들과 눔바와 그 여자의 집에 있는 교회"(골 4:15)에 문안을 전한다. "그 여자의 집에 있는 교회"라는 표현으로 보아 이 교회는 눔바의 집에서 모이는 교회를 가리킨다.

4. 바울의 마지막 권면과 문안(골 4:16-18)

"이 편지를 너희에게서 읽은 후에 라오디게아인의 교회에서도 읽게 하고 또 라오디게아로부터 오는 편지를 너희도 읽으라. 아킵보에게 이르기를 주 안에서 받은 직분을 삼가 이루라고 하라. 나 바울은 친필로 문안하노니 내가 매인 것을 생각하라 은혜가 너희에게 있을지어다."(골 4:16-18, 개역개정)

[16] καὶ ὅταν ἀναγνωσθῇ παρ' ὑμῖν ἡ ἐπιστολή, ποιήσατε ἵνα καὶ ἐν τῇ Λαοδικέων ἐκκλησίᾳ ἀναγνωσθῇ, καὶ τὴν ἐκ Λαοδικείας ἵνα καὶ ὑμεῖς ἀναγνῶτε. [17] καὶ εἴπατε Ἀρχίππῳ· Βλέπε τὴν διακονίαν ἣν παρέλαβες ἐν κυρίῳ, ἵνα αὐτὴν πληροῖς. [18] Ὁ ἀσπασμὸς τῇ ἐμῇ χειρὶ Παύλου. μνημονεύετέ μου τῶν δεσμῶν. ἡ χάρις μεθ' ὑμῶν.(Col. 4:16-18)

(1) 편지를 회람하라(골 4:16-17)

바울은 골로새서가 회람되기를 원한다(골 4:16). 그래서 바울은 골로새서가 라오디게아인의 교회에서도 읽혀지기를 원하며, 또 라오디게아 교회에게 보낸 편지를 골로새 교회가 읽기를 원한다. 현재 우리는 라오디게아 교회에 보낸 편지가 어떤 내용인지를 알 수가 없다. 어떤 이는 현재 우리가 소유한 에베소서가 라오디게아 교회에 보낸 바울의 편지라고 주장하기도 하지만 이는 단순한 추측에 지나지 않고, 또 어떤 이는 현재의 빌레몬서를 가리킨다고 주장하지만 빌레몬서가 개인을 위한 서신임을 고려할 때 납득하기 어려운 주장이다. 바울이 라오디게아인의 교회에 보낸 편지는 상실된 편지로 그 존재를 알 길이 없다.[190] 바울은 계속해서 "아킵보에

---

190)   R.C.H. Lenski, *The Interpretation of St. Paul's Epistles to the Colossians, to the Thessalonians, to Timothy, to Titus and to Philemon* (Minneapolis: Augsburg Publishing

게 이르기를 주 안에서 받은 직분을 삼가 이루라고 하라"(골 4:17)
라고 권면한다. 바울은 왜 아킵보에게 직접 말하지 않고 다른 사람
들에게 아킵보에게 말해줄 것을 부탁하고 있는가? 바울은 여기서
"말하라" 혹은 "이르라"(εἴπατε, λέγω의 2p. Aorist, 명령형)를 사용한
다. 라이트푸트(Lightfoot)는 교회의 권면이 개인의 권면보다 더 무
게가 있다고 생각했었기 때문이라고 제시하면서 더 나아가 아킵보
가 라오디게아 교회의 목사로서 골로새에 주거지를 두고 있지 않
고, 라오디게아에 살고 있었기 때문이라고 해석한다.[191] 하지만 아
킵보가 라오디게아에 주거지를 두고 있었다는 라이트푸트의 주장
은 설득력이 약하다. 왜냐하면 만약 실제로 아킵보가 라오디게아
에 살고 있었다면 골로새서 4:17의 바울의 권면은 골로새서 4:15
과 함께 언급되었어야 더 타당성이 있기 때문이다.[192] 아킵보는 빌
레몬과 압비아(몬 1:2)의 아들로 알려져 있다.[193] 아킵보가 맡은 직
분은 에바브라가 교회를 떠나 바울을 만나고 있을 때 골로새 교회
의 제반 사무를 책임지는 것이라고 사료된다.

House, 1946), p. 9. Cf. Donald Guthrie, *New Testament Introduction* (Downers Grove: Inter-Varsity Press, 1974), pp. 558-559.

191) J. B. Lightfoot, *St. Paul's Epistles to the Colossians and to Philemon* (Lynn, MA: Hendrickson Publishers, Inc., 1981), p. 42.: "After a parting salutation to the Church of Laodicea St. Paul closes with a warning to Archippus, apparently its chief pastor, to take heed to his ministry." "Or the simpler explanation perhaps is, that Archippus was not resident at Colossae but at Laodicea."(p. 244).

192) A. S. Peake, "The Epistle to the Colossians," *The Expositor's Greek Testament*, Vol. III (Grand Rapids: Eerdmans, 1980), p. 547.

193) 박윤선, "빌레몬서 주석"『바울서신』(서울: 영음사, 1967), p. 607.: James Moffatt, *An Introduction to the Literature of the New Testament* (Edinburgh: T & T Clark, 1961), p. 162.; James D. G. Dunn, *The Epistles to the Colossians and to Philemon* (The New International Greek Testament Commentary, Grand Rapids: Eerdmans, 1996), p. 312.

(2) 내가 매인 것을 생각하라(골 4:18)

　　바울은 마지막으로 이 편지가 자신이 직접 기록하지는 않았지만 자신의 서신임을 확증하기 위해 친필로 문안한다고 마무리를 짓고, 바울이 항상 그러하듯이 하나님의 은혜에 그들을 맡기고 편지를 마친다. 우리는 여기서 바울의 성품을 배워야 한다. 바울은 사람을 중요하게 생각한 하나님의 종이었다. 바울은 하나님의 사역을 하는데 독불장군이 없음을 확인해 준다. 바울은 항상 복음 사역을 함께한 동역자들을 귀하게 여긴다. 바울은 복음 사역을 위해 헌신된 종이었다.

빌레몬서주해

서론

1. 저자

빌레몬서의 저자는 바울 사도이다. 바울 사도는 빌레몬서 1장 1절과 9절 그리고 19절에서 자신이 저자임을 밝힌다. 바울이 빌레몬서의 저자가 아니라고 증명할 아무런 이유가 없다. 빌레몬서는 바울의 다른 서신들에 비해 자신의 개인적 문제에 대한 언급을 많이 포함하고 있다. 그 이유는 빌레몬서가 바울이 빌레몬에게 보낸 개인적인 서신이기 때문이다(몬 1:1). 편지의 중심 부분이라고 할 수 있는 빌레몬서 1:4-22에 언급된 "너" 혹은 "네"가 오네시모의 주인인 빌레몬을 가리킨다는 사실도 이를 지지한다.

바울 사도가 편지를 시작할 때 "갇힌 자 된 바울과 및 형제 디모데는"(몬 1:1)이라고 시작함으로 마치 디모데가 편지 기록에 참여한 것처럼 보인다. 하지만 이는 디모데가 이 편지를 쓸 때 바울과 함께 있었다는 것은 증명하지만 디모데가 편지의 저자임을 증명하지 못한다. 바울은 골로새서에서도 "예수의 사도 된 바울과 형제 디모데"(골 1:1)라고 기록했고, 빌립보서에서도 "예수의 종 바울과 디모데"(빌 1:1)라고 기록했다. 바울은 함께 있는 동료들을 배려하는 차원에서 서신을 시작할 때 그들의 이름을 언급한다. 고린도전서에서는 "소스데네"를, 고린도후서에서는 "디모데"를, 갈라디아서

에서는 "함께 있는 모든 형제"를, 데살로니가전서와 데살로니가후
서에서는 "실루아노와 디모데"를 편지의 발신자처럼 그들의 이름
을 언급한다. 이처럼 바울은 교회에 편지를 쓸 때 함께 있는 동역
자의 이름을 밝히므로 동료들을 배려하고 있는 것이다.

　바울의 편지 서문에 동료의 이름이 언급되지 않은 서신들은 로
마서, 에베소서, 디모데전서, 디모데후서, 디도서이다. 로마서와
에베소서는 특별한 목적을 가지고 쓴 서신들이기 때문에 다른 동
역자의 이름을 언급할 필요가 없었다. 바울은 로마서에서 "예수 그
리스도의 종 바울은 사도로 부르심을 받아"(롬 1:1)라고 기록하고,
에베소서에서는 "그리스도 예수의 사도 된"(엡 1:1)이라고 기록함
으로 그리스도의 사도의 권위로 글을 쓰고 있음을 밝히고 있다. 그
리고 디모데전서, 디모데후서, 디도서는 개인에게 특별히 교회를
섬기는데 필요한 교훈을 가르치기 위해 쓴 서신이기에 다른 동료
의 이름을 언급할 필요가 없었다.

　익나디우스(Ignatius)는 에베소인들에게 보낸 편지 1:3에서 에
베소의 감독이 오네시모(Onesimus)라고 언급한다. 굳스피드
(Goodspeed)는 이 오네시모가 바울의 편지의 처음 수집가로서 빌
레몬서를 소유한 것은 특별한 의미를 가진다고 말한다.[194] 하지만
오네시모가 바울서신의 처음 수집가라는 굳스피드의 견해는 증명
이 가능하지 않은 추정에 불과하다. 중요한 것은 빌레몬서의 저자
가 바울 사도라는 사실을 부정할 이유를 찾기 힘들다는 것이다. 빌
레몬서는 바울이 빌레몬의 노예인 오네시모를 위해 쓴 서신임에

---

194)　E. J. Goodspeed, *An Introduction to the New Testament* (Chicago: Chicago Univer-
　　sity Press, 1937), pp. 109-124.

틀림없다.

2. 빌레몬서의 저작 연대와 장소

빌레몬서는 바울 사도가 쓴 서신 중 가장 짧은 서신이다. 하지
만 빌레몬서는 잘 계획된 서신이요 신경을 많이 기울여 쓴 서신이
다. 빌레몬서는 옥중 서신의 하나이다. 바울은 "그리스도 예수를
위하여 갇힌 자 된 바울"(몬 1:1, 9)이라고 자신이 옥중에 있으면서
이 편지를 쓰고 있다고 진술한다. 그리고 바울은 이 편지를 쓰게
된 동기를 유발한 인물인 오네시모가 "갇힌 중에서 낳은 아들"(몬
1:10)이라고 말함으로 바울 자신이 감옥에 있음을 증언한다. 그러
면 바울이 어느 옥중에 있을 때 빌레몬서를 기록했는가? 바울 서신
과 사도행전의 기록을 보면 바울이 감옥에 갇힌 경험은 가이사랴,
빌립보, 에베소, 그리고 로마이다. 이제 이 네 장소 가운데서 바울
이 어느 곳에서 빌레몬서를 기록했는지 점검하도록 한다.

(1) 가이사랴 감옥 설

톰슨(Thompson)은 빌레몬서의 기록 장소로 가이사랴 감옥을
내세운다 (Hilgenfeld와 Hausrath도 같은 견해이다). 가이사랴 감옥

설을 주장하는 근거는 도망 나온 오네시모가 멀리 떨어져 있는 로마로 갔을 것으로 생각하기 보다는 가까운 가이사랴로 갔을 것으로 생각한 것이다. 그리고 성경의 자료로 볼 때 바울이 에베소에서 감금되었다는 자료가 확실하지 않기 때문이라고 말한다.[195] 사도행전의 기록은 바울이 가이사랴의 감옥에 감금되어 있었음을 증거한다(행 23:33-35; 24:27). 그러므로 도망 나온 오네시모가 지리적으로 더 가까운 가이사랴의 감옥에서 바울을 만났을 것으로 추정하는 것이다. 그리고 톰슨은 빌레몬서 1:22에서 바울이 "오직 너는 나를 위하여 숙소를 마련하라. 너희 기도로 내가 너희에게 나아갈 수 있기를 바라노라"(몬 1:22, 개역개정)고 쓴 배경을 생각할 때 가아사랴의 감옥이 기록 장소로 더 적절하다고 주장한다. 그 이유는 바울이 로마 감옥에 있을 때 바울의 관심은 감옥에서 풀려나면 스페인을 방문할 생각으로 가득 차 있었기 때문에 골로새 방문에 대해 관심을 기울일 수 없었다고 생각한다. 그리고 빌레몬서 1:22의 내용은 감옥에서 풀려날 것을 예상한 바울이 얼마든지 말할 수 있는 내용이라고 말한다.

하지만 그 당시 주인의 재물을 훔쳐 도망 나온 노예는 자신의 신분을 은닉하는데 아시아 지역보다는 로마가 더 용이했을 것으로 사료된다. 그 당시 골로새에서 가이사랴까지 가는 것보다는 로마까지 가는 교통편이 더 용이했을 것이다. 왜냐하면 모든 도로가 로마를 중심으로 개발되었기 때문이다. 그리고 오네시모가 훔친 재

---

195) G. H. P. Thompson, *The Letters of Paul to the Ephesians, to the Colossians, and to Philemon* (The Cambridge Bible Commentary on the New English Bible) (Cambridge: Cambridge University Press, 1967), p. 175.

물은 그가 로마까지 가는데 큰 보탬이 되었을 것이다. 그러므로 바울이 빌레몬서를 기록한 감옥이 가이사랴 감옥이라고 생각하기 보다는 로마 감옥이라고 생각하는 것이 더 적절하다.

(2) 빌립보 감옥 설

사도행전 16:19-40은 바울과 실라가 빌립보 감옥에 갇혀 있었음을 증거 한다. 그러나 바울이 빌립보 감옥에서 어떤 편지를 썼으리라고는 생각할 수 없다. 빌립보는 바울 일행이 제 2차 선교 여행 중 유럽으로 옮겨 간 이후 머문 처음 도시였다. 그리고 바울과 실라가 빌립보 감옥에 감금된 기간이 오래지 않다. 따라서 오네시모가 빌립보에서 바울 사도를 만났다는 증거를 찾기가 힘들다. 그러므로 바울이 빌립보 감옥에서 빌레몬서를 썼을 것으로 생각하는 것은 설득력이 없다. 빌립보 감옥 설은 로마 감옥 설에 비해 그 타당성이 약하다.

(3) 에베소 감옥 설

바울의 에베소 감옥 설을 뒷받침할 직접적인 성경적 증거가 거의 없다. 하지만 바울은 아시아에서 고난당한 사실을 여러 곳에서 언급한다. 고린도후서는 "형제들아 우리가 아시아에서 당한 환난을 너희가 모르기를 원하지 아니하노니 힘에 겹도록 심한 고난을

당하여 살 소망까지 끊어지고 우리는 우리 자신이 사형 선고를 받
은 줄 알았으니 이는 우리로 자기를 의지하지 말고 오직 죽은 자를
다시 살리시는 하나님만 의지하게 하심이라 그가 이같이 큰 사망
에서 우리를 건지셨고 또 건지실 것이며 이후에도 건지시기를 그
에게 바라노라"(고후 1:8-10, 개역개정)라고 바울의 아시아에서의
고난을 증거 한다. 또한 바울은 고린도후서에서 자신의 고난을 언
급하면서 "옥에 갇히기도 더 많이 하고"(고후 11:23)라고 쓴다. 그
리고 좀 더 직접적이라 할 수 있는 증거는 고린도전서 15:32의 "내
가 사람의 방법으로 에베소에서 맹수와 더불어 싸웠다면 내게 무
슨 유익이 있으리요"(개역개정)라는 말씀이다. 바울이 에베소에서
고린도 교회에 보낸 편지에서 "에베소에서 맹수와 더불어 싸웠다
면"이라고 언급한 것은 자신이 에베소에서 경험한 고난을 언급했
으리라 생각된다. 그리고 이 고난에 옥에 갇힌 경험까지도 포함되
었을 수 있다. 하지만 이런 언급은 직접적인 감옥 경험을 증거 하
지 못한다. 바울이 고린도전서 15:32에서 "에베소"를 언급한 것은
고린도전서가 에베소에서 기록되었다는 사실을 추정하는 데는 도
움이 되지만 바울이 에베소에서 감금되었다는 사실을 추정하는 데
는 전혀 도움이 되지 않는다.

그런데 라이트(N.T. Wright)는 골로새(Colosse)와 로마(Rome),
골로새(Colosse)와 에베소(Ephesus)의 거리를 생각할 때 오네시모
는 로마의 감옥에 있는 바울에게가 아니라 골로새에서 더 가까운
곳에 위치한 에베소의 감옥에 있는 바울에게 갔을 가능성이 크다
고 주장한다. 그리고 라이트는 바울이 오네시모를 빌레몬에게 보
내면서 다시 보내달라고 말할 수 있는 상황도(몬 1:12-14) 빌레몬

서의 에베소 저작설을 지지한다고 말한다. 하지만 라이트가 바울이 에베소 감옥에서 빌레몬서를 기록했다고 주장하는 이론은[196] 설득력이 약하다. 던(James Dunn)은 빌레몬서의 저작 장소에 대해 결론을 내리지 않는다. 그리고 던은 빌레몬서의 본문 주해도 서신의 저작 장소 결정에 도움을 주지 못한다고 결론짓는다.[197]

(4) 로마 감옥 설

바울이 로마 감옥에 1차로 투옥되었을 때 빌레몬서를 다른 옥중 서신들과 함께 기록했다는 주장이 가장 설득력을 갖는다. 사도행전 28장은 바울이 2년 동안 로마 감옥에서 비교적 자유로운 환경에서 감옥 생활을 한 것으로 기록한다(행 28:30-31). 바울은 감옥에 있으면서도 사람을 만날 수 있었고, 하나님 나라를 전파하며 예수 그리스도에 관한 것을 가르칠 수 있었다. 빌레몬의 노예 오네시모가 다른 도시보다 로마로 도망 왔을 가능성이 가장 큰 사실, 바울의 로마 감옥 생활이 비교적 자유로운 형편이었다는 사실, 그리고 두기고(Tychicus)가 에베소서와 골로새서를 전달한 사실(엡 6:21; 골 4:7) 등은 빌레몬서의 로마 감옥 기록 설을 지지해 준다. 왜냐하면 에베소서와 골로새서를 가이사랴 감옥이나 빌립보 감옥

---

196)　N. T. Wright, *Colossians and Philemon* (*Tyndale New Testament Commentaries*) (Grand Rapids: Eerdmans, 1989, pp. 35, 165, 190-191. Wright는 빌레몬서의 에베소 저작설을 근거로 저작 연대를 대략 50년대 초반에서 중반 사이로 추정한다.

197)　James D. G. Dunn, *The Epistles to the Colossians and to Philemon* (*NIGTC*, Grand Rapids: Eerdmans, 1996), p. 308.

에서 기록했다고 주장할 수 있는 근거가 희박하기 때문이다. 특히 골로새서에서 바울이 "신실하고 사랑을 받는 형제 오네시모를"(골 4:9, 개역개정) 두기고와 함께 보낸다고 언급한 사실은 로마 감옥 설을 더 신뢰하게 한다. 빌레몬서는 바울 사도가 골로새서, 에베소서, 빌립보서와 함께 로마 옥중에 1차로 감금되었을 때 기록한 서신이다.

골로새서와 빌레몬서는 밀접한 관계를 가지고 있다. 우선 빌레몬이 골로새 교회의 성도이며 오네시모는 빌레몬의 노예였다(몬 1:2, 16). 빌레몬서의 주요 내용은 빌레몬의 노예 오네시모에 관한 것이다. 그런데 골로새서 4:9은 "신실하고 사랑을 받는 형제 오네시모를 함께 보내노니 그는 너희에게서 온 사람이라 그들이 여기 일을 다 너희에게 알려 주리라"(골 4:9, 개역개정)라고 기록한다. 오네시모는 골로새에서 도망 나온 노예였다. 그리고 바울은 두기고와 함께 오네시모를 골로새로 돌려보내고 있다. 이런 내용은 골로새서와 빌레몬서의 밀접성을 증거하고 있다. 또한 바울은 빌레몬서에서 빌레몬에게 안부를 전하는 사람들의 이름을 에바브라, 마가, 아리스다고, 데마, 그리고 누가를 언급한다(몬 1:23, 24). 그런데 바울은 골로새 교회에 안부를 전하는 사람들의 이름을 역시 에바브라, 마가, 아리스다고, 데마, 그리고 누가를 언급하고 있다(골 4:10-14). 이 사실 역시 골로새서와 빌레몬서의 밀접성을 증거하며 따라서 골로새서와 빌레몬서는 같은 장소에서 기록된 것으로 추정할 수 있다.

바울은 로마의 감옥에 1차로 감금되었을 때 골로새서와 빌립보서를 기록한다. 이 두 서신을 로마 감옥이외의 다른 감옥에서 기록했다고 주장하는 사람은 많지 않다. 그런데 빌레몬서와 골로새서 그리고 빌립보서에 같은 용어들이 사용된 것도 간접적으로 빌레몬서가 로마의 감옥에서 같은 시기에 기록한 것을 증거한다.[198]

빌레몬서의 기록 장소를 바울이 1차로 투옥된 로마 감옥으로 생각하면 자연히 대략적인 기록연대가 정해진다. 일반적으로 바울이 로마 감옥에 1차로 투옥된 시기를 AD 62-64년으로 잡는다.[199] 그러므로 빌레몬서의 기록 시기는 골로새서의 기록 시기와 비슷한 대략 AD 62-63년으로 추정할 수 있다.

3. 노예 제도에 대한 바울의 태도

오네시모는 빌레몬의 노예였다. 그러나 바울은 오네시모가 예수님을 영접한 후 그를 노예로 생각하지 않고 형제로 생각했다. 바울은 오네시모를 "갇힌 중에서 낳은 아들"(몬 1:10), "내 심복"(몬 1:12), "사랑 받는 형제"(몬 1:16)라고 불렀다. 바울이 이렇게 말할 수 있는 것은 복음의 능력 때문이요, 또한 복음의 핵심이 작용한

---

198)   συνεργός, συστρατιώτης (몬 1-2; 빌 2:25); ἐπιγνώσει (몬 6; 빌 1:9; 골 1:9-10); ἀνῆκον (몬 8; 골 3:18); συναιχμάλωτος (몬 23; 골 4:10); ἀπέχω (몬 15; 빌 4:18); ἀδελφὸς ἀγαπητός (몬 16; 골 4:7) 등을 참조하라.

199)   Jerome Murphy-O'Connor, *Paul: A Critical Life* (Oxford, New York: Oxford University Press, 1997), p. 31. 참조, 박형용, 『신약개관』(서울: 아가페출판사, 2002), p. 261. Thompson은 바울의 1차 로마 투옥 시기를 AD 59년부터 시작한 것으로 생각하여 빌레몬서의 기록시기를 AD 59년쯤으로 추정한다. Cf. G. H. P. Thompson, *The Letters of Paul to the Ephesians, to the Colossians, and to Philemon*, p. 177.

것이다. 빌레몬서는 바울 서신 중 가장 짧은 서신이지만[200] 그 당시
가장 천한 계층에 속한 한 사람이 가혹한 처지에 직면했을 때 그를
용서하고 사랑하는 정성이 깊은 관심을 느낄 수 있게 하는 서신이
다. 바울은 오네시모가 저지른 잘못을 바로 잡기 위해 오네시모를
빌레몬에게 돌려보낸다.

바울은 주인인 빌레몬과 그의 노예인 오네시모에게 복음을 전
한 사람이다. 그런데 이 두 사람이 좋지 않은 관계에서 결별된 상
태에 있었다. 오네시모는 주인인 빌레몬으로부터 도망쳤을 뿐만
아니라 빌레몬에게 손해도 입힌 노예였다. 아마도 오네시모는 도
망칠 때 빌레몬의 재물을 훔쳐서 로마까지 가는데 사용했을 가능
성이 많다(몬 1:18).[201] 빌레몬과 오네시모는 그 당시의 상황으로
보아서 주인과 노예라는 넘을 수 없는 불목의 관계가 형성되어 있
었다. 그런데 바울이 전한 복음은 예수 그리스도를 통한 화목의 복
음이었다(골 1:18-20; 3:12-17; 참조 고후 5:17-21). 화목의 복음을
받은 빌레몬과 오네시모는 그리스도 안에서 서로 화목해야 한다.

빌레몬서는 빌레몬의 노예였던 오네시모에 대한 바울의 심장이
드러나 있는 편지이다. 따라서 빌레몬서는 잘 짜인 구조로 기록된
서신이 아니다. 편지의 대부분이 오네시모의 용서를 빌레몬에게
부탁하고 그를 용납할 것을 요청하는 바울의 간청으로 되어 있다
(몬 1:8-21).

---

200) 빌레몬서는 헬라어 본문으로 계산할 경우 334개의 단어로 구성되어 있다.

201) 완싱크(Wansink)는 오네시모가 감옥으로 피신한 것이 아니요, 그의 주인에 의해
보냄을 받은 것이라고 주장한다. Cf. Craig S. Wansink, *Chained in Christ: The Experi-
ence and Rhetoric of Paul's Imprisonments* (*JSNTS* 130) (Sheffield: Sheffield Academic
Press, 1996), pp. 176.

노예 제도는 고대 사회의 제도 속에 자리 잡은 큰 악 중의 하나였다. 라이트(Wright)는 "노예 제도는 고대 세계의 참으로 큰 죄악들 중의 하나였다. 그 제도 하에서 인구의 많은 비율이 좋은 목적으로나 (일반적으로) 나쁜 목적으로 다른 사람에게 전적으로 예속되어서 권리도 없고, 전망도 없고, 성적 학대의 가능성과 사소한 잘못 때문에 학대를 받거나 죽게 되는 나쁜 상황에 노출되어 있었다."[202]라고 그 당시 사회에 깊이 뿌리내린 노예 제도에 대해 설명한다. 핀리(Finley)는 그 당시의 로마 사회를 "노예 사회"(slave society)라고 명명하기도 한다.[203]

우리는 빌레몬서를 통해 대단히 민감한 노예 문제를 들여다 볼 수 있고 바울이 노예를 대신해서 간청하므로 주인과 노예의 관계 문제를 해결하는 모습을 대하게 된다. 빌레몬서는 비록 짧은 서신이지만 그 당시 노예 제도가 사회 전반의 인정을 받고 있는 상황에서 기독교가 노예 제도에 대해 어떤 태도를 가졌는지 보여주는 서신이다. 헨드릭센(Hendriksen)은 고대 사회에서 노예 제도가 성행했던 상황을 제시하고 "기독교인이면 누구나 노예 제도의 악독함을 정죄하는데 두려워해서는 안 된다."[204]라고 결론을 내린다. 그

---

202) N. T. Wright, *Colossians and Philemon* (*Tyndale New Testament Commentaries*) p. 169: "Slavery was one of the really great evils of the ancient world, under which a large proportion of the population belonged totally to another person, for better or (usually) for worse, with no rights, no prospects, the possibility of sexual abuse, the chance of torture or death for trivial offences."

203) Moses I. Finley, *Slavery in Classical Antiquity: Views and Controversies* (London: Lowe and Brydone, Ltd., 1964), pp. 45-49.

204) William Hendriksen, *Colossians and Philemon* (*NTC*, Grand Rapids: Baker, 1975), p. 235.

리고 헨드릭센은 예수님이나 바울이 노예 제도 폐지를 주창하지 않은 이유는 그 당시 노예 제도가 폐지되므로 오히려 생존이 주인에게 달려있는 노예들이 극심한 비참함에 빠질 것이며 또한 노예 제도 폐지 주창은 기독교신앙의 전파에 방해가 될 것이기 때문이라고 정리한다.[205] 그리고 헨드릭센은 노예 제도와 관련하여 "바울이 빌레몬서와 다른 곳에서 가르치고 있는 것은 양편(주인과 노예)으로부터 오는 사랑이 유일한 해결 방법이다. 이 사랑은 그의 자녀에 대한 하나님의 사랑의 응답이다. 그 자녀가 흑인이든 백인이든, 매인 자이든 자유인이든 차이가 없다. 이 하나님의 사랑이 잔인함을 친절로 녹이며 그렇게 함으로 폭군을 친절한 고용주로, 노예를 자발적인 종으로, 그리고 그 사랑을 받아들이는 모든 사람들을 그리스도 안에서 '형제들'로 변화시킨다. 하나님의 왕권과 통치는 안에서부터 밖으로 사역하며 밖에서부터 안으로 사역하지 않는다."[206]라고 해석한다. 인간이 만든 제도는 때로 자신의 악한 동기를 충족시키는데 사용된다. 고대의 노예 제도도 같은 목적으로 사용되었다. 그러나 제도를 유용하고 효과적인 제도로 만드는 능력은 바로 사랑으로부터 나온다.

하비(Harvey)는 바울이 빌레몬서를 쓰기 3년 전 한 시민이 암살

---

205) Hendriksen, *Colossians and Philemon*, p. 235.

206) Hendriksen, *Colossians and Philemon*, p. 236.: "What Paul teaches, not only in his letter to Philemon but also elsewhere, is that *love, coming from both sides* (masters and slaves) *is the only solution*. This love is the response to God's love for his child. Whether that child be black or white, bond or free, makes not difference. It is this love of God which melts cruelty into kindness and in so doing changes despots into kind employers, slaves into willing servants, and all who accept it into 'brothers' in Christ. The kingship or rule of God works from within outward, not from without inward."(italics original)

되었을 때 그에게 속한 400명의 노예들이 죄가 없음에도 불구하고 모두 죽음의 길을 가게 되었다고 전한다.[207] 그 당시 로마 시 인구의 절반 이상이 노예로 구성되어 있었기 때문에 노예 제도가 폐지되면 로마의 사회는 붕괴될 수밖에 없는 형편이었다. 이런 사회적 상황에서 바울의 빌레몬서의 내용은 그 당시 사회에 원자폭탄을 투하한 것이나 다름이 없다. 하비는 "모든 시대를 통털어 이 서신의 주요한 의의는 그리스도 예수 안에서 속박 받은 자도 없고 자유인도 없다는 것이다. 기독교는 하나님과 그의 교회 앞에서 모든 사람이 도덕적으로나 영적으로 동등하다는 뜻이다. 결과적으로 기독교가 한 백성이 되고, 백성을 정화시키고, 백성을 고양시키는 이런 기독교 문명을 통해 종국적인 결과는 모든 사람이 국가의 법 앞에서 동등하게 되는 것이다. 이처럼 빌레몬서는 모든 시대와 모든 땅에 있는 가장 심오한 사회적 문제를 다루는 것이다."[208]라고 정리한다.

코니베어(Conybeare)와 하우손(Howson)도 "이 편지는 성자 바울의 성격의 아름다운 실례일 뿐만 아니라, 동 시대의 서신들(골로새서, 에베소서)을 통해 전달한 노예들과 주인들 사이의 상호 관계에 대한 교훈을 실제적으로 주석한 내용이다. 우리는 여기서 기독교가 이런 관계들에 대해 어떤 효과를 나타내는지에 대한 최초의 예 중의 하나를 본다. 즉 사회 기관의 난폭한 붕괴를 통해 또 다른 노예 전쟁을 유발시키는 방법이 아니라, 하나님 앞에서 모든 사람의 동등성을 인정하는 종교의 정신으로 점차적으로 사회에 영향을

---

207) H. Harvey, "Commentary on the Pastoral Epistles, First and Second Timothy and Titus, and the Epistle to Philemon," *An American Commentary on the New Testament*, Vol VI (Valley Force: Judson Press, 1890), p. 153.

208) Harvey, *Ibid.*, pp. 153-154.

미치고 침투하는 방법을 본다. "[209]라고 정리함으로 초대 교회 당시의 노예 제도는 사랑의 방법으로 해결하는 것이 가장 좋은 길임을 천명한다. 라이트(Wright)도 "바울의 방법은 정교한(미묘한) 것이다. 그는 물론 원리적으로 노예가 되는 것보다 자유하게 되는 것이 좋다는 것을 알고 있다 (고전 7:21-23). 그러나 예수님처럼, 세상을 변화시키는 바울의 방법은 처음에는 눈에 띄지 않지만 넓게 확장된 나무로 자라는 겨자씨의 한 알을 심는 것이다. "[210]라고 같은 전망으로 설명한다. 라이트는 계속해서 "만약 필요할 때 실천으로 옮겨지지 않는다면 거창한 소리의 이론을 설교하는 것은 아무 소용도 없다. 그래서 그는(바울) 완전한 화해가 이루어질 것을 확실하게 하기 위해 이 편지에서 최선을 다하면서 오네시모를 골로새의 빌레몬에게 돌려보낸다. "[211]라고 해석한다. 라이트푸트(Lightfoot)는 "'노예 해방'이라는 단어가 그의 입술을 떨게 했을 것이지만 그

---

209) W. J. Conybeare and J. S. Howson, *The Life and Epistles of St. Paul* (Grand Rapids: Eerdmans, n.d.), p. 688: "This letter is not only a beautiful illustration of the character of St. Paul, but also a practical commentary upon the precepts concerning the mutual relations of slaves and masters given in his contemporary Epistles. We see here one of the earliest examples of the mode in which Christianity operated upon these relations; not by any violent disruption of the organisation of society, such as could only have produced another Servile War, but by gradually leavening and interpenetrating society with the spirit of a religion which recognised the equality of all men in the sight of God."

210) N. T. Wright, *Colossians and Philemon.* pp. 169-170: "Paul's method is subtler. He of course knows (1 Cor. 7:21-23) that in principle it is better to be free than to be a slave. But, like Jesus, his way of changing the world is to plant a grain of mustard seed, which, inconspicuous at first, grows into a spreading tree."

211) N. T. Wright, *Colossians and Philemon* (*Tyndale New Testament Commentaries*), p. 166.: "It is no use preaching grand-sounding theory if it cannot be put into practice when it is needed. So he sends Onesimus back to Colosse, to Philemon, having done his best, in this letter, to ensure that a full reconciliation will take place."

는 그것을 말로 표현하지 않는다. 그는 빌레몬에게 다시 도망친 오네시모를 그의 신뢰 안으로 받아들이라고 권면한다. 그를 모든 사랑으로 용납하고, 그를 더 이상 노예로 생각하지 말고 형제로 생각하며, 사도인 자신에게 모든 것을 빚졌다고 생각하는 것처럼 동일한 배려와 동일한 사랑으로 오네시모를 대하라고 권면한다."[212]라고 그 당시의 노예 제도에 대한 잘못을 인식하면서도 기독교적인 개선책을 제시하고 있다고 설명한다.

라이트(Wright)는 "신약의 어떤 부분도 이 곳 만큼 융합된 기독교 사상과 삶을 분명하게 제시해 주지 못한다. 본서는 철저하게 바울의 특성인 사랑과 지혜와 유머와 친절함과 기지의 혼합을 제공한다. 그리고 무엇보다 그리스도인과 인간의 성숙성을 제공해 준다."[213]라고 평가한다. 뱅겔(John Bengel)도 같은 어조로 빌레몬서를 평가한다. 뱅겔은 "신약 책 속에서 개인 문제를 다루는 서신으로 잘 알려진, 그리고 굉장히 예의바른 이 서신은 그리스도인들이 어떻게 고상한 원리로 세상일을 처리해야 하는지에 관한 최고의 지혜의 표본을 제공하기 위한 의도를 담고 있다."[214]라고 말한다.

그런데 어떤 이는 오네시모가 도망 나온 노예가 아니라고 주장

---

212)   J. B. Lightfoot, *St. Paul's Epistles to the Colossians and to Philemon*, pp. 323-324.

213)   N.T. Wright, *op. cit.*, p. 170. "But no part of the New Testament more clearly demonstrates integrated Christian thinking and living. It offers a blend, utterly characteristic of Paul, of love, wisdom, humour, gentleness, tact and above all Christian and human maturity."

214)   John A. Bengel, *Bengel's New Testament Commentary*, Vol. 2 (Grand Rapids: Kregel Publications, 1981, p. 566). "A familiar and exceedingly courteous epistle, concerning a private affair, is inserted among the New Testament books, intended to afford a specimen of the highest wisdom, as to how Christians should manage civil affairs on loftier principles."

한다. 윤철현은 빌레몬서 1:15, 1:16, 1:18을 근거로 오네시모가
도망 나온 빌레몬의 노예가 아니라고 말한다. 윤철현은 "그가 잠시
떠나게 된 것은"(몬 1:15)이라는 구절의 의미는 "오네시모가 자신
이 섬겼던 집에서 '분리되었다'는 점뿐이다. 그것은 단순히 어떤 이
유로 그가 거기에 없었음을 의미한다."[215]라고 주장한다. 윤철현은
골로새서 4:7-14을 근거로 "빌레몬이 바울의 필요를 공급해 주는
전달자로 오네시모를 파송한 것으로 충분히 가정할 수 있다."[216]라
고 해석한다. 그러면서 윤철현은 "우리는 오네시모가 주인 빌레몬
에게 손해를 끼치고 도망한 노예라는 사실을 입증할 만한 분명한
언급을 성경 본문에서 발견할 수 없다는 것을 인정하게 된다."[217]
라고 정리한다. 하지만 골로새서 4:7-14에는 빌레몬이 로마 감옥
에 있는 바울을 돕기 위해 오네시모를 보낸다는 언급은 찾아 볼 수
없다. 오히려 골로새서 4:7-14은 바울이 골로새서와 빌레몬서를
두기고 편에 보내면서 오네시모도 함께 보낸다는 뜻으로 이해해야
한다(골 4:7, 9 참조).

완싱크(Wansink)는 바울이 "그가(오네시모) 잠시 떠나게 된 것
은"(몬 1:15)이라고 말한 것은 노예가 "도망갔다"(escape)는 것을
완곡어법을 사용하여 표현한 것이라고 설명한다.[218] 빌레몬서에는
오네시모가 도망 나온 빌레몬의 노예임을 밝히는 언급이 더 확실

215) 윤철현,『빌립보서 빌레몬서 어떻게 설교할 것인가』(서울: 두란노 아카데미, 2008), p. 218.

216) 윤철현,『빌립보서 빌레몬서 어떻게 설교할 것인가』p. 221.

217) 윤철현,『빌립보서 빌레몬서 어떻게 설교할 것인가』p. 219.

218) Wansink, *Chained in Christ*, p. 179.

하게 나타난다. 우선 바울이 쓴 빌레몬서의 필체는 고대에서 중재를 위해 사용한 편지의 수사 방법과 비슷하다. 그 한 예로 플리니 (Pliny)가 사비니아누스(Sabinianus)에게 보낸 편지를 들 수 있다. 그리고 바울이 오네시모가 빌레몬을 잠시 떠나게 되었다고 말한 것은(몬 1:15) 노예가 도망한 것을 완곡하게 표현한 것으로 이해해야 한다. 또한 바울이 "그가 만일 네게 불의를 하였거나 네게 빚진 것이 있으면 그것을 내 앞으로 계산하라"(몬 1:18)고 쓴 것은 오네시모가 진실로 빌레몬에게 잘못한 것을 인정하는 것으로 설명하는 것이 더 설득력을 가진다.

매이천(Machen)은 빌레몬서는 "상황이 요구하는 것처럼 대단히 즐겁고 짧은 편지로, 단순하며 애정이 많은 편지이다. 그러나 빌레몬서는 결코 바울이 위대한 사도임을 감추지는 않는다. 바울은 항상 진정한 신사였고 또한 초자연적인 복음을 확고하게 믿는 사역자였다."[219]라고 설명한다.

바울은 빌레몬서에서 그 당시 널리 인정받고 실행되어 온 노예 제도의 폐지를 과격하게 주장하지 않고, 노예를 소유한 빌레몬을 책망하지 않으면서도 노예 제도의 잘못을 지적하고, 오네시모를 그리스도 안에서 한 형제로 맞이하고 동역자로 생각함으로 잘못된 노예 제도의 뿌리를 흔들고 그리스도의 사랑만이 이 문제를 해결할 수 있다고 가르친다. 빌레몬서는 도망 나온 노예 문제를 다룸에 있어서 복음의 능력과 바울 사도의 고상한 성격이 조화를 이루어 계속적으로 울려 퍼지고 있음을 증언하고 있다.

---

219)   J. Gresham Machen, *The New Testament: An Introduction to its Literature and History* (Carlisle: The Banner of Truth Trust, 1976), p. 165.

본문
주해

1. 바울의 인사(몬 1:1-3)

"그리스도 예수를 위하여 갇힌 자 된 바울과 및 형제 디모데는 우리의 사랑을 받는 자요 동역자인 빌레몬과 자매 압비아와 우리와 함께 병사된 아킵보와 네 집에 있는 교회에 편지하노니 하나님 우리 아버지와 주 예수 그리스도로부터 은혜와 평강이 너희에게 있을지어다."(몬 1:1-3, 개역개정)

¹ Παῦλος δέσμιος Χριστοῦ Ἰησοῦ καὶ Τιμόθεος ὁ ἀδελφὸς Φιλήμονι τῷ ἀγαπητῷ καὶ συνεργῷ ἡμῶν ² καὶ Ἀπφίᾳ τῇ ἀδελφῇ καὶ Ἀρχίππῳ τῷ συστρατιώτῃ ἡμῶν καὶ τῇ κατ᾽ οἶκόν σου ἐκκλησίᾳ, ³ χάρις ὑμῖν καὶ εἰρήνη ἀπὸ θεοῦ πατρὸς ἡμῶν καὶ κυρίου Ἰησοῦ Χριστοῦ.(Phm 1:1-3)

(1) 예수를 위하여 갇힌 자 된 바울(몬 1:1)

바울의 서신 13개 중에서 개인에게 쓴 편지는 디모데전서, 디모데후서, 디도서, 그리고 빌레몬서이다. 그런데 디모데전서, 디모데후서, 디도서는 그들에게 그리스도의 교회를 어떻게 섬기고 목회할 것인지를 중점적으로 설명하는 목회서신이다. 사실상 바울의 서신들은 대부분 교회를 향한 서신이기 때문에 모두 "목회서신"이라고 부를 수 있으나 특히 디모데전서, 디모데후서, 디도서는 믿음의 아들 디모데와 디도에게 그리스도의 몸 된 교회를 어떻게 섬겨야 할지를 가르치는 서신이기에 "목회서신"[220]이라고 명칭을 부치는 것은 타당하다.

그러나 빌레몬서는 오네시모 한 사람을 위해 쓴 서신이다. 어쩌면 빌레몬서는 한 사람의 구명운동을 위해 쓴 서신이라고 할 수 있다. 그것도 노예인 오네시모를 회복시키기 위해 쓴 빌레몬서의 내용은 그 당시의 사회적 상황으로 보아 혁명적 발상이라고 할 수 있다. 바울 사도는 그 당시 물건이나 다름없는 노예를 형제로 받아들이라고 주인인 빌레몬에게 요청하고 있다. 그런 의미에서 바울 사도가 쓴 13개의 서신 중 빌레몬서만이 유일하게 개인적인 서신이라고 할 수 있다.

바울은 다른 서신들과 마찬가지로 먼저 편지를 보내는 발신자가 누구인지를 밝힌다. 빌레몬서에서는 바울 사도가 자신과 함께 디모데의 이름을 언급한다. 이 말씀은 바울이 로마의 옥중에 1차로 감금되어 있을 때에 디모데도 함께 있었음을 증거한다. 바울은 항상 함께 있는 동역자를 배려하는 마음으로 마치 편지의 저자처럼 동역자의 이름을 함께 사용하곤 한다. 하지만 빌레몬서 전반에 걸

---

220) "목회서신"이라는 명칭은 1703년 D. N. Berdot에 의해 처음으로 사용되었고 1726년 Paul Anton이 그의 책을 통해 대중화 시킨 명칭이다. Cf. Donald Guthrie, *The Pastoral Epistles*, revised edition (*Tyndale New Testament Commentaries*) (Grand Rapids: Eerdmans, 1990), p. 17.; D. A. Carson, Douglas J. Moo, and Leon Morris, *An Introduction to the New Testament* (Grand Rapids: Zondervan, 1992), p. 359.; Everett R. Harrison, *Introduction to the New Testament* (Grand Rapids: Eerdmans, 1971), p. 347.

쳐 바울이 자신을 가리킨 일인칭 대명사 "나"를 사용한 것은 빌레 몬서의 저자가 바울임을 증거하고 있다(몬 1:4, 7, 8, 9, 11, 12, 13, 14, 17, 18, 19, 20, 21, 22, 23, 24).

바울은 자신이 "그리스도 예수를 위하여"(몬 1:1) "갇힌 자"(δέσμιος) 되었다고 말한다. 바울은 자신이 그리스도의 복음 때 문에 갇힌 것을 자랑스럽게 언급한다. 그리고 바울은 앞으로 오네 시모에 대해 호소를 할 것인데 "갇힌 자"라는 용어를 사용함으로 자신의 호소에 힘을 싣는 역할을 한다. 바울이 "그리스도 예수를 위하여 갇힌 자" 되었다고 자신을 소개함으로 앞으로 오네시모를 위해 호소할 때 빌레몬의 특별한 관심과 동정심(compassion)을 불 러일으키게 된다.[221] 바울이 편지 서문에서 자신이 "사도"인 것을 언급하지 않은 것은 자신과 수신자와의 거리를 좁히기 위한 배려 에서 그렇게 한 것으로 생각할 수 있다. 바울은 친구가 친구에게 하듯, 그리고 마음에서 마음으로 전하듯 이 편지를 쓰고 있다.[222] 그리고 바울이 서문에서 사도임을 밝히지 않은 것은 빌레몬으로 하여금 오네시모의 미래에 대해 스스로 결정하기를 원했기 때문이 요 바울의 사도적 권위 때문에 영향을 받아 결정하지 않기를 바라 는 마음에서 나온 배려이다.[223]

---

221)   Marvin R. Vincent, *A Critical and Exegetical Commentary on the Epistles to the Philippians and to Philemon* (Edinburgh: T & T Clark, 1979), p. 175.

222)   Jac. J. Müller, *The Epistles of Paul to the Philippians and to Philemon* (*NICNT*, Grand Rapids: Eerdmans, 1970), p. 173.

223)   Bruce J. Nicholls and Brian Wintle, *Colossians and Philemon: Asia Bible Commentary Series* (Singapore: Asia Theological Association, 2005), p. 209.

(2) 네 집에 있는 교회(몬 1:2)

바울은 편지의 발신자가 누구인지를 밝힌 다음 편지의 수신자
가 누구인지를 밝힌다. 수신자는 "동역자인 빌레몬과 자매 압비아
와 우리와 함께 병사된 아킵보와 네 집에 있는 교회"(몬 1:1-2)이
다. 빌레몬은 노예를 소유할 수 있을 정도로 비교적 부유한 형편에
있었다. 빌레몬은 골로새 교회 안에서 큰 역할을 감당하고 있는 교
회의 리더였다. 빌레몬이 골로새에 거주하고 있었다는 사실은 바
울이 오네시모를 골로새로 돌려보낸 내용에서 추정할 수 있다(골
4:8-10). "네 집에 있는 교회"(몬 1:2)라는 표현은 빌레몬이 골로새
교회의 리더였음을 증거 한다. 빌레몬은 복음과 그리스도의 교회
를 위해 수고하고 헌신한 사람이기에 바울은 빌레몬을 가리켜 "동
역자"라고 부른다. "동역자"는 같은 목적을 가지고 함께 일하는 사
람이라는 뜻을 가지고 있다. 빌레몬은 예수 그리스도의 제자로 하
나님 나라를 확장하는데 쓰임 받는 바울의 동역자였다.

"압비아"(몬 1:2)는 빌레몬의 아내로 알려져 있고, 아킵보는 빌
레몬의 아들로 알려져 있다. [224] 바울은 디모데를 "형제"로, 압비아

---

224)   박윤선, "빌레몬서 주석" 『바울서신』(서울: 영음사, 1964), p. 607.: G.H.P. Thompson,
*The Letters of Paul to the Ephesians, to the Colossians, and to Philemon (The Cambridge
Bible Commentary on the New English Bible)*, p. 177.; James Moffatt, *An Introduction
to the Literature of the New Testament* (Edinburgh: T & T Clark, 1961), p. 162.; James
D. G. Dunn, *The Epistles to the Colossians and to Philemon (The New International
Greek Testament Commentary,* Grand Rapids: Eerdmans, 1996), p. 312. 하지만 우스텔
리(Oesterley)는 아킵보가 빌레몬의 아들이라는 근거가 없으며 그의 아버지의 노예를
다루는데 아들의 이름이 언급될 필요가 없다고 아킵보가 빌레몬의 아들임을 부정한
다. 우스틸리는 아킵보가 여기에 언급된 것은 그가 그 교회에서 중요한 위치에 있었기
때문이라고 주장한다. See, W. E. Oesterley, "The Epistle to Philemon," *The Expositor's
Greek Testament,* IV (Grand Rapids: Eerdmans, 1980), p. 211.

를 "자매"로 부른다. 바울이 압비아를 "자매"로 부른 것은 압비아 가 디모데처럼 기독교인임에 틀림없기 때문이다. 주목할 부분은 바울이 아버지인 빌레몬은 "동역자"로 묘사하고, 아들인 아킵보는 "함께 병사된"이라고 표현한 사실이다. 그 이유는 아마도 빌레몬이 바울처럼 복음을 위해 함께 사역한다는 의미로 "동역자"라는 표현 을 쓰고, 아킵보는 에바브라가 골로새 교회를 떠나 있는 동안 바울 과 디모데처럼 유대주의자들과 투쟁을 해야 하기 때문에 "함께 병 사된"이라는 표현을 썼다고 생각할 수 있다.[225]

그리고 "네 집에 있는 교회"는 빌레몬의 집에서 성도들이 정규 적으로 모여 예배를 드렸음을 암시하고 있다. 그 당시 정치적 상황 때문에 기독교는 별도의 건물에서 예배를 드리기보다 개인의 집에 서 예배를 드렸다(행 12:12; 고전 16:19; 골 4:15). 빌레몬은 그의 집 을 개방하여 성도들이 교회로 모일 수 있도록 헌신한 것 같다. "네 집에 있는 교회"는 하나의 가옥교회나 다름없다. 가옥교회는 요즈 음 회자되는 "가정교회"와는 그 성격이 다르다. "네 집에 있는 교 회"는 초대교회 당시의 어려운 상황을 알려준다. 핍박받는 상태에 있는 초대교회는 일정한 장소에서 공개적으로 회집할 수 없었다. 성도들이 일정한 교회 건물에서 모인 증거는 알렉산드리아의 클레 멘트(Clement of Alexandria, Strom. vii. c. 5)와 히폴리터스 (Hippolitus, Fragment, ed. Lagarde, p. 149)가 언급한 것이 가장 오 래된 증거이다. 유대인들은 줄리어스 가이오(Julius Gaius)의 특별

---

225) R.C.H. Lenski, *The Interpretation of St. Paul's Epistles to the Colossians, to the Thes-salonians, to Timothy, to Titus and to Philemon* (Minneapolis: Augsburg Publishing House, 1946), p. 954.

한 허락 하에 모든 곳에서 모임을 자유롭게 가질 수 있었다. [226]

바울은 여기서 편지를 받을 대상인 빌레몬, 압비아, 아킵보, 그리고 빌레몬의 집에서 모이는 교회를 언급하고 있다. 바울 사도는 아킵보를 가리켜 "함께 병사된"(몬 1:2) 사람이라고 부른다. 바울 사도는 "함께 병사된"($\tau\tilde{\omega}$ $\sigma\upsilon\sigma\tau\rho\alpha\tau\iota\omega\tau\eta$ $\dot{\eta}\mu\tilde{\omega}\nu$)[227]이라는 용어를 자주 사용하지 않는다. "함께 병사된"이란 용어는 본 구절에서 아킵보를 가리켜 사용했고, 빌립보서 2:25에서는 에바브로디도를 가리켜 사용했다. 이 용어는 바울 서신 두 곳에서만 사용된 특별한 용어이다 (몬 1:2; 빌 2:25). 이 용어는 신약에서 오직 상징적인 의미로만 사용되었다. "함께 병사된"이란 말은 "같은 목적을 위해 함께 헌신되고 활동하는"이라는 뜻을 가지고 있다. "함께 병사된" 사람들은 같은 목적을 위해 싸우되 생명을 나누면서 사는 사람들을 뜻한다(참조, 딤후 2:4). 아킵보(몬 1:2)와 에바브로디도(빌 2:25)는 바울과 함께 복음에 적대적인 이 세상에서 복음을 위해 믿음의 투쟁을 한 헌신된 동역자들이었다. 우리는 본문에서 그리스도와 복음에 대한 압비아와 아킵보의 헌신의 마음을 읽을 수 있다.

---

226) Flavius Josephus, *Antiquities: The Works of Flavius Josephus,* Vol. III (Grand Rapids: Baker, 1974), p. 309 (Book xiv, Chapter 10, Section 8). "I permit these Jews to gather themselves together, according to the customs and laws of their forefathers, and to persist therein." (p. 309)

227) 한글개역은 "우리와 함께 군사 된"으로 번역한 반면 개역개정은 "우리와 함께 병사된"으로 "군사"를 "병사"로 바꾸어 번역했다. 그런데 『동아 새국어사전』(동아출판사, 1994)은 "병사"를 "군사, 사병"으로 정의했고, "군사"를 "군대에서 장교의 지휘를 받는 군인, 군병, 군졸, 병사, 병졸"로 정의했다. "병사"나 "군사"나 큰 차이는 없으나 오히려 "군사"가 $\sigma\upsilon\sigma\tau\rho\alpha\tau\iota\omega\tau\eta\varsigma$(fellow-soldier)의 뜻을 더 잘 포함하고 있다.

(3) 은혜와 평강(몬 1:3)

빌레몬서 1:3의 "은혜와 평강"은 바울이 편지 서두에서 즐겨 사용하는 표현이다. "은혜"는 죄인을 구원하시기 원하시는 하나님의 호의를 뜻하고, "평강"은 그리스도 안에서 하나님과 화목의 관계를 형성한 사람이 얻을 수 있는 마음의 안정과 평안을 뜻한다.[228] 은혜의 방법과 행위의 방법과의 사이에는 전혀 공통점이 없다. 행위를 언급하면 그것은 전혀 은혜가 아니다. 그래서 은혜는 예수 그리스도가 우리를 대신해서 십자가에서 죽으시고 사흘 만에 부활하셨기 때문에 그의 이름으로 간결하게 요약될 수 있다.[229] 평강은 특별하게 기독교적인 개념으로 영혼의 평안한 상태를 뜻하고, 그리스도를 통한 구원의 확실성을 확인함으로 하나님을 두려워하지 않고 어떤 것이든지 지상에서 받은 몫을 만족하는 것이다.[230] 박윤선 박사는 "'은혜와 평강'은 서로 원인 결과의 관계를 가진다. 하나님의 무조건적 호의 곧, '은혜'의 구원 문이 열렸으므로, 그리스도로 말미암은 '평강'이 성도들에게 임한 것이다."[231]라고 바로 해석한다. 뮬러(Müller)는 "은혜는 죄인들을 향한 하나님의 조건 없는 호의 안에 나타난 모든 축복과 혜택의 총화이다. 평강은 하나님과의 화목

228) 박형용,『에베소서 주해』(수원: 합동신학대학원출판부, 2006), p. 32.

229) T.H.L. Parker, "Grace," *Baker's Dictionary of Theology* (Grand Rapids: Baker, 1975), p. 257.: "It is quite clear that the NT overwhelmingly associates the word grace with Christ, either directly ('the grace of our Lord Jesus Christ'), or else by implication as the executor of the grace of God."

230) Charles L. Feinberg, "Peace," *Baker's Dictionary of Theology* (Grand Rapids: Baker, 1975), p. 399.

231) 박윤선, "빌레몬서 주석," p. 607.

을 전제로 하며 그 화목 안에 자신의 마음의 평안과 마음의 평정함, 그리고 다른 동료와의 평강이 뿌리내리고 있다".…. "하나님이 주시지 않으면 은혜가 있을 수 없고, 죄인이 하나님과 화목한 관계에서 흘러나오지 않으면 진정한 평강이 있을 수 없다."[232]라고 해석한다. 성도들이 "은혜와 평강"을 누릴 수 있는 것은 은혜와 평강이 신적인 기원을 가지고 있기 때문이다. 그래서 바울은 항상 "은혜와 평강"은 하나님 아버지와 예수 그리스도로부터 나온다는 사실을 밝힌다. 하나님의 죄인들을 향한 무조건적 사랑과 예수 그리스도의 대속적 희생이 없었다면 성도들은 "은혜와 평강"을 누릴 수 없다.

2. 바울의 기도와 빌레몬의 믿음(몬 1:4-7)

"내가 항상 내 하나님께 감사하고 기도할 때에 너를 말함은 주 예수와 및 모든 성도에 대한 네 사랑과 믿음이 있음을 들음이니 이로써 네 믿음의 교제가 우리 가운데 있는 선을 알게 하고 그리스도께 이르도록 역사하느니라. 형제여 성도들의 마음이 너로 말미암아 평안함을 얻었으니 내가 너의 사랑으로 많은 기쁨과 위로를 받았노라."(몬 1:4-7, 개역개정)

⁴ Εὐχαριστῶ τῷ θεῷ μου πάντοτε μνείαν σου ποιούμενος

232) Müller, *op. cit.*, p. 175.

ἐπὶ τῶν προσευχῶν μου, ⁵ ἀκούων σου τὴν ἀγάπην καὶ τὴν
πίστιν, ἣν ἔχεις πρὸς τὸν κύριον Ἰησοῦν καὶ εἰς πάντας τοὺς
ἁγίους, ⁶ ὅπως ἡ κοινωνία τῆς πίστεώς σου ἐνεργὴς γένηται ἐν
ἐπιγνώσει παντὸς ἀγαθοῦ τοῦ ἐν ἡμῖν εἰς Χριστόν. ⁷ χαρὰν
γὰρ πολλὴν ἔσχον καὶ παράκλησιν ἐπὶ τῇ ἀγάπῃ σου, ὅτι τὰ
σπλάγχνα τῶν ἁγίων ἀναπέπαυται διὰ σοῦ, ἀδελφέ.

(Phm 1:4-7)

(1) 바울의 기도와 감사(몬 1:4-5)

바울은 성도들을 위해 항상 기도하는 것을 게을리 하지 않는다.
바울은 교회에 편지를 보낼 때에도 항상 교회를 위해 기도하고 있
음을 밝힌다. 그런데 바울은 빌레몬 개인에게 쓰는 편지에서도 빌
레몬을 위해 기도하고 있음을 밝히고 있다. 바울은 광범위한 기도
목록을 가지고 있었고 매일 교회들과 동료들 그리고 후원자들을
위해 하나님께 기도했음에 틀림없다.[233] 바울은 빌레몬의 삶이 그
리스도가 보여주신 선한 삶을 살고 있기 때문에 감사의 마음으로
빌레몬을 기억하고 기도하는 것이다. 바울의 감사는 일정한 패턴
을 가지고 있다. 그것들은 일반적으로 하나님께 대한 감사와 상대
를 기도로 기억한다는 사실, 그리고 그들의 믿음과 사랑을 칭찬하
는 것이다(몬 1:4, 5; 참조, 빌 1:3-5; 골 1:3-4; 살전 1:2-3; 살후 1:3).
　　바울은 그의 13 서신 전체에서 "성도"(τοὺς ἁγίους)라는 용어를

---

233)　James Dunn, *The Epistles to the Colossians and to Philemon* (NIGTC), p. 316.

39회나 사용하고 있다.[234] 성도가 거룩한 것은 자신이 존재론적으로 흠이 없는 거룩한 사람이기 때문이 아니요, 예수 그리스도가 십자가의 죽음과 부활에서 성취하신 거룩을 덧입었기 때문에 거룩한 사람이 된 것이다. 그러므로 빌레몬서 1:5의 "모든 성도"($\pi\acute{\alpha}\nu\tau\alpha\varsigma$ $\tauο\grave{\upsilon}\varsigma$ $\acute{\alpha}\gamma\acute{\iota}ους$)는 도덕적으로 거룩하다는 뜻이 아니요 하나님을 위한 봉사를 위해 구별된 모든 사람들을 뜻한다. 성도들은 세상으로부터 거룩하게 성별된 사람들이다(요 17:17, 19). 따라서 이 표현은 세상으로부터 구별되어 하나님을 위해 봉사하기로 작정한 성도의 무리를 가리킨다.

(2) 빌레몬의 사랑과 믿음(몬 1:5-6)

빌레몬서 1:5의 "사랑과 믿음이 있음"에 대하여 학자들 사이에 견해의 차이가 나타난다. 바울은 "주 예수와 및 모든 성도에 대한 네 사랑과 믿음이 있음을 들음이니"(몬 1:5)라고 쓴다. 여기서 바울이 언급하는 "네 사랑과 믿음"이 주 예수와 모든 성도에게 함께 적용되는 것인지 아니면 "사랑"은 모든 성도에게 적용되고, "믿음"은 주 예수에게 적용되는 것인지에 대한 견해가 나누인다. 어떤 이는 사람은 사랑의 대상이지 믿음의 대상이 아니기 때문에 바울은 여기서 사랑은 모든 성도에게 적용되고 믿음은 주 예수에게 적용된다고 주장한다.

---

234) J. B. Smith, *Greek-English Concordance to the New Testament* (Scottdale: Herald Press, 1974), p. 3.

어떤 이는 사랑과 믿음이 동시에 성도에 대한 것으로 생각하여 믿음을 신뢰 혹은 신실성으로 해석할 수 있다.[235]고 주장한다. 이 경우는 사랑과 믿음을 주 예수와 모든 성도들에게 적용된 것으로 생각할 수 있다. 던(James Dunn)은 사랑과 믿음을 기독교인의 삶의 방식의 총화로 생각하여 사랑과 믿음이 주 예수와 모든 성도들에게 적용될 수 있다고 해석한다.[236] 한글 개역과 개역개정은 사랑과 믿음을 주 예수와 모든 성도에게 동시에 적용 시킨다.[237] 이와 같은 해석을 뒷받침 해주는 근거는 헬라어 본문의 구조 때문이다. 헬라어 본문은 "사랑"과 "믿음"을 그리고(καὶ)로 연결하고, "주 예수"와 "모든 성도" 역시 그리고(καὶ)로 연결하여 문장을 구성했기 때문이다.

하지만 빌레몬서 1:5에 언급된 빌레몬의 "사랑과 믿음"을 고찰할 때 사랑은 "성도에 대한" 것으로 생각하고, 믿음은 "주 예수에 대한 것"으로 생각하는 것이 더 타당하다 할 수 있다. 왜냐하면 사

---

235) C.F.D. Moule, "The Epistles to the Colossians and to Philemon," *The Cambridge Greek Testament Commentary* (Cambridge: The University Press, 1968), p. 141.

236) James Dunn, *The Epistles to the Colossians and to Philemon* (NIGTC), p. 317.

237) 몬 1:5의 번역: "주 예수와 및 모든 성도에 대한 네 사랑과 믿음이 있음을 들음이니"(개역, 개역개정); "Hearing of thy love and faith, which thou hast toward the Lord Jesus, and toward all saints"(AV); "because I hear of your love and of faith that you have toward the Lord Jesus and for all the saints"(ESV, NASB). 이상의 개역, 개역개정, ESV, NASB는 사랑과 믿음이 주 예수와 모든 성도들에게 함께 적용되는 것으로 번역한다. **반면,** "그대가 모든 성도들을 사랑하며 주 예수를 참으로 믿고 있다는 이야기를 듣고 있기 때문입니다"(표준새번역); "나는 주 예수에 대한 그대의 믿음과 모든 성도에 대한 그대의 사랑에 관하여 듣고 있습니다"(표준새번역 개정판); "because I hear about your faith in the Lord Jesus and your love for all the saints."(NIV). 이상의 표준새번역, 표준새번역개정판, NIV 등은 믿음은 주 예수에게 적용시키고, 사랑은 모든 형제에게 적용시킨다.

랑은 성도에게 적용될 수 있지만 믿음은 성도에게 적용하는 것이
적절하지 않기 때문이다. 그렇게 생각하면 본문은 그 구조가 "교착
배열법"(chiasmus) 형식으로 배열된 것이다. 칼빈은 "믿음은 그리
스도를 향한 것이다. 왜냐하면 믿음은 특별히 그를 바라보기 때문
이다…. 사랑의 교훈은 우리가 우리 자신의 육체를 경멸해서는 안
되며, 우리들의 인간 본성에 새겨진 하나님의 형상을 명예롭게 다
루어야 하는데 그것은 전체 인류를 포함하는 것이다."[238]라고 해석
한다.

바울은 빌레몬서 1:5에서 "주 예수를 향한 믿음"과 "모든 성도
에 대한 사랑"을 언급한 후 빌레몬서 1:6에서는 "믿음"에 대한 설
명을 구체적으로 하고 있으며, 빌레몬서 1:7에서는 "사랑"에 관한
설명을 하고 있다. 빈센트(Vincent)는 "믿음은 사랑에 의해 실천되
고 성도들을 향해 행사된 사랑은 믿음의 사역이다."라고 믿음과 사
랑의 관계를 정리한다.[239]

여하간 바울은 빌레몬의 신앙생활이 주님의 인정을 받을 수 있
는 삶이기 때문에 감사하고 있다. 박윤선 박사는 "바울이 빌레몬
때문에 하나님께 감사하는 이유는 빌레몬의 믿음과 사랑이 진정한

238)   John Calvin, *The Second Epistle of Paul to the Corinthians, and the Epistles to Timothy, Titus and Philemon,* trans. T. A. Smail. (Grand Rapids: Eerdmans, 1973), p. 394.: "Faith is said to be towards Christ, because it looks specially to Him. ...... The teaching of love is that we should not despise our own flesh, but should treat with honour the image of God inscribed in our human nature, and it thus includes the whole human race." (p. 394).; Cf. Marvin R. Vincent, *Word Studies in the New Testament,* Vol. III (Grand Rapids: Eerdmans, 1975), p. 516.

239)   Marvin R. Vincent, *A Critical and Exegetical Commentary on the Epistles to the Philippians and to Philemon,* p. 178.

것임을 알고 있었기 때문이다."(몬 1:5)라고 해석한다.[240] 박윤선
박사는 믿음과 사랑의 대상을 구체적으로 분리하지 않고 일반적인
설명으로 해석하고 있다. 칼빈(Calvin)은 빌레몬서 1:4이 "그리스
도를 향한 믿음과 그의 이웃을 향한 사랑의 두 부분으로 구성되어
있다. 왜냐하면 우리들의 삶의 모든 의무는 이 두 부분에 관계되어
있기 때문이다. 그는 도망쳐 나온 노예이며 도둑을 용서해 주어야
한다고 간청하면서 그 노예를 그의 주인에게 돌려보낸다."[241]라고
해석한다. 빌레몬서의 문맥을 관찰할 때 칼빈의 해석이 본문의 의
미를 더 잘 전달하고 있다고 사료된다.

바울은 빌레몬의 하나님을 향한 사랑과 성도들을 향한 사랑 때
문에 "믿음의 교제"(ἡ κοινωνία τῆς πίστεώς σου)를 가능하게 한다고
말한다(몬 1:6). 교제(κοινωνία)라는 용어는 신약성경에서 20회 사
용되는데 복음서와 요한복음에는 나타나지 않고 바울 서신에서만
14회 사용되는 것으로 보아 특별히 바울이 즐겨 쓰는 용어라고 할
수 있다.[242] 바울은 "교제"를 결코 세속적인 의미로 사용하지 않고
항상 종교적 의미를 담아 사용한다. 바울이 사용한 "주와 더불어
교제"(고전 1:9), "성령의 교통하심"(고후 13:13), "복음을 위한 일
에 참여(교제)"(빌 1:5), "믿음의 교제"(몬 1:6) 등의 표현은 철저하
게 주님과의 관계를 뿌리로 성립될 수 있는 표현이다. 그러므로 예
수 그리스도와 새로운 관계를 형성하고 있는 성도는 생명의 관계

240) 박윤선, "빌레몬서 주석," p. 608.

241) John Calvin, *The Second Epistle of Paul to the Corinthians, and the Epistles to Timo-thy, Titus and Philemon*, p. 393.

242) Smith, *Greek-English Concordance to the New Testament*, p. 205(section 2842).

안에 사는 사람으로 선한 열매를 맺으면서 살게 되어 있다. 칼빈은 "그의 믿음이 선한 일의 실천을 통해 진실하고 유익함을 그 자체로 증명하고 있다. 바울은 그것을 "믿음의 교제"(몬 1:6)라고 부른다. 왜냐하면 믿음은 활동하지 않고 안에 숨어 있지 않으며 믿음은 실제적인 결과로 사람들에게 그 자체를 보여준다."[243]라고 설명한다.

칼빈은 계속해서 빌레몬에게 오네시모를 용서해 달라고 하는 요청은 인간이 취할 수 있는 가장 고귀한 처신임을 다음과 같이 묘사한다. 칼빈은 "바울이 가장 낮은 조건에 있는 사람을 대신해서 우리들이 세상 어느 곳에서도 찾아 볼 수 없는 그런 그의 성격의 온유함의 살아있는 모습을 겸허함과 겸손함으로 자신을 낮춘다."[244]라고 설명한다.

바울은 빌레몬의 예수님에 대한 믿음과 모든 성도들에 대한 사랑을 기억하고 그와 같은 빌레몬의 신앙이 다른 사람들에게 유익을 끼친다고 말한다. 본문(몬 1:6)은 본문비평의 문제를 안고 있다. 어떤 사본은 "네 믿음의 교제가 우리 가운데(ἐν ἡμῖν) 있는 선을 알게 하고"로 읽는 반면, 어떤 사본은 "네 믿음의 교제가 너희 가운데(ἐν ὑμῖν) 있는 선을 알게 하고"로 읽는다. [245] 본문의 문맥을 고려할

---

243) John Calvin, *The Second Epistle of Paul to the Corinthians, and the Epistles to Timothy, Titus and Philemon*, p. 395.

244) John Calvin, *The Second Epistle of Paul to the Corinthians, and the Epistles to Timothy, Titus and Philemon*, p. 393. "On behalf of a man of the lowest condition he condescends to such modesty and humility that hardly anywhere else do we have such a living picture of the meekness of his character." (p. 393).

245) 번역본 중 "너희 가운데(ἐν ὑμῖν)"를 지지한 역본은 KJV, NKJV, NASB등이며, "우리 가운데(ἐν ἡμῖν)"를 지지한 역본은 NRSV, NIV, ESV, 개역, 개역개정, 표준새번역, 표준새번역개정판 등이다.

때 "너희 가운데"보다는 "우리 가운데"가 본문의 의미를 더 명확하게 한다. 바울은 지금 빌레몬의 믿음과 사랑의 교제가 빌레몬에게만 "선을 알게 하고 그리스도께 이르도록 역사"(몬 1:6)하는 것이 아니요, 빌레몬의 믿음과 사랑의 교제가 성도 모두에게(우리 가운데) "선을 알게 하고 그리스도께 이르도록 역사"한다고 설명하고 있다. 이런 관점에서 빌레몬서 1:6을 읽을 때 뒤 따라 오는 1:7의 "형제여 성도들의 마음이 너로 말미암아 평안함을 얻었으니 내가 너의 사랑으로 많은 기쁨과 위로를 받았노라"(몬 1:7, 개역개정)의 내용과 잘 일치되는 것이다. 이와 같은 논리는 바울이 빌레몬에게 오네시모를 받아들이고 용서해 줄 것을 요청하는 의도와도 일치한다. 바울은 모든 옥중 서신에서 교회의 성도들이 하나님의 지식을 소유하게 되기를 위해 기도한다(ἐν ἐπιγνώσει 엡 1:17; 빌 1:9; 골 1:9; 몬 1:6).

(3) 성도들의 평안한 마음(몬 1:7)

빌레몬서 1:7의 "성도들의 마음"(τὰ σπλάγχνα τῶν ἁγίων)에서 "마음"은 빌립보서 1:8의 "예수 그리스도의 심장"이라는 표현의 "심장"과 같은 용어이다. 본문에서 사용한 "마음"을 가리키는 용어 "스프랑크나"는 마음을 가리키는 일반적인 용어가 아니요, 특별한 의미를 가진 용어이다. 바울은 여기서 보통의 용어인 칼디아(καρδία)를 사용하지 않고, 스프랑크나(σπλάγχνα)를 사용한다. 스프랑크나는 문자적으로 위와 내장을 가리키는 용어로 깊은 애정,

친밀한 관계를 함축하고 있다(몬 1:7, 20; 빌 1:8; 2:1; 골 3:12). 이 용어는 감정의 자리와 근원을 가리키는데 특히 사랑과 자비와 연민의 감정을 일으키는 기관을 가리킨다. 바울은 본 구절에서 이 용어를 특별하게 사용함으로 자신의 오네시모에 대한 특별한 애정과 관심을 가지고 있음을 밝히고 있다.

빌레몬서 1:7의 "기쁨"(χαρὰν)을 "은혜"(χάριν)로 읽는 사본도 있다. 그 이유는 두 용어가 헬라어 철자 하나의 차이이기 때문에 사서자(scribe)가 잘못 기록한 데서 발생한 것이라고 생각하기 때문이다. 칼빈은 "비록 헬라어는 은혜(grace)로 표기하는 것을 좋게 여기지만 나는 그 용어를 기쁨(joy)으로 번역해야 한다고 생각한다. 왜냐하면 헬라어 카린(χάριν)과 카란(χαρὰν) 사이에는 약간의 차이만 있고, 잘못으로 한 철자를 바꾸어 기록하기 쉽기 때문이다."[246]라고 해석한다.

우리는 대부분의 좋은 사본들이 "기쁨"을 지지하고 있고 내용으로 보더라도 "내가 너의 사랑으로 많은 기쁨과 위로를 받았노라"가 "내가 너의 사랑으로 많은 은혜와 위로를 받았노라"보다 문맥에 더 적절하기 때문에 "기쁨"이 원본이라고 받아들인다. "기쁨과 위로"는 잘 조화되지만, "은혜와 위로"는 잘 조화되지 않는 개념이다.

---

246) Calvin, *op. cit.*, p. 395.: "Although the Greek prefers the rendering 'grace', I think we should translate it as joy. For there is little difference between χάριν and χαρὰν, and it would be easy to change a single letter by mistake."

3. 오네시모에 대한 바울의 간절한 부탁(몬 1:8-18)

"이러므로 내가 그리스도 안에서 아주 담대하게 네게 마땅한 일로 명할 수도 있으나 도리어 사랑으로써 간구하노라. 나이가 많은 나 바울은 지금 또 예수 그리스도를 위하여 갇힌 자 되어 갇힌 중에서 낳은 아들 오네시모를 위하여 네게 간구하노라. 그가 전에는 네게 무익하였으나 이제는 나와 네게 유익하므로 네게 그를 돌려보내노니 그는 내 심복이라 그를 내게 머물러 있게 하여 내 복음을 위하여 갇힌 중에서 네 대신 나를 섬기게 하고자 하나 다만 네 승낙이 없이는 내가 아무 것도 하기를 원하지 아니하노니 이는 너의 선한 일이 억지 같이 되지 아니하고 자의로 되게 하려 함이라. 아마 그가 잠시 떠나게 된 것은 너로 하여금 그를 영원히 두게 함이리니 이후로는 종과 같이 대하지 아니하고 종 이상으로 곧 사랑 받는 형제로 둘 자라 내게 특별히 그러하거든 하물며 육신과 주 안에서 상관된 네게랴. 그러므로 네가 나를 동역자로 알진대 그를 영접하기를 내게 하듯 하고 그가 만일 네게 불의를 하였거나 네게 빚진 것이 있으면 그것을 내 앞으로 계산하라."(몬 1:8-18)

^{8} Διὸ πολλὴν ἐν Χριστῷ παρρησίαν ἔχων ἐπιτάσσειν σοι τὸ ἀνῆκον ^{9} διὰ τὴν ἀγάπην μᾶλλον παρακαλῶ, τοιοῦτος ὢν ὡς Παῦλος πρεσβύτης νυνὶ δὲ καὶ δέσμιος Χριστοῦ Ἰησοῦ· ^{10} παρακαλῶ σε περὶ τοῦ ἐμοῦ τέκνου, ὃν ἐγέννησα ἐν τοῖς δεσμοῖς, Ὀνήσιμον, ^{11} τόν ποτέ σοι ἄχρηστον νυνὶ δὲ [καὶ] σοὶ καὶ ἐμοὶ εὔχρηστον, ^{12} ὃν ἀνέπεμψά σοι, αὐτόν, τοῦτ᾽ ἔστιν τὰ ἐμὰ σπλάγχνα· ¹³ Ὃν ἐγὼ ἐβουλόμην πρὸς ἐμαυτὸν κατέχειν, ἵνα ὑπὲρ σοῦ μοι διακονῇ ἐν τοῖς δεσμοῖς τοῦ εὐαγγελίου, ¹⁴ χωρὶς δὲ τῆς σῆς γνώμης οὐδὲν ἠθέλησα ποιῆσαι, ἵνα μὴ ὡς κατὰ ἀνάγκην τὸ ἀγαθόν σου ᾖ ἀλλὰ κατὰ ἑκούσιον. ¹⁵ Τάχα γὰρ διὰ τοῦτο ἐχωρίσθη πρὸς ὥραν, ἵνα αἰώνιον αὐτὸν ἀπέχῃς, ¹⁶ οὐκέτι ὡς δοῦλον ἀλλ' ὑπὲρ δοῦλον, ἀδελφὸν ἀγαπητόν, μάλιστα ἐμοί, πόσῳ δὲ μᾶλλον σοὶ καὶ ἐν σαρκὶ καὶ ἐν κυρίῳ. ¹⁷ εἰ οὖν με ἔχεις κοινωνόν, προσλαβοῦ αὐτὸν ὡς ἐμέ. ¹⁸ εἰ δέ τι ἠδίκησέν σε ἢ ὀφείλει, τοῦτο ἐμοὶ ἐλλόγα.(Phm 1:8-18)

(1) 오네시모를 부탁하는 바울의 마음(몬 1:8-10)

바울은 여기서 사도의 권위로 빌레몬에게 명령할 수 있으나(몬 1:8) 그렇게 하지 아니하고 오히려 빌레몬에게 형제가 형제에게 청원하듯 요청하고 간청하고 있다. 바울 사도는 이 문제를 권위로 풀려고 하지 않고, 사랑과 자비로 풀기를 원한다. 바울은 빌레몬이 오네시모를 받아들이는 것은 의무 때문이 아니라 사랑 때문이라는 사실을 확실히 한다. 바울은 그리스도의 복음을 전하기 위해 교회를 섬길 때 사도의 권위를 강조할 때가 있었다(롬 1:1; 고전 9:1; 고후 12:12; 갈 1:1; 딤후 1:1, 11; 딛 1:1). 바울은 바른 복음을 전하기 위해서는 단호한 태도를 취하고 어떤 모양으로든지 복음이 전파되면 기쁨을 감추지 못했다(빌 1:18). 하지만 지금은 바울 사도가 빌

레몬에게 권위를 나타냄으로 빌레몬이 억지로 오네시모를 용납하
게 되기를 원하지 않았다. 바울은 이 문제를 사랑의 방법으로 해결
하기를 원한 것이다(몬 1:9). 그래서 바울은 "도리어 사랑으로써 간
구하노라"(몬 1:9)라고 쓴다. 빌레몬서 1:8-9에서 바울은 자신이
빌레몬에게 명령할 수 있으나 오히려 사랑을 인하여 도리어 간구
한다고 말한다. 그리스도의 복음을 위해 자신의 생명을 희생할 준
비가 되어있는 사도가 감옥 속에서 간청하는 것을 빌레몬이 쉽게
거절할 수 없었을 것임은 분명하다.[247]

빌레몬서 1:9의 "나이가 많은"($\pi\rho\epsilon\sigma\beta\acute{\upsilon}\tau\eta\varsigma$)과 에베소서 6:20의
"쇠사슬에 매인 사신"($\pi\rho\epsilon\sigma\beta\epsilon\acute{\upsilon}\omega\ \acute{\epsilon}\nu\ \acute{\alpha}\lambda\acute{\upsilon}\sigma\epsilon\iota$)이라는 표현에서 "나이가
많은"과 "사신"은 비슷한 철자로 그 뜻의 차이는 확실하나 신약시
대에 서로 교대로 사용된 용어들이다.[248] 하지만 빌레몬서 1:9은
'사신'의 의미보다는 '나이 많은'으로 생각하는 것이 문맥에 더 충실
하다.[249] 또한 바울이 빌레몬서를 쓸 당시 로마 감옥에 1차로 감금
되어 있을 때 대략 69세 정도인 점을 감안하면 "나이가 많
은"(aged)이란 의미로 받아도 하등의 문제될 것이 없다. 바울은 그
의 생애의 과정에서 많은 고난과 힘든 노동으로 나이에 비해 더 늙

247) Jac. J. Müller, *The Epistles of Paul to the Philippians and to Philemon,* p. 180.

248) C.F.D. Moule, "The Epistles to the Colossians and to Philemon," *The Cambridge Greek Testament Commentary,* p. 144. Moule은 본문의 "나이가 많은"($\pi\rho\epsilon\sigma\beta\acute{\upsilon}\tau\eta\varsigma$)을 "대사"(ambassador)로 읽는 것을 선호한다. 그는 본문을 "... Paul the ambassador, yes, and now also the prisoner, of Christ Jesus."로 해석해야 한다고 제안한다.

249) Jerome Murphy-O'Connor, *Paul: A Critical Life* (Oxford: Oxford University Press, 1997), p. 1: "In the letter to Philemon 9 Paul calls himself a *presbytes*. Both the *NAB* and *RSV* have the translation 'ambassador', which means they accept the variant *presbeutes*. This reading, however, is without manuscript support, and is no more than a conjecture based on a misunderstanding of the letter."

게 보였을 수 있다.[250]

라이트(Wright)는 빌레몬서 1:9의 "나이가 많은"(πρεσβύτης)이
란 단어를 "대사"(πρεσβευτής)로 받아들여야 한다는 라이트푸트
(Lightfoot)의 견해에 따라[251] 대사(ambassador)의 뜻으로 받는 것
이 본 문맥의 뜻에 합치한다고 해석한다. "나이가 많은"과 "대사"
의 헬라어는 오로지 알파벳 하나의 차이이다. 라이트는 계속해서
바울이 여기서 자신이 (그리스도의) "대사"임을 밝히는 것은 그가
오네시모에 대한 부탁이 호소가 아니요 명령임을 알리기 위해서였
다고 해석한다. 라이트는 바울이 여기서 그리스도의 대사임을 밝
히는 것은 비록 자신이 존경받을 그리스도의 사도이지만 그럼에도
불구하고 자신은 죄수인 낮은 위치의 사람임을 밝히고 하나님의
아들인 예수 그리스도가 겸손하게 종이 되어 다른 사람들의 구원
을 이루신 것을 본받아 빌레몬에게 오네시모를 받아 줄 것을 명령
하기 위해서라고 해석한다.[252]

---

250)   Marvin R. Vincent, *Word Studies in the New Testament*, Vol. III (Grand Rapids:
       Eerdmans, 1975), p. 518. Oesterley는 "나이 많은" 대신 "사신" (ambassador)을 본문의
       의미로 받아들여 바울이 그리스도의 사신으로 명령할 권한이 있으나 오히려 빌레몬
       에게 명령대신 권면하므로 빌레몬에게 더 많은 책임감을 부여한다고 해석한다. See,
       W. E. Oesterley, "The Epistle to Philemon," *The Expositor's Greek Testament*, p. 214.;
       J. L. Houlden (*Paul's Letters from Prison*, London: SCM Press, 1977, p. 230)과 이상근
       (『신약주해 옥중서신』. 서울: 대한예수교 장로회 총회교육부, 1986, p. 352)도 "나이 많
       은" 대신 "사신"을 더 선호한다.

251)   J. B. Lightfoot, *St. Paul's Epistles to the Colossians and to Philemon* (Lynn, MA.:
       Hendrickson Publishers, Inc., 1981), pp. 337-339.

252)   N. T. Wright, *Colossians and Philemon* (*Tyndale New Testament Commentaries*), pp.
       180-181.; Gregory K. Beale, *Colossians and Philemon* (*Baker Exegetical Commentary
       on the New Testament*) (Grand Rapids: Baker Academic, 2019), p. 403. 칼빈(Calvin)
       도 "the word elder refers not to age but to office."라고 해석한다. See, John Calvin,
       The Second Epistle of Paul to the Corinthians, and the Epistles to Timothy, Titus and

하지만 빌레몬서 1:9의 "나이가 많은"은 비록 정확한 나이를 말하는 것은 아니지만 바울은 자신이 늙었음을 밝히고 늙은 나이에 갇혀있으면서 호소하고 있다는 것을 강조하고 있다고 해석하는 것이 더 타당하다. 바울이 빌레몬서 서두에서 자신이 "사도"임을 언급하지 않고 "갇힌 자"라고만 밝힌 것도 그 의미에 있어서 맥을 같이하고 있다. 만약 바울이 빌레몬서 1:9에서 "그리스도의 대사"로 명령한다는 생각을 했다면 빌레몬서 서두에서 자신이 그리스도의 사도임을 밝히지 않을 이유가 없기 때문이다.

사도행전 7:58은 스데반이 순교할 당시 바울이 "청년"(νεανίου)이었다고 전한다. 머피 오코노(Murphy-O'Connor)의 계산에 따르면 바울은 주전 6년경에 태어나 주후 33년에 다메섹 도상에서 부활하신 예수님을 만난 것으로 추정한다. 그렇다면 바울이 예수님을 만났을 때 대략 39세이거나 40세 정도였으며 예루살렘 공회를 방문했을 때(A.D. 51)는 개심 후 약 18년이 지난 57세나 58세 정도였을 것으로 추정된다. 따라서 바울이 1차로 로마 감옥에서 2년 동안 지낸 시기는 주후 62년 봄에서 주후 64년 봄까지로 추정할 수 있다. 그리고 바울이 2차로 로마 감옥에서 순교한 시기를 주후 67년으로 추정한다. 그렇다면 바울은 대략 73세경에 순교했고 빌레몬서를 쓸 때의 나이는 69세 정도였을 것으로 추정할 수 있다.[253] 그러므로 바울은 자신을 가리켜 "나이가 많은"이란 말로 표현할 수 있는 나이였다. 하지만 뮬러(Müller)는 바울이 빌레몬서를 쓸 당시

Philemon, p. 396.

253)   Jerome Murphy-O'Connor, *Paul: A Critical Life*, pp. 8, 31.

대략 50세에서 60세 사이로 추정한다.[254] 그러나 바울 사도의 출생
년도를 주전 6년으로 설정할 경우 바울이 빌레몬서를 로마 감옥에
1차로 감금되었을 때 기록했다면 바울은 대략 68세에서 70세 사이
였을 것이다.[255]

바울이 여기서 자신이 나이가 많다는 것을 언급한 것은 나이가
많다는 사실을 알리기 위해서 그런 것이 아니요, 독자들, 특히 빌
레몬을 감동시키기 위해서 그런 것이다.[256] 바울은 어찌하든지 빌
레몬이 오네시모를 받아들이기를 원하고 있다. 바울은 빌레몬이
오네시모를 받아주기 원하는 마음으로 "나이가 많은 나 바울은 지
금 또 예수 그리스도를 위하여 갇힌 자 되어 갇힌 중에서 낳은 아
들 오네시모를 위하여 네게 간구"(몬 1:9-10)한다고 빌레몬서
1:10에 가서야 오네시모의 이름을 언급한다. 빌레몬서 전체가 25
절이요 빌레몬서가 한 노예 오네시모를 위해 쓴 서신이라고 볼 때
10절에 가서야 오네시모의 이름을 언급한 것은 특별한 의도가 함
축되어 있음이 확실하다. 바울은 빌레몬의 마음이 부드러워질 수
있도록 한 다음 오네시모의 이름을 언급하기 원했다. 바울 사도는
한 사람, 그것도 노예였던 오네시모가 예수 믿고 하나님의 자녀가

---

254) Müller, *op. cit.*, p. 180.

255) Jerome Murphy-O'Connor, *Paul: A Critical Life* (Oxford: Oxford University Press, 1997), p. 8. Murphy-O'Connor는 바울이 대략 주전 6년에 태어났고 예수님을 만났을 때 주후 33년경이었다고 주장한다.

256) Joachim Gnilka, *Der Philemonbrief* (Freiburg: Herder, 1982), p. 142: "With inconspicuous gesture he points to himself, as if he wanted to say, 'Look at me --who I really am now -- namely an old man and one who is in chains.'" Cf. E. Lohse, *Colossians and Philemon: Hermeneia*, trans. W.R. Poehlmann and R.J. Karris (Philadelphia: Fortress Press, 1971), p. 199.

되었을 때 그를 위해 최대의 배려를 한다. 하울덴(Houlden)은 바울
이 오네시모가 빌레몬으로부터 도망 나온 노예였고 또 그렇기 때
문에 빌레몬의 노여움을 완화시키기 위해 섬세하고 다정하게 편지
를 쓰고 있다는 주장은 근거 없는 전설이라고 말한다.[257] 하지만 하
울덴의 주장은 빌레몬서의 내용과 바울의 오네시모에 대한 태도를
볼 때 설득력이 약하다. 바울은 오네시모가 과거에는 비록 노예였
지만 현재는 유익한 사람으로 "사랑 받는 형제로 둘 자"(몬 1:16)라
고 오네시모를 위해 배려를 아끼지 않는다. 오브라이언(O'Brien)은
오네시모의 이름이 언급된 빌레몬서 1:10은 대단히 조심스럽게 기
록된 문장이라고 평가한다. 그 이유는 오네시모의 이름이 맨 마지
막에 등장하기 때문이라고 한다. 오브라이언은 빌레몬이 오네시모
의 이름을 들을 경우 부정적으로 생각할 수 있을 것을 고려하여 바
울은 오네시모가 기독교인이 된 것을 먼저 언급하고 오네시모의
이름을 마지막에 언급했다고 설명한다.[258]

　　바울 사도는 빌레몬서 1:8-18 사이에서 자신과 오네시모의 관
계를 특별하게 묘사함으로 빌레몬에게 오네시모를 용납하고 받아
들이라고 간절히 부탁한다. 바울은 "갇힌 중에서 낳은 아들"(몬
1:10), "나와 네게 유익한 존재"(몬 1:11), "내 심복"(몬 1:12), "네
대신 나를 섬길 자"(몬 1:13), "사랑 받는 형제"(몬 1:16), "나를 영
접하듯 영접할 자"(몬 1:17), "그의 빚을 내가 모두 감당할 수 있는

---

257)　J. L. Houlden, *Paul's Letters from Prison* (London: SCM Press, 1977), p. 226: "That
　　　he was a runaway slave and that this is why Paul is so delicate and charming in this
　　　letter aimed at assuaging his master's wrath is a legend without foundation."

258)　Peter T. O'Brien, "Colossians, Philemon," *Word Biblical Commentary*, Vol. 44
　　　(Waco: Word Books, 1982), p. 290.

존재"(몬 1:18), "그를 받아들이는 것은 빌레몬이 바울의 마음을 기쁘게 하고 평안하게 하는 것임"(몬 1:20) 등의 특별한 표현을 통해 바울 자신과 오네시모의 관계를 설명한다.[259] 바울은 빌레몬이 이전에 그의 노예였던 오네시모를 받아들일 수 있도록 오네시모의 유용함을 상세하게 묘사한다. 사도인 바울이 노예였던 오네시모를 배려하는 마음은 그리스도의 마음의 투영이라고 할 수 있다.

빌레몬서 1:10에 오네시모의 이름이 처음 등장한다.[260] 이는 바울이 빌레몬이 호의적인 마음을 갖도록 만들 때까지 오네시모의 이름을 언급하지 않은 의도가 있다고 생각된다. 오네시모 (Onesimus)는 "유용하다," "쓸모 있다" 등의 뜻을 가지고 있다. 오네시모라는 이름은 그 당시 노예의 이름으로 흔한 이름이었다. 물톤과 밀리간(Moulton and Milligan)은 오네시모라는 이름이 반드시 노예에게만 적용된 것은 아니지만 그 당시 노예의 이름으로 흔히 사용된 이름이었다고 말한다.[261] 반면 그 당시 사회의 노예에 대한 법 정신은 "노예에게는 권리가 없다."(servile caput nullum jus habet; the slave has no right.)는 말이 잘 대변하고 있다.

우리는 빌레몬서에서 오네시모의 회심에 대한 기록을 읽을 수 없다. 바울 사도가 25절로 구성된 빌레몬서에서 오네시모의 회심

---

259) R.C. Lucas, *The Message of Colossians and Philemon* (Downers Grove: Inter-Varsity Press, 1980), p. 190.

260) παρακαλῶ σε περὶ τοῦ ἐμοῦ τέκνου, ὃν ἐγέννησα ἐν τοῖς δεσμοῖς, Ὀνήσιμον(10절). 본문에서 우리는 Ὀνήσιμον대신 Ὀνησίμου를 기대한다. 왜냐하면 선행사가 τέκνου로 같은 속격(genitive)이어야 하기 때문이다. 그러나 Ὀνήσιμον은 앞에 나온 관계대명사 ὃν과 일치시켜 사용된 것이다.

261) James Hope Moulton and George Milligan, *The Vocabulary of the Greek Testament* (Grand Rapids: Eerdmans, 1980), p. 450.

을 전혀 언급하지 않은 것 같이 보인다. 하지만 빌레몬서 1:10과 1:11을 비교해서 관찰하면 바울은 함축적이기는 하지만 확실하게 오네시모의 회심을 빌레몬에게 알리고 있다. 바울은 빌레몬서 1:10에서 "갇힌 중에서 낳은 아들 오네시모"(ὃν ἐγέννησα ἐν τοῖς δεσμοῖς)라고 말함으로 바울 자신이 오네시모를 낳은 것으로 설명한다. 이는 오네시모가 바울의 전도를 통해 그리스도의 제자가 된 것을 증언한다(고전 4:15 참조).

(2) 유익한 심복 오네시모(몬 1:11-14)

바울 사도는 빌레몬서 1:11에서 "그가 전에는 네게 무익하였으나 이제는 나와 네게 유익함으로"(개역개정)라고 오네시모가 '무익한 자'(useless)에서 '유익한 자'(useful)로 변했다고 말하고 있다. 바울은 "전에는"(ποτέ)과 "이제는"(νυνί)을 비교하면서 "무익한 자"(ἄχρηστον)와 "유익한 자"(εὔχρηστον)를 언어유희(wordplay)의 방법을 사용하여 오네시모의 유익함을 강조하고 있다.[262] 이 말은 오네시모가 바울을 만나기 전에는 기독교인이 아니었는데 이제는 기독교인이 되었다는 뜻이다.[263] 바울은 빌레몬서에서 오네시모의

---

262) R.C.H. Lenski, *The Interpretation of St. Paul's Epistles to the Colossians, to the Thessalonians, to Timothy, to Titus and to Philemon* (Minneapolis: Augsburg Publishing House, 1946), pp. 962-963. 렌스키는 본 구절에서 바울이 언어유희를 사용하지 않았다고 주장한다.

263) Craig S. Wansink, *Chained in Christ: The Experience and Rhetoric of Paul's Imprisonments* (*JSNTS* 130) (Sheffield: Sheffield Academic Press, 1996), pp. 181-182.

회심을 직접적으로 언급하지 않지만 오네시모의 회심을 비교적 분명하게 설명하고 있다.

바울 사도는 오네시모를 "갇힌 중에서 낳은 아들"(몬 1:10)이라고 부른다. 바울은 그의 서신 다른 곳에서 그의 동역자들과 같은 믿음을 가진 자들을 "아들"로 부른다. "내 사랑하고 신실한 아들 디모데"(고전 4:17), "나의 참 아들 된 디도"(딛 1:4), 그리고 "나의 자녀들아 너희 속에 그리스도의 형상을 이루기까지 다시 너희를 위하여 해산하는 수고를 하노니"(갈 4:19) 등의 표현이 그 예이다.

오네시모는 빌레몬으로부터 도망쳐 나온 후 바울을 만나 그의 생이 완전히 달라진다. 사도행전 28:30은 "바울이 온 이태를 자기 셋집에 머물면서 자기에게 오는 사람을 다 영접하고"라고 기록한다. 바울이 "자기 셋집"($\dot{\epsilon}\nu$ $\dot{\iota}\delta\dot{\iota}\omega$ $\mu\iota\sigma\theta\dot{\omega}\mu\alpha\tau\iota$)[264]에 있었기 때문에 오네시모와 같은 도망 나온 노예를 만날 수 있었다. 바울은 로마에 죄수로 잡혀 온 후 어느 장소를 세내어 비교적 자유롭게 활동할 수 있었다. "자기 셋집"이란 표현 속에는 "자기가 비용을 지불하고"라는 의미가 포함되어 있다. 이는 사도행전의 기록이 진실한 것임을 확증하는 역할을 할 뿐만 아니라 오네시모가 바울을 만나 회심했음을 확인하는 것이다. 바울은 회심한 오네시모를 아들처럼 여겼다. 예루살렘 탈무드(Jerusalem Talmud)에 보면 "만약 어떤 사람이 이웃의 아들에게 율법을 가르치면, 성경은 이를 마치 그가 친 아들을 얻은 것과 같은 것으로 여긴다."[265]라는 교훈이 있다.

---

264) Horst Balz, "$\mu\acute{\iota}\sigma\theta\omega\mu\alpha$," *Exegetical Dictionary of the New Testament,* Vol. 2 (Grand Rapids: Eerdmans, 1991), p. 433.

265) Jerusalem Talmud, *Sanhedrin,* xix, 2. : "If one teaches the son of his neighbour the Law, the Scripture reckons this the same as if he had begotten him."

리(Lee)는 그의 "요약 성경"(Outlined Bible)에서 바울이 오네시모를 위해 빌레몬에게 간청하는 방법을 '기지 혹은 재치가 넘치는 간청의 걸작품'(a masterpiece of tactful pleading)이라고 말하고 그 이유로 다음의 네 가지를 열거한다. 첫째, 바울은 빌레몬의 부드러운 마음에 호소하기 위해 자신이 죄수라는 사실을 여러 차례 언급한다(몬 1:1, 9). 둘째, 바울은 빌레몬의 탁월함은 인정하므로 빌레몬이 오네시모를 용서하지 아니할 수 없도록 한다(몬 1:4, 7). 셋째, 바울은 사도의 권한으로 명령하기보다 진정한 친구로서 간청한다(몬 1:8, 9, 20). 넷째, 바울은 빌레몬서에서 빌레몬이 오네시모를 용서할 수 있도록 오네시모의 이름을 지연시켜 언급하므로 조심스런 접근 방법을 쓴다(몬 1:10).[266]

헨드릭센(Hendriksen)은 "재치는 확실한 덕목이다. 비록 때로 탁월할 정도로 세상 사람들 사이의 재치의 존재는 부인할 수 없지만(눅 16:8 참조), 재치의 가장 고상한 형식은 특별한 은혜의 산물이다. 재치의 부모는 사랑과 지혜이다."[267]라고 말한다. 헨드릭센은 바울이 선교사로서 믿기 어려울 만큼 성공할 수 있었던 이유는 그가 사람들을 대할 때 재치 있게 행동했기 때문이다. 바울이 "내가 여러 사람에게 여러 모습이 된 것은"(all things to all men)이라고 말한 것은(고전 9:22) 그가 사람을 대할 때 얼마나 지혜롭게 대했는지를 가늠하게 해 준다.[268]

완싱크(Wansink)는 "아크리스토스"(ἀχρίστος)와 "아크레스토

---

266) Müller, *op. cit.*, p. 181에서 재인용.

267) Hendriksen, *Colossians and Philemon*, p 231.

268) Hendriksen, *Colossians and Philemon*, p. 232.

스"(useless: ἄχρηστος)의 발음이 같다는 언어유희(wordplay)를 고
려하면서(몬 1:11), 빌레몬서 1:10에서 바울이 오네시모를 가리켜
"갇힌 중에서 낳은 아들"이라고 말한 것은 오네시모가 바울을 만나
기 전에는 예수를 믿지 않았는데(ἀχρίστος) 바울을 만난 후 예수를
믿게 되었으므로 오네시모는 예수 믿기 전에는 "무익하였지만" 예
수를 믿은 후에는 진정으로 "유익하게 되었다"는 뜻으로 읽어야 한
다고 주장한다. 그러므로 빌레몬서 1:11의 "아크레스토스"는 "아
크리스토스"로 읽어야 한다고 주장한다.[269] 이와 같은 주장은 본문
의 사본 상의 지지도 받지 못할 뿐 아니라 또한 너무 억지가 들어
있는 주장처럼 보인다.

하지만 바울 사도가 "무익함"과 "유익함"을 대조하여 예수를 만
나기 이전의 오네시모와 예수를 만난 이후의 오네시모를 비교하여
묘사하기 위한 것은 확실하다. 오네시모가 바울을 만나 기독교인
이 되어 유익하게 되었다는 것은 본서가 전반적으로 가르치는 교
훈이다. 오네시모는 전에는 빌레몬에게 사실상 "무익한"(ἄχρηστος)
존재였다. 그러나 바울을 만나고 예수님을 구주로 영접한 오네시
모는 지금 "유익한"(εὔχρηστος) 존재가 되었다. 오네시모는 빌레몬
에게 아무 쓸데가 없는 존재였는데 하나님의 은혜로 구속함을 받
아 이제는 유용한 사람이 되었다. 박윤선 박사는 빌레몬서 1:11을
"오네시모가 그 주인인 빌레몬에게 불신실하게 행하였던 것을 염

---

269) Wansink, *Chained in Christ: The Experience and Rhetoric of Paul's Imprisonments*, p. 182. 윤철현, "'오네시모'를 통해 새롭게 보는 빌레몬서," 『빌립보서 빌레몬서 어떻게 설교할 것인가』 (서울: 두란노아카데미, 2008), p. 225.: "'에타'(η)와 '이오타'(ι)는 종종 같은 소리가 나기 때문에, 여기서 바울은 '아-크리스토스'와 '아크레스토스'의 유음이 어의 측면을 절묘하게 활용한다."(225쪽)

두에 둔 것이다. 그가 불신 시대에는 무익하였으나, 이제 그리스도
를 믿은 그는 유익한 자이다."[270]라고 해석한다. 오네시모는 확실
히 빌레몬에게 "무익한" 존재였다. 그는 노예로 도망한 자이기에
빌레몬에게 골칫거리에 지나지 않았다. 오네시모는 그 당시 사회
의 형편으로 볼 때 죽음까지도 예상할 수 있는 심각한 죄를 지은
것이다. 그러나 이제 오네시모는 바울을 만나 예수를 알게 된 이후
전혀 다른 사람이 되었다. 그는 도망 나온 것을 후회할 뿐만 아니
라 이제 주인인 빌레몬에게 돌아갈 준비가 되어 있었다. 또한 바울
과 함께 잠시 있었을 때 바울에게 큰 위로가 되었다. 오네시모는
바울과 빌레몬에게 "유익한" 사람이 되었다. 이상근 박사는 빌레몬
서 1:11을 해석하면서 "사람이란 참된 믿음을 가짐으로 그 가치가
일변한다. 거듭나기 전의 사람은 높은 자궁에서 살면서도 사실은
궁극적으로 무익한 존재인 것이다. 그가 믿음에서 중생할 때 비로
소 하나님의 영광과 사회의 복지를 위하여 유익한 존재가 되는 것
이다."[271]라고 설명한다.

　바울은 오네시모에 대해 독단적으로 처리하기를 원하지 않았
다. 그래서 바울은 오네시모를 주인인 빌레몬에게 돌려보내기로
작정한 것이다(몬 1:12). 바울 사도를 통해 예수 그리스도를 구세주
로 영접한 오네시모는 이제 주인인 빌레몬에게 돌아가야 한다(몬
1:12). 비록 바울이 오네시모를 그의 옆에 두기를 원하지만 오네시
모가 먼저 해야 할 일은 그의 주인인 빌레몬의 용서를 구하고 관계
를 회복하는 것이었다. 성도들은 어떤 잘못을 범할 때 그 잘못을

270)　박윤선, "빌레몬서 주석," p. 609.

271)　이상근,『신약주해 옥중서신』, p. 354.

회개하지 않고 어물어물 넘어가서는 안 된다. 바울은 이를 잘 알았다. 그래서 바울은 오네시모를 빌레몬에게 보내고 있다(몬 1:12). 바울은 오네시모를 자신의 옆에 두고 싶은 생각을 했음에 틀림없다. 바울이 "그를 내게 머물러 있게 하여 내 복음을 위하여 갇힌 중에서 네 대신 나를 섬기게 하고자 하나"(몬 1:13)의 말씀이 이를 증거하고 있다. 하지만 바울은 오네시모가 빌레몬의 노예였고, 바울이 빌레몬을 잘 알고 있는 상황에서 오네시모의 회심을 빌레몬에게 알리지 않고 그냥 넘어 갈 수는 없었다. 그래서 바울은 오네시모를 빌레몬에게 돌려보내기로 작정한 것이다(몬 1:12).

바울은 골로새서에서 오네시모를 빌레몬에게 보낼 때 두기고와 함께 보내겠다고 기록한다(골 4:7-9). 바울은 오네시모를 두기고와 함께 빌레몬에게 보냄으로 오네시모로 하여금 빌레몬서를 빌레몬에게 전달할 수 있도록 배려하고 있다. 골로새서 4:7-9의 내용은 두기고와 오네시모가 함께 골로새서와 빌레몬서를 가지고 골로새 교회로 향했음을 증거한다. 바울은 어찌하든지 빌레몬이 오네시모를 받아들일 수 있도록 모든 방법을 다 동원한다. 칼빈은 "그 주인의 분노에서부터 그를 보호하기 위해 보통의 노예요 도적이요 도망자인 오네시모를 그의 마음으로 품는데 주저하지 않은 바울의 친절은 놀라운 것이다."[272]라고 설명한다.

빌레몬서 1:12의 "네게 그를 돌려보내노니"(ὃν ἀνέπεμψά σοι)라는 헬라어 표현은 어떤 사건을 상위 법정에 올려 보낼 때 사용하는 표현이기도 하다. 이 용어는 신약의 누가복음과 사도행전에서 4번

---

272) John Calvin, *The Second Epistle of Paul to the Corinthians, and the Epistles to Timothy, Titus and Philemon*, p. 397.

더 사용되는데(눅 23:7, 11, 15; 행 25:21) 이와 같은 법률적인 의미를 가지고 있다.[273] 또한 이 용어는 더 높은 지위에 있는 사람에게 보내는 뜻을 담고 있다.[274] 이런 관점에서 보면 바울이 오네시모를 빌레몬에게 돌려보낸 것은 바울이 빌레몬의 결정을 대단히 중요하게 생각했음을 증거한다. 빌레몬서 1:12은 바울이 학자의 마음을 가지고 있지만 그의 성품이 부드럽고 감성적인 면이 있었음을 증거 한다. 바울이 도망 나온 노예인 오네시모를 가리켜 "그는 내 심복이라"(몬 1:12)고 말하는 것은 주인 빌레몬의 분노로부터 오네시모를 보호하고자 하는 의도도 있지만 또한 바울 자신의 놀랄만한 친절을 보여주는 표현이다.[275]

빌레몬서 1:13과 1:14은 바울이 빌레몬에게 오네시모를 돌려보내 줄 것을 간청하는 내용을 전한다. 마치 나이 많은 사람이 일상을 위해 다른 사람의 도움이 필요한 것처럼 바울은 오네시모가 이런 도움의 역할을 할 수 있을 것이라고 자신이 나이 많고 그리고 감옥에 있다는 것을 상기시키면서 빌레몬에게 호소하고 있다.[276]

칼빈은 바울이 빌레몬에게 몇 가지 이유를 제시하면서 오네시모를 자신에게 돌려보내 줄 것을 요청하고 있다고 해석한다. 칼빈

---

273) 눅 23:7의 "헤롯에게 보내니"와 눅 23:11은 "빌라도에게 도로 보내니" 그리고 눅 23:15은 "그를 우리에게 도로 보내었도다"라는 표현 속에는 예수님을 심판하는 책임을 떠넘기려는 의도가 함축되어 있다. 그리고 행 25:21의 "내가 그(바울)를 가이사에게 보내기까지 지켜 두라"는 표현은 바울이 가이사에게 그의 재판을 호소함으로 내린 베스도의 결정이다.

274) Houlden, *Paul's Letters from Prison*, p. 230.

275) John Calvin, *The Second Epistle of Paul to the Corinthians, and the Epistles to Timothy, Titus and Philemon*, p. 397.

276) Craig S. Wansink, *Chained in Christ* (Sheffield: Sheffield Academic Press, 1996), p. 164.

이 제시한 몇 가지 이유는 다음과 같다. 첫째, 빌레몬이 해야 할 봉사를 오네시모가 할 것이다. 둘째, 바울은 오네시모에 대한 처결의 문제로 빌레몬의 권한을 빼앗기를 원하지 않는다. 빌레몬 스스로 오네시모를 돌려보내 주기를 원한다. 셋째, 빌레몬이 자발적으로 그리고 즐겁게 오네시모를 바울에게 돌려보내면 빌레몬은 더 큰 칭찬을 받아 마땅하기 때문이다.[277]

바울은 자신이 복음 때문에 갇혀 있어서 오네시모의 도움이 필요하다고 말함으로 빌레몬에게 오네시모를 풀어주도록 호소하고 있다(몬 1:13). 바울은 그리스도 때문에 죄수로서 고통 받고 있다는 사실을 암시함으로 그의 호소에 권위를 싣고 있는 것이다(몬 1:13).[278] 때로는 명백하게 진술된 메시지보다 함축된 메시지가 더 강력한 힘을 발휘하게 된다.

빌레몬서 1:14에서 바울은 인권에 대한 기독교의 견해를 보여 준다. 그는 아무리 선한 일이라도, 아무리 수하의 사람에게라도, 강요하지 아니한 것이다.[279] 비록 오네시모가 예수님을 영접한 노예일지라도 그의 주인은 빌레몬임에 틀림없다. 그러므로 바울은 "다만 네 승낙이 없이는 내가 아무 것도 하기를 원하지 아니하노니"(몬 1:14, 개역개정)라고 말하고 있다. 바울은 빌레몬이 강요에 못 이겨 승낙하지 않고 스스로 기쁜 마음으로 오네시모를 용서하

---

277)   Calvin, *The Second Epistle of Paul to the Corinthians, and the Epistles to Timothy, Titus and Philemon*, p. 397.

278)   Vincent, *Word Studies in the New Testament*, Vol. III. p. 521. "A delicate hint at his sufferings is blended with an intimation of the authority which attaches to his appeal as a prisoner of Christ."

279)   박윤선, *op. cit.*, p. 609.

기를 바랐다. 본문의 "선한 일"은 바울이 오네시모를 다시 로마의
감옥에 있는 자신에게 돌려보내 줄 것을 빌레몬에게 요청한 것이
라고 생각할 수 없다. 왜냐하면 바울은 자신이 곧 풀려날 것을 예
상하고 있었기 때문이다. 그래서 바울은 "오직 너는 나를 위하여
숙소를 마련하라 너희 기도로 내가 너희에게 나아갈 수 있기를 바
라노라"(몬 1:22, 개역개정)라고 쓰고 있다. 그러므로 본문의 "선한
일"은 오히려 바울이 빌레몬에게 오네시모를 용서하고 그에게 자
유를 허락하라고 부탁한 것이라고 사료된다. 사실 빌레몬에게는
오네시모를 용서하고 형제처럼 받아들이는 것이 그를 로마로 다시
돌려보내는 것보다 훨씬 어렵다. 왜냐하면 그 당시의 사회적인 상
황으로 봐서 노예를 형제처럼 매일 매일 함께 사는 것은 비난과 지
탄을 받을 일이기 때문이다.

(3) 사랑받는 형제 오네시모(몬 1:15-18)

바울이 본문에서 사용한 "영원히"(몬 1:15)는 바울이 초자연적
인 시간의 어떤 조건을 염두에 두고 사용한 용어가 아니요, 단순히
영구히, 혹은 "인간의 시간적인 의미로는 다다를 수 없는"[280] 뜻으
로 사용한 것이다. 바울은 오네시모가 빌레몬으로부터 도망 나온
것을 "그가 잠시 떠나게 된 것"(ἐχωρίσθη πρὸς ὥραν)이라고 표현함
으로 오네시모가 도망친 것을 하나님의 섭리로 생각하고 있다. 그

---

280) Geerhardus Vos, *The Pauline Eschatology* (Grand Rapids: Eerdmans. 1966), p. 288.:
"It denotes what is unreachable to the time-sense of man."

래서 바울은 "떠난다"는 표현을 수동태로 사용하고 있다. 로세
(Eduard Lohse)는 "'그가 잠시 떠나게 된 것은'의 표현에 사용된 수
동태의 동사는 빌레몬을 많이 곤혹스럽게 한 이 사건의 배면에 하
나님의 감추어진 목적이 있었음을 명백하게 암시하고 있다."[281]라
고 해석한다. 라이트(Wright)도 바울이 빌레몬서 1:15에서 "아
마"(τάχα)라는 용어와 "떠나게 된 것"(ἐχωρίσθη)을 수동태로 사용함
으로 오네시모가 빌레몬을 잠시 떠난 것이 하나님의 의도가 있었
음을 암시하고 있다.[282]고 해석한다.

바울은 오네시모가 빌레몬을 떠나있는 기간을 "호란"(ὥραν)이
란 용어를 사용하여 묘사함으로 오네시모가 빌레몬을 떠난 시간이
마치 한 시간 정도 밖에 되지 않는 것처럼 "영원"(αἰώνιον)과 대조
시켜 설명하고 있다. 바울은 빌레몬이 완전하게 오네시모를 소유
하게 되었음을 표시하기 위하여 합성동사를 사용한다. 합성동사
아페케스(ἀπέχῃς)는 소유의 완전함을 의미한다.[283] 빈센트
(Vincent)는 "주인과 노예의 결속(유대)은 죽음이 서로를 갈라놓을
소유 개념의 주인 됨을 뜻하지 않고, 그들을 형제로 만든 그리스도
에 대한 그들의 공통의 관계 때문에 현재에도 존재하고 영원히 지
속된다."[284]라고 해석한다.

281) Eduard Lohse, *Colossians and Philemon,* Trans. W.R. Poehlmann and R.J. Karris (Hermeneia) (Philadelphia: Fortress Press, 1971), pp. 202-203.

282) N. T. Wright, *Colossians and Philemon* (*Tyndale New Testament Commentaries*) (Grand Rapids: Eerdmans, 1989), p. 184.

283) ἀπέχῃς (ἀπέχω의 현재 능동태 가정법 2인칭 단수)의 의미는 "총액 전체를 모두 받았고 그에 대한 영수증을 제공했다"("receive a sum in full and give a receipt for it") 라는 뜻이다.

284) Marvin R. Vincent, *A Critical and Exegetical Commentary on the Epistles to the*

바울은 '잠시'와 '영원히'를 대칭시키고(몬 1:15) '종'과 '사랑 받는 형제'를 대칭시켜(몬 1:16) 빌레몬에게 부드러운 태도를 갖도록 부탁한다. 바울이 오네시모를 가리켜 "사랑 받는 형제"(몬 1:16)라고 지칭했는데 평소 물건 취급을 받던 오네시모가 이 사실을 생각할 때 감개가 무량했을 것이다. 칼빈은 "사랑 받는 형제"를 해석하면서 "여기서 우리는 다시 가치 없는 노예를 형제라는 이름으로 높이고, 그를 그의 가장 사랑하는 형제라고 부르는 사실에서 바울의 놀랄만한 겸손을 보게 된다."[285]라고 설명한다.

빌레몬서 1:16에 진술된 대로 주인과 노예가 "사랑받는 형제"의 관계로 인정되면 그 당시 사회에 많은 문제를 일으킬 것은 너무도 당연하다. 그럼에도 불구하고 바울은 빌레몬에게 노예인 오네시모를 "종과 같이" 대하지 말고, "사랑 받는 형제"로 대하라고 권면하고 있다. 하지만 우리는 여기서 바울 사도의 용어 선택을 주목하여야 한다. 바울은 오네시모가 이제 자유인이라고 선언하지 않는다. 바울은 조심스럽게 오네시모가 이제 종이 아니요(δοῦλον)라고 말하지 않고, "종과 같이 대하지 아니하고"(ὡς δοῦλον)라고 표현한다. 오네시모는 현재도 빌레몬의 종이지만 종처럼 대할 대상이 아니요 "사랑 받는 형제"처럼 대할 사람이다(몬 1:16). 바울은 지금 그리스도 안에서의 사랑이 주인과 노예의 제도적 사슬을 깨뜨리고 자유함을 누릴 수 있다고 선언하고 있다. 빌레몬과 오네시모의 관계는 더 이상 그 당시 노예를 물건 취급하는 주인과 노예의 관계가

Philippians and to Philemon, p. 188.

285)   Calvin, *op. cit.*, p. 399: "Here again we see Paul's remarkable humility in honouring a worthless slave with the name of brother, and even calling him his most dear brother."

아니요, 예수 그리스도를 공통의 주님으로 모시는 영원한 형제 사이이다. 모울(Moule)은 "육신과 주 안에서"(몬 1:16)를 설명하면서 이는 무익한 도망자가 이제는 유익할 뿐만 아니라 또한 주님의 몸의 한 일원으로 동료 성도가 되었다는 뜻이라고 말한다.[286] 오네시모는 노예로부터 석방 받지도 못했고 로마의 법에 따라 노예의 신분으로 남아 있기는 하지만 그는 빌레몬에게 더 이상 노예와 같은 존재는 아니다.[287]

바울은 자신과 빌레몬이 "동역자"(κοινωνός)의 관계라고 말한다(몬 1:17). "동역자"라는 용어는 기독교인들 사이에 존재하는 모든 차이를 극복할 수 있는 새로운 공동체의 삶을 표현하는데 사용하는 중요한 바울의 용어이다. 바울은 여기서 "동역자" 안에 노예였던 오네시모를 함축적으로 포함시키고 있다. 바울이 "그를 영접하기를 내게 하듯 하고"라고 말한 내용이 이를 뒷받침하고 있다. 여기 사용된 "동역자"는 단순히 사업을 같이 하는 "동업자"라는 뜻이 아니요, 빌레몬서 1:6에 언급된 "믿음의 교제"(ἡ κοινωνία τῆς πίστεώς) 안에 들어 온 형제자매요, 하나님 나라의 유산을 함께 받을 가족이라는 뜻이다. 하울덴(Houlden)은 빌레몬서 1:17의 코이노논(κοινωνόν)을 해석하면서 "이 용어는 그리스도인들이 공동체 안에 들어 와서 그들 사이에 모든 다른 점을 극복하는 새로운 공동체 삶을 표현하는 중요한 바울적 용어이다."[288]라고 설명한다. 바

---

286)   C.F.D. Moule, *The Cambridge Greek Testament Commentary*, p. 148.

287)   Harvey, *op. cit.*, p. 160.

288)   Houlden, *op. cit.*, p. 231.: "It is an important pauline word for expressing the new common life into which Christians come and which outweighs all differences among them."

울은 빌립보서에서 "복음을 위한 일에 참여하고"($\epsilon\pi\grave{\iota}$ $\tau\tilde{\eta}$ $\varkappa o\iota\nu\omega\nu\acute{\iota}\alpha$ $\dot{\upsilon}\mu\tilde{\omega}\nu$ $\epsilon\grave{\iota}\varsigma$ $\tau\grave{o}$ $\epsilon\dot{\upsilon}\alpha\gamma\gamma\acute{\epsilon}\lambda\iota o\nu$)라고 말함으로 동역의 관계는 복음 때문에 맺어진 관계이며, 복음에 함께 참여하는 관계이며, 복음을 위해 함께 봉사하는 관계임을 확인한다.[289] 바울은 빌레몬서 1:17에서 빌레몬과 자신이 그리스도의 복음 안에서 또 복음을 위해 동역자가 되었다고 말하고, 오네시모 역시 복음 안에서 또한 복음을 위한 동역자임을 함축적으로 설명하고 있다. 완싱크(Wansink)는 빌레몬서 1:17-18을 해석하면서 "바울이 빌레몬에게 오네시모를 용서하라고 요구하지 않는다. 바울은 빌레몬에게 오네시모를 볼 때 새로운 관점, 즉 오네시모를 더 이상 노예로 생각하지 말고, 사랑하는 형제로, 더 나아가 동역자로 보라고 요청한다."[290]라고 해석한다.

바울은 자신이 오네시모의 빚을 책임질 것이라고 빌레몬에게 특별한 제안을 한다(몬 1:18). 바울이 "그가 만일 네게 불의를 하였거나 네게 빚진 것이 있으면 그것을 내 앞으로 계산하라"(몬 1:18, 개역개정)라고 말한 표현에서 오네시모가 그의 주인 빌레몬에게 어떤 종류의 불의를 행했는지 또 어떤 빚을 졌는지는 정확하게 알 수 없다. 그러나 그 당시의 상황을 분석해 볼 때 오네시모가 도망쳐 나와 도시로 가기 위해 필요한 경비를 빌레몬의 집에서 훔쳐 나왔을 가능성은 크다. 바울은 이런 빚 문제까지도 세심하게 배려하여 빌레몬에게는 손해가 되지 않게 하고, 오네시모에게는 마음의 부담을 덜어주는 역할을 한다.

---

289) J. Hainz, "$\varkappa o\iota\nu\omega\nu\acute{o}\varsigma$," *Exegetical Dictionary of the New Testament,* Vol. 2 (Grand Rapids: Eerdmans, 1991), p. 304.

290) Craig S. Wansink, *Chained in Christ: The Experience and Rhetoric of Paul's Imprisonments* (Sheffield: Sheffield Academic Press, 1996), p. 178.

4. 오네시모를 배려하는 바울의 아가페적 사랑(몬 1:19-22)

"나 바울이 친필로 쓰노니 내가 갚으려니와 네가 이 외에 네 자신이 내게 빚진 것은 내가 말하지 아니하노라. 오 형제여 나로 주 안에서 너로 말미암아 기쁨을 얻게 하고 내 마음이 그리스도 안에서 평안하게 하라. 나는 네가 순종할 것을 확신하므로 네게 썼노니 네가 내게 말한 것보다 더 행할 줄을 아노라. 오직 너는 나를 위하여 숙소를 마련하라 너희 기도로 내가 너희에게 나아갈 수 있기를 바라노라."(몬 1:19-22, 개역개정)

¹⁹ ἐγὼ Παῦλος ἔγραψα τῇ ἐμῇ χειρί, ἐγὼ ἀποτίσω· ἵνα μὴ λέγω σοι ὅτι καὶ σεαυτόν μοι προσοφείλεις. ²⁰ ναὶ ἀδελφέ, ἐγώ σου ὀναίμην ἐν κυρίῳ· ἀνάπαυσόν μου τὰ σπλάγχνα ἐν Χριστῷ. ²¹ Πεποιθὼς τῇ ὑπακοῇ σου ἔγραψά σοι, εἰδὼς ὅτι καὶ ὑπὲρ ἃ λέγω ποιήσεις. ²² ἅμα δὲ καὶ ἑτοίμαζέ μοι ξενίαν· ἐλπίζω γὰρ ὅτι διὰ τῶν προσευχῶν ὑμῶν χαρισθήσομαι ὑμῖν.

(Phm 1:19-22)

(1) 성도를 확실하게 세우는 바울의 기쁨(몬 1:19-20)

바울 사도는 빌레몬에게 오네시모가 네게 빚진 것이 있으면 그 빚을 내 회계 장부에 적으라고 말한다. 바울은 빌레몬에게 오네시모의 빚을 반드시 갚을 것이라고 약속한다. 바울은 자신을 오네시모의 위치에 두고 오네시모의 잘못을 자신이 확실하게 책임질 것임을 밝힌다. 라이트푸트(Lightfoot)는 본 구절(몬 1:18-19)을 해석하면서 "그러나 만약 그가 너에게 어떤 손해를 입힌 것이 있다면, 혹은 만약 그가 너에게 빚진 것이 있다면, 그것을 내 앞으로 달아 달라. 여기 내가 '바울'이라고 내 자신의 손으로 서명을 한다. 이것을 내 약속으로 받아 달라. 내가 너에게 다시 갚을 것이다."[291]라고 정리한다.

빌레몬서 1:19의 "나 바울이 친필로 쓰노니"의 말씀은 바로 전절인 빌레몬서 1:18에서 바울이 오네시모가 빌레몬에게 빚진 것이 있다면 자신이 다 계산할 것이라고 확약하면서 그 약속을 확인하기 위해 "나 바울이 친필로 쓰노니 내가 갚으려니와"라고 쓴 것으로 생각할 수 있다. 그런데 바울은 골로새서에서는 "나 바울은 친필로 문안하노니"(골 4:18)라고 씀으로 대필자를 사용했음을 인정하고 있다. 그렇다면 빌레몬서 1:19도 바울이 대필한 것을 인정한 것인지 확인할 필요가 있다. 골로새서 4:18은 "나 바울은 친필로 문안하노니"(ὁ ἀσπασμὸς τῇ ἐμῇ χειρὶ Παύλου.)라고 기록하고, 빌레몬서 1:19은 "나 바울이 친필로 쓰노니"(ἐγὼ Παῦλος ἔγραψα τῇ ἐμῇ χειρί.)라고 기록한다. 브루스(F.F. Bruce)는 바울이 이 대목에서 대필자로부터 펜을 받아서 빌레몬에게 분명한 약속과 함께 그의 서명을 했다고 해석한다.[292] 그러나 바울이 골로새서에서는 "친필로

---

291) J. B. Lightfoot, *St. Paul's Epistles to the Colossians and Philemon*, p. 343: "But if he has done thee any injury, or if he stands in thy debt, set it down to my account. Here is my signature-Paul- in my own handwriting. Accept this as my bond. I will repay thee."

292) F. F. Bruce, *The Epistles to the Colossians, to Philemon, and to the Ephesians* (NIC-

문안 한다"라고 쓰고, 빌레몬서에서는 "친필로 썼다"(ἔγραψα τῇ ἐμῇ χειρί.)라고 다른 표현을 쓴 것은 바울 사도가 골로새서와 다른 서신을 쓸 때는 대필자를 사용했지만[293] 빌레몬서를 쓸 때는 대필 자를 사용하지 않고 바울이 빌레몬서 전체를 직접 쓴 것으로 추정 하는 것이 타당하다.[294] 빌레몬서는 다른 서신을 쓸 때와는 달리 바 울이 직접 쓴 것으로 사료된다. 물론 바울은 그의 서신을 쓸 때 대 필자를 활용하기도 했다(고전 16:21; 갈 6:11; 골 4:18; 살후 3:17). 바울이 이 대목에서 대필자로부터 펜을 받아서 기록하기 시작했다 는 브루스의 해석은 빌레몬서 전체를 바울이 썼다는 라이트의 추 정과 차이를 나타낸다.[295] 빌레몬서는 긴 편지가 아니요 또한 바울 이 빌레몬에게 오네시모를 용서하고 받아들이도록 간청하는 편지 이기에 바울이 직접 썼다고 생각하는 것이 더 타당하다.

바울이 빌레몬서 1:19에서 빌레몬에게 "네 자신이 내게 빚진 것"(σεαυτόν μοι προσοφείλεις)이라고 언급한다. 이는 바울이 빌레몬 서 1:10에서 오네시모를 가리켜 "갇힌 중에서 낳은 아들"이라고 말하므로 오네시모를 영적인 아들로 생각하는 것처럼 빌레몬에 대 해서도 영적인 아들로 생각하고 있음을 암시하고 있다.[296] 빌레몬

NT) (Grand Rapids: Eerdmans, 1988), p. 220.

293) 바울은 골 4:18에서 사용한 같은 표현을 고전 16:21절(Ὁ ἀσπασμὸς τῇ ἐμῇ χειρὶ Παύλου.)과 살후 3:17절(Ὁ ἀσπασμὸς τῇ ἐμῇ χειρὶ Παύλου.)에서 사용한다.

294) N. T. Wright, *Colossians and Philemon* (*Tyndale*), p. 188.

295) F.F. Bruce, *The Epistles to the Colossians, to Philemon and to the Ephesians* (Grand Rapids: Eerdmans, 1988), p. 220. 이상근 (『신약주해 옥중서신』, p. 361)은 이 부문에 서 브루스의 견해와 일치한다.

296) See, W. E. Oesterley, "The Epistle to Philemon," *The Expositor's Greek Testament*, p. 216.

이 바울에게 빚진 것은 빌레몬이 바울을 통해 복음을 듣고 예수 그리스도를 알게 되었기 때문이다. 빌레몬이 바울에게 진 빚은 노예가 주인에게 질수 있는 어떤 빚보다 더 초월적으로 큰 빚이라고 할 수 있다. 왜냐하면 빌레몬이 바울에게 진 빚은 오직 사랑으로만 갚을 수 있는 빚이기 때문이다. 바울은 오네시모가 빌레몬에게 빚진 것을 친필로 "내가 갚으려니와"라고 약속하고, 빌레몬이 바울에게 빚진 사실을 "네 자신이 내게 빚진 것"이라고 표현함으로(몬 1:19) 이윤의 개념을 동원하여 오네시모를 용서하고 용납할 것을 권면하고 있다. 바인(Vine)은 "사도가 의심할 것 없이 계속해서 대변(credit)과 차변(debit)의 은유를 사용하고 있으며 그 동사를 이윤의 개념으로 사용하고 있다."[297]라고 해석한다.

빌레몬서 1:20은 명확한 방법으로 오네시모의 이름을 떠올리게 하지는 않는다.[298]

바울은 오나이멘(ὀναίμην)을 사용하여 오네시모(Ὀνήσιμον)와 운을 맞춘다(몬 1:20). 원래 오네시모는 "유용한," "유익한" 등의 뜻을 가진 이름이다. 오나이멘[299]은 기쁨, 유익한, 혜택 등의 뜻으로 오네시모의 이름의 뜻과 비슷하다. 빌레몬이 오네시모를 용납하고 받아들이는 것은 바울에게 유익이요, 바울을 생기 넘치게 하는 것

297) W. E. Vine, *An Expository Dictionary of New Testament Words*, Vol II (Old Tappan: Fleming H. Revell Co., 1966), p. 279.: "The Apostle is doubtless continuing his credit and debit metaphors and using the verb in the sense of 'profit.'"

298) George B. Winer, *A Grammar of the Idiom of the New Testament* (Andober: Warren F. Draper, 1869), p. 638.

299) 오나이멘(ὀναίμην)은 ὀνίνημι/ὀνίναμαι의 제2 단순과거, 중간태, 희구법, 일인칭, 단수이다. Cf. A. T. Robertson, *A Grammar of the Greek New Testament in the Light of Historical Research* (Nashville: Broadman Press, 1934), p. 310.

이다(몬 1:20).[300] 바울은 신약에서 오로지 이곳에서만 사용되는 특이한 단어 오나이멘을 희구법(optative)으로 사용하여 자신의 소원을 밝힌다. 바울의 소원은 빌레몬이 오네시모를 형제처럼 생각하여 용납하는 것이다.

(2) 바울의 기대에 부응하는 빌레몬(몬 1:21-22)

바울은 이 구절에서 빌레몬이 오네시모에게 노예 해방증서(manumission)를 주어 자유인이 되게 하기를 암시하고 있다고 생각할 수 있다. 하지만 바울은 "해방증서" 이상을 요청하고 있다. 왜냐하면 그 당시 사회에서 "해방증서" 자체가 진정한 해방을 뜻하지 않고 또 다른 속박을 의미하기 때문이다.[301] 바울은 "나는 네가 순종할 것을 확신하므로 네게 썼노니 네가 내가 말한 것보다 더 행할 줄을 아노라"(몬 1:21, 개역개정)라고 씀으로 빌레몬이 바울의 기대

---

300) 한글 개역개정은 "오 형제여 나로 주 안에서 너로 말미암아 기쁨을 얻게 하고 내 마음이 그리스도 안에서 평안하게 하라"(몬 20)로 번역했다. 그런데 본 절의 주요 동사인 "오나이멘"(ὀναίμην)은 원래 "유익이 되다," "즐거워하다"의 뜻이 있으나 "기쁨을 얻다"는 뜻으로도 사용되며, "아나파우손"(ἀνάπαυσόν)은 "쉬게 하다," "생기 넘치게 하다," "소생 시키다" 등의 뜻을 가지고 있다. 참고로 RSV와 ESV는 "Yes, brother, I want some benefit from you in the Lord. Refresh my heart in Christ."로 번역했고, NIV는 "I do wish, brother, that I may have some benefit from you in the Lord; refresh my heart in Christ."로 번역했으며, NASB는 "Yes, brother, let me benefit from you in the Lord; refresh my heart in Christ."로 번역했다.

301) Judith M. Ryan, "Philemon," *Philippians and Philemon* (Sacra Pagina Series, Vol. 10) (Collegeville, Minn.: Liturgical Press, 2009), p. 171. : "Manumission was more of a limited freedom that still kept the freedman or freedwoman (*libertus, liberta*) legally bound to the former owner. The freed person was still obliged to provide services, loyalty, honor, and gratitude to the previous owner."

를 능가하는 행동을 취할 것을 생각하고 있다. 바울의 소망은 빌레몬이 오네시모를 진정한 형제로 받아들이는 것이다.

바울은 여기서 노예 제도 폐지를 직접 언급하지 않는다. 하지만 노예 제도 폐지의 원리는 계속해서 가르치고 있다. 바로 이 빌레몬서의 교훈이 노예 제도를 반대하는 교훈이다. 그 당시 로마 제국은 노예의 역할 없이는 제대로 운영될 수 없는 상황이었다. 바울은 만약 자신이 노예 제도 폐지를 제창한다면 사회가 혼란 속에 빠질 것임을 분명히 알고 있기 때문에 노예 제도 해결에 대한 더 나은 길을 제시하고 있는 것이다. 이는 바울이 요청하는 것처럼 노예를 "유익한 자"(몬 1:11)로, "사랑 받는 형제"(몬 1:16)로, "동역자"(몬 1:17)로 예우하는 것이다. 노예 제도에 대한 바울의 처방은 훨씬 고차원적인 처방이요, 확실한 처방이다. 사랑의 처방은 제도적 개선보다 항상 더 확실하고 응집력을 극대화 시킨다. 그러므로 사랑의 용서는 제도적 용서보다 더 깊이 파고드는 효과를 창출한다. 그래서 바울은 "네가 내가 말한 것보다 더 행할 줄을 아노라"(몬 1:21)라고 확신하고 있다.

테니(Tenney)는 "죄에 대한 하나님의 용서의 모든 요소가 바울이 오네시모를 위해 구한 용서 안에 중첩되어 있다."라고 설명한다. 그리고 테니는 빌레몬서에 언급된 하나님의 용서의 모든 요소가 다음과 같은 것이라고 밝힌다. 즉 불의한 것을 용서한 것(the offense, 몬 1:11, 18), 죄인에 대한 동정심(compassion, 몬 1:10), 죄인을 위한 도고(intercession, 몬 1:10, 18, 19), 죄인을 위한 대속(substitution, 몬 1:18, 19), 죄인과 호의의 관계로 회복(restoration to favor, 몬 1:15), 죄인과 새로운 관계로의 회복(elevation to a new relationship, 몬 1:10, 12, 16)등이다.[302]

바울이 "너는 나를 위하여 숙소를 마련하라"(몬 1:22)라고 빌레몬에게 말하는 것은 어떤 영향력을 행사하기 위한 의도가 숨어 있는 것이 아니요, 로마 감금에서 풀려난 후 소아시아 지방에 대한 선교 열망을 보여주는 것이다. 하지만 바울의 방문 예정은 빌레몬이 오네시모를 형제로 받아들이는데 더 긍정적으로 작용했을 것이다.

바울이 빌레몬서 1:22에서 사용한 "숙소"(ξενίαν)는 사도행전 28:23의 "그가 유숙하는 집"(ξενίαν)과 같은 용어이며 또한 사도행전 28:30의 "셋집"(μίσθωμα)과 같은 의미로 사용된다.[303] 이는 바울이 빌레몬에게 그가 잠시 머물 수 있는 게스트룸(guest room)의 준비를 부탁하고 있는 것이다. 바울은 자신의 풀려남을 확신하고 있다. 하지만 바울은 "너희 기도로 내가 너희에게 나아갈 수 있기를"(몬 1:22)바란다고 말한다. 바울의 확신은 기도에 앞서지 않는다. 바울은 성도들의 기도가 하나님이 자기를 풀어주시는 조건이라고 말하고 있는 것이다. 바울은 항상 열린 마음으로 하나님의 뜻에 순종할 준비가 되어 있었다.[304] 바울은 로마 감옥에서 풀려난 후 골로새를 방문하기 원했다. 비슷한 시기에 바울은 빌립보 성도들에게도 "나도 속히 가게 될 것을 주 안에서 확신하노라"(빌 2:24)라고 쓴다. 빌레몬서 1:22의 "너희 기도로 내가 너희에게 나아갈 수

302) Merrill C. Tenney, *New Testament Survey* (Grand Rapids: Eerdmans, 1974), p. 317

303) Johannes P. Louw and Eugene A. Nida(ed), *Greek-English Lexicon of the New Testament based on Semantic Domains*, Vol. 1 (New York: United Bible Societies, 1988), pp. 86(section 7.31), 577(section 57.175).

304) John Calvin, *The Second Epistle of Paul to the Corinthians, and the Epistles to Timothy, Titus and Philemon*, p. 401.; 참조, K. Berger, "χαρίζομαι," *Exegetical Dictionary of the New Testament*, Vol. 3 (Grand Rapids: Eerdmans, 1993), pp. 456-457.

있기를 바라노라"에서 "나아갈 수 있기를"(χαρισθήσομαι)이란 표현
은 카리조마이(charizomai)이다.[305] 카리조마이는 은혜(χάρις)와 같
은 어근을 가지고 있다. 바울은 그가 감옥에서 풀려나 처음으로 골
로새 교회 성도들에게 나아갈 수 있는 것은 하나님의 은혜임을 잊
지 않고 있는 것이다.

5. 마지막 인사와 축복(몬 1:23-25)

"²³그리스도 예수 안에서 나와 함께 갇힌 자 에바브라와 또한 나
의 동역자 마가, 아리스다고, 데마, 누가가 문안하느니라. 우리 주
예수 그리스도의 은혜가 너희 심령과 함께 있을지어다."(몬 1:23-25,
개역개정)

²³ Ἀσπάζεταί σε Ἐπαφρᾶς ὁ συναιχμάλωτός μου ἐν
Χριστῷ Ἰησοῦ, ²⁴ Μᾶρκος, Ἀρίσταρχος, Δημᾶς, Λουκᾶς, οἱ
συνεργοί μου. ²⁵ Ἡ χάρις τοῦ κυρίου Ἰησοῦ Χριστοῦ μετὰ τοῦ
πνεύματος ὑμῶν.(Phm 1:23-25)

---

305) "나아갈 수 있기를"(χαρισθήσομαι)는 χαρίζομαι의 미래 직설법 수동태 1인칭 단수
이다. χαρίζομαι는 χάρις와 어근이 같은 단어로 본문에서는 바울의 골로새 교회 방문
이 하나님의 은혜의 선물이라는 사실을 함축하고 있다.

(1) 바울의 동역자들(몬 1:23-24)

바울은 자신의 동역자인 에바브라, 마가, 아리스다고, 데마, 누가 등 다섯 사람이 문안하는 것을 전한다(몬 1:23-24). 여기 언급된 다섯 사람에 대해 좀 더 상세히 생각하는 것이 유익하리라 사료된다.

에바브라(Epaphras)는 골로새 교회를 설립한 사람으로 알려져 있다(골 1:7 참조). 에바브라는 골로새에서 살고 있었음에 틀림없다(골 4:12). 따라서 에바브라는 본서의 수신자인 빌레몬을 잘 알고 있었으리라 사료된다. 에바브라는 로마의 감옥에 갇혀있는 바울을 방문한 후 바울의 옥바라지를 하며 바울과 함께 있었던 것으로 사료된다. 빌레몬서 1:23은 에바브라를 가리켜 "그리스도 예수 안에서 나와 함께 갇힌 자"(ὁ συναιχμάλωτός μου ἐν Χριστῷ Ἰησοῦ)라고 묘사한다.[306] 그런데 흥미 있는 사실은 바울이 골로새서 4:10에서 아리스다고를 언급하면서 "나와 함께 갇힌"(ὁ συναιχμάλωτός μου)이라는 똑같은 용어를 사용하고 있는 것이다. 바울이 죄수의 몸으로 로마로 향할 때 아리스다고는 '체포된 상태'가 아니었고(행 27:2) 또한 에바브라 역시 자유의 몸으로 활동을 하다가(골 1:7) 로마로 가서 바울을 만나게 된 사실을 고려할 때(골 4:12-13), 골로새서의 아리스다고와 빌레몬서의 에바브라가 '나와 함께 갇힌 자'(fellow-prisoner)라고 불리는 이유는 그들이 실제적으로 감옥에

---

306) "나와 함께 갇힌"(ὁ συναιχμάλωτός μου)이란 용어는 빌레몬서의 다른 구절에서 "갇힌 자 된 바울"(Παῦλος δέσμιος)이라고 표현할 때의 용어와는 다른 용어이다(몬 1, 9, 10, 13; 엡 3:1; 4:1; 딤후 1:8). "데스미오스"는 실제적으로 감옥에 갇히는 것을 일반적으로 묘사한다.

갇혀 있었기 때문이 아니요, 그들은 가능한 모든 방법을 동원하여 자진해서 바울의 감옥생활을 분담했을 사람들이기 때문이다(골 4:10; 몬 1:23; 롬 16:7). 바울은 자신은 물론 감옥에 갇혀 있으나 아리스다고나 에바브라는 복음 때문에 "함께 갇혀 있는 군사"라고 생각하는 것이다.

마가(Mark)는 요한 마가를 가리키며 바나바(Barnabas)의 조카(골 4:10)로 제 1차 전도여행 때에 바나바와 바울과 함께 안디옥에서 밤빌리아 버가까지 함께 여행했던 사람이다(행 12:12, 25; 15:37). 그런데 마가는 버가에서 바나바와 바울을 떠나 예루살렘으로 돌아갔다(행 13:13). 이 일로 인해 제 2차 전도여행을 위한 동역자를 선택할 때 바울과 바나바의 의견이 서로 맞지 않아 갈라서게 되는 계기가 되었다(행 15:37-39). 그 이후 바울은 주로 실라, 디모데, 누가와 함께 전도 여행을 하였다. 그러나 "바나바는 마가를 데리고 배타고 구브로로 가고"(행 15:39)의 내용이 암시하는 것처럼 마가는 계속해서 복음을 위해 사역했음에 틀림없다(딤후 4:11). 그리고 바로 이 마가가 마가복음의 저자가 될 수 있었던 것은 그의 계속적인 복음에 대한 헌신을 방증하고 있다. 이 마가가 현재 바울의 동역자로 바울과 함께 로마에서 문안을 보내고 있다(몬 1:24).

아리스다고(Aristarchus)는 원래 데살로니가 사람이었다(행 20:4). 아리스다고는 바울의 제 3차 전도여행 중 에베소에서 바울과 함께 붙잡힌 바울의 동역자이며(행 19:29), 귀환여행 때에도 아시아까지 가는 동안 바울과 함께 동행한 사람이다(행 20:4). 그런데 아리스다고는 바울이 죄수의 몸으로 로마로 갈 때 함께 아드라뭇데노 배에 탔던 사람이다(행 27:2). 아리스다고는 바울이 로마의 감옥에서 빌레몬서를 쓸 때 바울과 함께 있었던 사람이다(몬 1:24). 이로 보건데 아리스다고는 바울의 동역자요, 조수요, 신실한 복음의 사역자였음에 틀림없다.

데마(Demas)는 신약성경에 세 번 나온다(골 4:14; 몬 1:24; 딤후 4:10). 데마는 바울이 제 1차 로마 감옥에 갇혀 있을 때까지는 바울의 동역자로 사역했다. 골로새서와 빌레몬서는 바울이 로마 감옥에 1차로 투옥되었을 때 기록한 서신들이다. 이 두 서신에서 바울은 데마를 대신해 문안을 보내고 있다. 그런데 바울이 제 2차로 로마 감옥에 투옥되었을 때 믿음의 아들 디모데에게 "너는 어서 속히 내게로 오라 데마는 이 세상을 사랑하여 나를 버리고 데살로니가로 갔고"(딤후 4:9-10)라고 쓴다. 바울은 디모데후서 4:8에서 심판 때에 의의 면류관을 받을 사람들에 대해 언급하고 디모데후서 4:10에서는 데마가 이 세상을 사랑하여 바울 자신을 버렸다고 대칭적으로 설명한다. 그리고 성경 어디에도 데마가 회개하고 회복되었다는 기록이 없다. 이와 같은 사실을 근거로 고찰할 때 아마도 데마는 바울이 제 2차로 로마 감옥에 투옥될 즈음에 바울과 복음을 배신한 것으로 사료된다(마 7:22-23 참조).

누가(Luke)는 의원이었다(골 4:14). 누가복음서와 사도행전의 저자인 누가는 그의 저서들에서 의학용어를 많이 쓰고 있다(참조, 행 3:7; 5:5, 16; 9:18; 20:9; 28:3)[307] 누가는 바울이 제 2차 전도여행 하는 도중 드로아(Troas)에서 합세하여 바울 일행과 함께 처음으로

---

307) Cf. W. K. Hobart, *The Medical Language of St. Luke* (Grand Rapids: Baker, 1954), pp. 196-197.

복음을 가지고 아시아에서 유럽으로 건너간 사람이다.[308] 그 이후 누가는 근접한 상황에서 바울과 그의 전도사역을 도왔다. 이런 누가가 바울의 1차 로마 감옥에 투옥되었을 때 바울과 함께 있었고 바울이 제 2차로 로마 감옥에 투옥되어 순교를 내다보고 있을 때도 바울과 함께 있었다. 바울은 "데마는 이 세상을 사랑하여 나를 버리고 데살로니가로 갔고 그레스게는 갈라디아로 디도는 달마디아로 갔고 누가만 나와 함께 있느니라 네가 올 때에 마가를 데리고 오라 그가 나의 일에 유익하니라 두기고는 에베소로 보내었노라 네가 올 때에 내가 드로아 가보의 집에 둔 겉옷을 가지고 오고 또 책은 특별히 가죽 종이에 쓴 것을 가져오라"(딤후 4:10-13, 개역개정)라고 쓴다. 누가는 충성스럽게 바울을 마지막까지 함께하는 동역자였다.

바울은 이상의 다섯 사람 가운데 특히 에바브라는 "나와 함께 갇힌 자"(ὁ συναιχμάλωτός μου)라고 묘사하고, 나머지 네 사람은 "나의 동역자"(οἱ συνεργοί μου)라고 표현한다. 에바브라는 바울과 함께 복음을 위해 매여 있다는 의미로 "함께 갇혀 있는 군사"라고 묘사되었고, 나머지 네 사람은 로마에서 자유스럽게 복음의 진전을 위해 사역하고 있었기 때문에 "동역자"라는 표현을 썼다. 바울은 자신이 갇혀 있음을 묘사할 때 사용한 용어로 "데스미오스"(δέσμιος)를 사용한다(몬 1:1, 9, 10, 13). 이 용어는 실제로 감옥에 갇힌 상태를 가리키는데 사용된다. 그러나 바울은 에바브라가

---

308) 누가는 사도행전을 기록하면서 바울 일행이 드로아에서 마게도냐로 건너갈 때 처음으로 "우리 구절"(we-sections)을 기록한다. 이 사실은 누가가 그 때부터 바울 일행과 함께한 것을 간접적으로 증거 한다(행 16:10-18).

"나와 함께 갇힌 자"라고 말할 때는 "쉰아이크말로토스" (συναιχμάλωτός)라는 특별한 용어를 사용한다. 그 이유는 에바브라가 실제적으로 갇혀있는 상태가 아니요, 복음을 위해 매여 있는 상태임을 묘사하기 원한 것이다.[309]

(2) 바울의 마지막 인사(몬 1:25)

빌레몬서 1:25은 마지막 인사이다. 바울은 주 예수 그리스도의 은혜가 성도들과 함께 하기를 소원한다. "주 예수 그리스도의 은혜"는 은혜의 근원이 예수 그리스도임을 확실히 한다. 좀 더 직설적인 표현을 사용하자면 "주 예수 그리스도에게 속한 은혜"라고 할 수 있다. 은혜(grace)는 아무것도 따지지 않고 거저주시는 하나님의 호의를 뜻한다. 하나님은 우리를 있는 그대로 받아 주신 것이다 (롬 5:8). 긍휼 혹은 자비(mercy)는 우리들이 죄가 있는 것을 전제하면서도 하나님이 호의를 베푸신다는 뜻이다. 여기서 "예수 그리스도의 은혜"는 예수님이 십자가와 부활을 통해 성취하신 구원의

---

309)   U. Kellermann, "συναιχμάλωτος," *Exegetical Dictionary of the New Testament*, Vol. 3 (Grand Rapids: Eerdmans, 1993), p. 297. "The noun evokes less the idea of normal imprisonment (→ δεσμός) than military usage, namely, 'prisoners of war,' which Paul and his colleagues become in the battle for the gospel." James Denney, "St. Paul's Epistle to the Romans," *The Expositor's Greek Testament,* Vol. II (Grand Rapids: Eerdmans, 1980), p. 719.: "συναιχμαλώτους μου (Rom. 16:7): this naturally means that on some occasion they had shared Paul's imprisonment: it is doubtful whether it would be satisfied by the idea that they, like him, had also been imprisoned for Christ's sake. The αἰχμάλωτος is a prisoner of war: Paul and his friends were all Salvation Army men." Cf. Ryan, "Philemon," pp. 256-257.; Ernest G. Ashby, "Philemon," *New International Bible Commentary* (Grand Rapids: Zondervan, 1979), p. 1499.

모든 내용을 성도들에게 적용하시는 것이다. 우리들은 모두 죄인이요 죄의 값은 사망이다(롬 6:23). 따라서 우리는 죽을 수밖에 없는 사람들이다. 그런데 하나님은 예수님이 우리들을 대신해서 죽으심으로 우리들을 살려 주시고 우리에게 영원한 생명을 주셨다(요 5:24). 이것이 바로 우리를 향하신 "주 예수 그리스도의 은혜"이다. 바울은 이런 은혜가 빌레몬에게 풍성하기를 원한다.

참 고 문 헌
골로새서 및 빌레몬서

Adams, Jay E. *Competent to Counsel*. Philadelphia: Presbyterian and Reformed Publishing Co., 1973.

Arndt William F. and F. Wilbur Gingrich, *A Greek-English Lexicon of the New Testament and Other Early Christian Literature*. Chicago: The University of Chicago Press, 1957.

Ashby, Ernest G. "Philemon," *New International Bible Commentary*. Grand Rapids: Zondervan, 1979, pp. 1498-1499.

Balz, Horst. "μίσθωμα" *Exegetical Dictionary of the New Testament*, Vol. 2. Grand Rapids: Eerdmans, 1991, p. 433.

Barclay, William. *The Letters to the Galatians and Ephesians* (The Daily Study Bible). Philadelphia: The Westminster Press, 1958.

Bartels, K. H. "Firstborn," *The New International Dictionary of New Testament Theology*, Vol. I , ed., Colin Brown. Grand Rapids: Zondervan, 1975, pp. 667-670.

Baumgarten, J. "καινός, ἀνακαινόω, καινότης," *Exegetical Dictionary of the New Testament*, Vol. 2. Grand Rapids: Eerdmans, 1991, pp. 229-232.

Beale, Gregory K., *Colossians and Philemon: Baker Exegetical Commentary on the New Testament*. Grand Rapids: Baker Academic, 2019.

Beasley-Murray, Paul. "Colossians 1:15-20: An Early Christian Hymn Celebrating the Lordship of Christ," *Pauline Studies: Essays Presented to Professor F.F. Bruce on his 70th Birthday*, ed. Donald A. Hagner and Murray J. Harris (Grand Rapids: Eerdmans, 1980), pp. 169-183.

Bengel, John A. *Bengel's New Testament Commentary*, Vol. 2. Grand Rapids: Kregel Publications, 1981.

Berger, K. "χαρίζομαι," *Exegetical Dictionary of the New Testament*, Vol. 3. Grand Rapids: Eerdmans, 1993, pp. 456-457.

Bruce, F. F. "Commentary on the Epistle to the Colossians," *Commentary on the Epistles to the Ephesians and Colossians* (NICNT). Grand Rapids: Eerdmans, 1970, pp. 159-328.

Bruce, F. F. *The Epistles to the Colossians, to Philemon, and to the Ephesians* (NICNT). Grand Rapids: Eerdmans, 1984.

Bultmann, R. "γινώσκω, γνῶσις, ἐπίγνωσις," *Theological Dictionary of the New Testament (TDNT)*, Vol. 1. Grand Rapids: Eerdmans, 1972, pp. 689-719.

Burney, C. F. "Christ as the APXH of Creation," *Journal of Theological Studies*, 27, pp.173ff.

Caird, G. B. *Paul's Letters from Prison*. London: Oxford, 1976.

Calvin, John. *The Epistles of Paul the Apostle to the Galatians, Ephesians, Philippians and Colossians.* Grand Rapids: Eerdmans, 1974.

Calvin, John. *The Second Epistle of Paul to the Corinthians, and the Epistles to Timothy, Titus and Philemon*, trans. T. A. Smail. Grand Rapids: Eerdmans, 1973.

Carson, D. A. Douglas J. Moo, and Leon Morris, *An Introduction to the New Testament.* Grand Rapids: Zondervan, 1992.

Conybeare, W. J. and J. S. Howson. *The Life and Epistles of St. Paul.* Grand Rapids: Eerdmans, n.d.

Dabelstein, R. "ἐξαγοράζω," *Exegetical Dictionary of the New Testament*, Vol. 2. Grand Rapids: Eerdmans, 1991, p. 1.

Dargan, Edwin C. "The Epistle to the Colossians," *An American Commentary on the New Testament.* Valley Forge: The Judson Press, 1887.

Dautzenberg, G. "ἀγών, ἀγωνίζομαι," *Exegetical Dictionary of the New Testament*, Vol. 1. Grand Rapids: Eerdmans, 1990, pp. 25-27.

Davies, W. D. *Paul and Rabbinic Judaism.* New York and Evanston: Harper & Row, Publishers, 1948.

Delling, G. "ὑποτάσσω," *Theological Dictionary of the New Testament*, Vol. 8. Grand Rapids: Eerdmans, 1972, pp. 39-48.

Denney, James. "St. Paul's Epistle to the Romans," *The Expositor's Greek Testament*, Vol. II. Grand Rapids: Eerdmans, 1980.

Dunn, James D. G. *The Theology of Paul the Apostle.* Edinburgh: T & T

Clark. 1998.

Dunn, James D. G. *The Epistles to the Colossians and to Philemon*. (NIGTC). Grand Rapids: Eerdmans, 1996.

Dunnett, Walter. *An Outline of New Testament Survey*. Chicago: Moody Press, 1973.

Feinberg, Charles L. "Peace," *Baker's Dictionary of Theology*. Grand Rapids: Baker, 1975, p. 399.

Field, D. H. "Buy, Sell, Market,"(ἀγοράζω, ἐξαγοράζω), *The New International Dictionary of New Testament Theology*, Vol. 1. Grand Rapids: Zondervan, 1975, pp. 267-268.

Finley, Moses I. *Slavery in Classical Antiquity: Views and Controversies*. London: Lowe and Brydone, Ltd., 1964.

Frankemölle, H. "πρῦς, πραΰτης," *Exegetical Dictionary of the New Testament*, Vol. 3. Grand Rapids: Eerdmans, 1993, pp. 146-147.

Gaffin, R. B. Jr. *Resurrection and Redemption. A Study in Pauline Soteriology*. Ann Arbor: University Microfilms, 1970.

Grudem, Wayne. *Systematic Theology*. Grand Rapids: Zondervan, 1994.

Guthrie, Donald. *New Testament Introduction*. Downers Grove: Inter-Varsity Press, 1974.

Guthrie, Donald. *Epistles from Prison*. New York and Nashville: Abingdon Press, 1964.

Guthrie, Donald. *The Pastoral Epistles*, revised edition (*Tyndale New Testament Commentaries*). Grand Rapids: Eerdmans, 1990.

Hackenberg, W. "ἐπίγνωσις," *Exegetical Dictionary of the New Testament*, Vol. 2. Grand Rapids: Eerdmans, 1991, p. 25.

Hainz, J. "κοινωνός," *Exegetical Dictionary of the New Testament*, Vol. 2. Grand Rapids: Eerdmans, 1991, pp. 303-305.

Harris, Murray J. *Colossians and Philemon*. Grand Rapids: Eerdmans, 1991.

Harrison, E. F. *Introduction to the New Testament*. Grand Rapids: Eerdmans, 1971.

Harrison, E. F. *Acts: The Expanding Church*. Chicago: Moody Press, 1975.

Harvey, H. "Commentary on the Pastoral Epistles, First and Second Timothy and Titus and the Epistle to Philemon," *An American Commentary on the New Testament*, ed. Alvah Hovey. Valley Forge: Judson Press, 1890.

Hauck, Friedrich. "κόπος," *Theological Dictionary of the New Testament*, Vol. III. Grand Rapids: Eerdmans, 1972, pp. 827-830.

Hendriksen, William. *Exposition of Colossians and Philemon (NTC)*. Grand Rapids: Baker, 1975.

Hendriksen, William. *Exposition of Ephesians*. Grand Rapids: Baker, 1972.

Hendriksen, William. *Exposition of The Pastoral Epistles (New Testament Commentary)* Grand Rapids: Baker, 1957.

Hendriksen, William. *Survey of the Bible*. Grand Rapids: Baker, 1976.

Henry, Matthew. *Matthew Henry's Commentary on the Whole Bible*, Vol. VI (Acts to Revelation). Old Tappan: Fleming H. Revell Co., n.d.

Hobart, W. K. *The Medical Language of St. Luke*. Grand Rapids: Baker, 1954.

Hodge, Charles. *Systematic Theology*, Vol. 1. London: James Clarke and Co. LTD, 1960.

Hollander, H. W. "μαϰροθυμέω, μαϰροθυμία, μαϰροθύμως," *Exegetical Dictionary of the New Testament*, Vol. 2. Grand Rapids: Eerdmans, 1991, pp. 380-381.

Hooker, M. D. "Were there false teachers in Colossae?" *Christ and Spirit in the New Testament. Studies in honour of C.F.D. Moule*, ed. B. Lindars and S. S. Smalley. Cambridge: CUP, 1973, pp. 315-316.

Houlden, J. L. *Paul's Letters from Prison*. London: SCM Press, 1977.

Kellermann, H. "συναιχμάλωτος," *Exegetical Dictionary of the New Testament*, Vol. 3 (Grand Rapids: Eerdmans, 1993), p. 297.

Kittel, Gerhard. "αἰχμάλωτος," *Theological Dictionary of the New Testament (TDNT)*, Vol. 1. Grand Rapids: Eerdmans, 1972, pp. 195-197.

Kuhli, Horst. "οἰϰονομία, οἰϰονομέω, οἰϰονόμος," *Exegetical Dictionary of the New Testament*, Vol. 2. Grand Rapids: Eerdmans, 1991, pp. 498-500.

Ladd, G. E. *A Theology of the New Testament*. Grand Rapids: Eerdmans, 1974.

Lenski, R.C.H. *The Interpretation of St. Paul's Epistles to the Colossians, to the Thessalonians, to Timothy, to Titus and to Philemon*. Minneapolis: Augsburg Publishing House, 1946.

Lichtenberger, H. "ῥύομαι," *Exegetical Dictionary of the New Testament*, Vol. 3. Grand Rapids: Eerdmans, 1993, pp. 214-215.

Lightfoot, J. B., *St. Paul's Epistles to the Colossians and to Philemon*. Lynn, MA: Hendrickson Publishers, Inc., 1981.

Lohse, Edward. *Colossians and Philemon*, trans. by W.R. Poehlmann and R.J. Karris. Philadelphia: Fortress Press, 1971.

Lucas, R. C. *The Message of Colossians and Philemon*. Downers Grove: Inter-Varsity Press, 1980.

MacDonald, Margaret Y. *Colossians and Ephesians* (Sacra Pagina Series, Vol. 17). Collegeville, Minn.: Liturgical Press, 2008.

Machen, J. Gresham. *The New Testament: An Introduction to its Literature and History*. Carlisle: The Banner of Truth Trust, 1976.

Martin, Ralph P. *Colossians: The Church's Lord and the Christian's Liberty*. Exeter: The Paternoster Press, 1972.

Martin, Ralph P. *Interpretation: Ephesians, Colossians, and Philemon*. Louisville: John Knox Press, 1991.

McKnight, Scot. *The Letter to the Colossians (NICNT)*. Grand Rapids:

Eerdmans, 2018.

Merkel, H. "καταλλάσσω, ἀποκαταλλάσσω, καταλλαγή," *Exegetical Dictionary of the New Testament*, Vol. 2. Grand Rapids: Eerdmans, 1991, pp. 261-263.

Metzger, Bruce M. *A Textual Commentary on the Greek New Testament.* New York: United Bible Societies, 1971.

Michaelis, W. "πρωτότοκος," *Theological Dictionary of the New Testament*, Vol. Ⅵ. Grand Rapids: Eerdmans, 1971, pp.871-881.

Moffatt, James. *An Introduction to the Literature of the New Testament.* Edinburgh: T & T Clark, 1961.

Morris, L. "Forgiveness," *Dictionary of Paul and His Letters.* Downers Grove: InterVarsity Press, 1993, pp. 311-313.

Moule, C. F. D. *The Epistles to the Colossians and to Philemon* (The Cambridge Greek Testament Commentary), Cambridge: Cambridge University Press, 1968.

Moulton, James Hope and George Milligan. *The Vocabulary of the Greek Testament.* Grand Rapids : Eerdmans, 1980.

Müller, Jac. J. *The Epistles of Paul to the Philippians and to Philemon* (NICNT). Grand Rapids: Eerdmans, 1970.

Murphy-O'Connor, Jerome. *Paul: A Critical Life.* Oxford, New York: Oxford University Press, 1997.

Nicholls, Bruce J. and Brian Wintle, *Colossians and Philemon* (*Asia Bible Commentary Series*). Singapore: Asia Theological

Association, 2005.

O'Brien, Peter T. "Colossians, Philemon," *Word Biblical Commentary*, Vol. 44. Waco: Word Books, 1982.

Oesterley, W. E. "The Epistle to Philemon," *The Expositor's Greek Testament*, IV. Grand Rapids: Eerdmans, 1980.

Parker, T.H.L. "Grace," *Baker's Dictionary of Theology*. Grand Rapids: Baker, 1975, pp. 257-258.

Peake, A. S. "The Epistle to the Colossians," *The Expositor's Greek Testament*, ed. W. Robertson Nicoll, Vol. III. Grand Rapids: Eerdmans, 1980, pp. 477-547.

Ramsay, Wm. M. *St. Paul: The Traveller and the Roman Citizen*. Grand Rapids: Baker, 1975.

Reicke, Bo. "πρό," *Theological Dictionary of the New Testament*, Vol. VI. Grand Rapids: Eerdmans, 1971, pp. 683-688.

Ridderbos, Herman. *Paul: An Outline of His Theology*. Grand Rapids: Eerdmans, 1975.

Robertson, A. T. *A Grammar of the Greek New Testament in the Light of Historical Research*. Nashville: Broadman Press, 1934.

Robinson, John A. T. *The Body*. London: SCM Press, 1952.

Rupprecht, A. A. "Slave, Slavery," *Dictionary of Paul and His Letters*. Downers Grove: InterVarsity Press, 1993, pp. 881-883.

Ryan, Judith M. "Philemon," *Philippians and Philemon* (Sacra Pagina Series, Vol. 10). Collegeville, Minn.: Liturgical Press, 2009.

Salmond, S. D. F. "The Epistle to the Ephesians," *The Expositor's Greek Testament*, Vol. III. Grand Rapids: Eerdmans, 1980.

Sand, A. "σάρξ," *Exegetical Dictionary of the New Testament*, Vol. 3. Grand Rapids: Eerdmans, 1993, pp. 230-233.

Schaff, Philip(Ed.) "Augustine, Letter 118: To Dioscorus" (AD 410) in *Nicene and Post Nicene-Fathers*, Vol. 1. Peabody: Hendrickson, Pub., 1995.

Schneider, G. "παλαιός," *Exegetical Dictionary of the New Testament*, Vol. 3. Grand Rapids: Eerdmans, 1993, pp. 7-8.

Schneider, G. "νέος, ἀνανεόω, νεότης," *Exegetical Dictionary of the New Testament*, Vol. 2. Grand Rapids: Eerdmans, 1991, pp. 462-463.

Schneider, G. "θεότης," *Exegetical Dictionary of the New Testament*, Vol. 2. Grand Rapids: Eerdmans, 1991, p. 143.

Schreiner, Thomas R. *Paul: Apostle of God's Glory in Christ*. Downers Grove: IVP Academic, 2001.

Scott, E. F. *The Epistles of Paul to the Colossians, to Philemon and to the Ephesians* (The Moffett New Testament Commentary). New York: Richard R. Smith Inc. 1930.

Simpson E. K. and F.F. Bruce, *Commentary on the Epistles to the Ephesians and Colossians (NICNT)*. Grand Rapids: Eerdmans, 1957.

Smedes, Lewis B. *All Things Made New*. Grand Rapids: Eerdmans, 1970.

Smith, J. B. *Greek-English Concordance to the New Testament*. Scottdale: Herald Press, 1974.

Spicq, Ceslas. "πρωτότοκος," *Theological Lexicon of the New Testament*, Vol. 3. Peabody, MA.: Hendrickson Publishers, 1996, pp. 210-212.

Spicq, Ceslas. "πλεονεξία," *Theological Lexicon of the New Testament*, Vol. 3. Peabody, MA: Hendrickson Publishers, 1996, pp. 117-119.

Stanley, David Michael. *Christ's Resurrection in Pauline Soteriology*. Romae: E Pontificio Instituto Biblico, 1961.

Summers, Ray. *Ephesians*. Nashville: Broadman Press, 1960.

Taylor, V. *Forgiveness and Reconciliation*. Macmillan, 1st ed., 1941.

Tenney, Merrill C. *New Testament Survey*. Grand Rapids: Eerdmans, 1974.

Thompson, G. H. P. *The Letters of Paul to the Ephesians, to the Colossians, and to Philemon* (The Cambridge Bible Commentary on the New English Bible). Cambridge: The University Press, 1967.

Tipton, Lane G. "Christology in Colossians 1:15-20 and Hebrews 1:1-4: An Exercise in Biblico-Systematic Theology," *Resurrection and Eschatology* (Essays in Honor of Richard B. Gaffin, Jr.). Phillipsburg: P & R Publishing Co., 2008, pp. 177-202.

Vincent, Marvin R. *Word Studies in the New Testament*, Vol. III. Grand

Rapids: Eerdmans, 1975.

Vincent, Marvin R. *A Critical and Exegetical Commentary on the Epistles to the Philippians and to Philemon.* Edinburgh: T & T Clark, 1979.

Vine, W. E. *An Expository Dictionary of New Testament Words*, Vol II. Old Tappan: Fleming H. Revell Co., 1966.

Vos, Geerhardus. *The Pauline Eschatology.* Grand Rapids: Eerdmans, 1966.

Vos, Geerhardus. *Biblical Theology.* Grand Rapids: Eerdmans, 1968.

Vos, Geerhardus. *Reformed Dogmatics*, Vol. 5. Bellingham, WA: Lexham Press, 2016.

Walter, N. "σπλάγχνον," *Exegetical Dictionary of the New Testament*, Vol. 3. Grand Rapids: Eerdmans, 1993, pp. 265-266.

Wansink, Craig. S. *Chained in Christ: The Experience and Rhetoric of Paul's Imprisonments.* (JSNTS 130). Sheffield Academic Press, 1996.

Weiser, A. "διάκονος," *Exegetical Dictionary of the New Testament*, Vol. 1. Grand Rapids: Eerdmans, 1990, pp. 302-304.

Wiersbe, Warren W. *Be Complete* (NT Commentary: Colossians). Colorado Springs: David C. Cook, 1981.

Williams, Derek (ed.), "Image," *New Concise Bible Dictionary.* Wheaton: Tyndale House Publishers, 1990, p. 236.

Williams, Donald T. *The Person and the Work of the Holy Spirit.*

Nashville: Broadman and Holman Publishers, 1994.

Wilson, Geoffrey B. *Ephesians*. Carlisle: The Banner of Truth Trust, 1978.

Winer, George B. *A Grammar of the Idiom of the New Testament*. Andober: Warren F. Draper, 1869.

Wright, N. T. *The Climax of the Covenant*. Minneapolis: Fortress Press, 1992.

Wright, N. T. *Colossians and Philemon* (*Tyndale New Testament Commentaries*). Grand Rapids: Eerdmans, 1989.

Zerwick, M. *Biblical Greek*. Rome: Editrice Pontificio Istituto Biblico, 1963.

Zmijewski, J. "χρηστότης," *Exegetical Dictionary of the New Testament*, Vol. 3. Grand Rapids: Eerdmans, 1993, pp. 475-477.

고병찬, "골로새서와 빌레몬서에 나타난 종말론에 관한 연구," 『성경과 신학』, Vol. LXX (2014, 4), pp. 95-122.

랄슨, K. (Larson, Knute). 데살로니가전후서, 디모데전후서, 디도서, 빌레몬서. 마영례 역. 서울: 도서 출판 디모데, 2004.

루카스, (Lucas R. C). 『충만과 자유』(골로새서. 빌레몬서 강해). 서울: 엠마오, 1985.

목회와 신학 편집부, 『에베소서 골로새서: 어떻게 설교할 것인가』, 43권. 서울: 두란노 아카데미, 2008.

박윤선, 『바울서신』 서울: 영음사, 1967.

박형용, 『에베소서 주해』 수원: 합동신학대학원출판부, 2006.

박형용, 『신약개관』 서울: 아가페출판사, 2007.

박형용, 『바울신학』 수원: 합신대학원출판부, 2016, pp. 159-171.

오광만, 『골로새서에 나타난 지혜와 하나님의 비밀이신 그리스도』. 합동신학대학원대학교(철학박사 학위 논문: 미 출판), 2008.

윤철현, "'오네시모'를 통해 새롭게 보는 빌레몬서," 『빌립보서 빌레몬서 어떻게 설교 할 것인가』. 서울: 두란노아카데미, 2008.

이상근, 『신약주해 옥중서신』 서울: 대한예수교장로회 총회교육부, 1986.

색인 인명/성구/주제

인명색인

279, 280

창세기

1:26/ 63, 64
1:26-31/ 63
2:18, 20/ 165
3:15-21/ 75
17:9-14/ 106
17:10-11/ 113
17:12/ 113
43:30/ 152
49:3/ 68

출애굽기

4:22/ 69
12:1-14/ 105
12:1-28/ 106
16:18/ 177
20:3-5/ 136

민수기

12:3/ 155

시편

89:27/ 69

89(88):27/ 68

잠언

13:24/ 170, 171
17:10/ 171
18:12/ 154
20:20/ 170
23:13-14/ 170
29:15/ 170

이사야

42:6/ 43
49:6/ 43

마태복음

3:11-17/ 105
4:17/ 57
5:13/ 191
6:24/ 136
6:25/ 124
7:12/ 178
7:16/ 50
7:22-23/ 203, 280
10:2/ 35

사도행전

로마서

고린도전서

주제색인